불교설화와 마음치유

불교설화와
마음치유

백원기 지음

도서출판 동인

머리말

　　오늘날 '스토리텔링'이 유행하고 있다. 덴마크의 미래학자 롤프 옌센은 "정보화시대가 끝나면 꿈과 감성을 파는 드림소사이어티 시대가 온다."고 했다. 그의 말처럼 꿈과 감성을 담아내는 내용과 형식을 지닌 '스토리텔링'은 속도와 경쟁의 번다한 현실에 지쳐있는 현대인들이 쉽게 이해하고 공감할 수 있게 함은 물론 비현실적이고 때로는 역설적인 신화와 미담으로 즐거움과 재미를 주기에 충분하다. 때문에 설화가 단순한 하나의 이야기로 그치는 것이 아니라 오늘날 경시되고 있는 윤리도덕과 메마른 정서에 윤활유 역할을 할 뿐만 아니라 치유의 요소로 적용될 수 있다.

　　이러한 맥락에서 불교설화는 민중교화의 방편만이 아니라 삶의 시련을 극복하고 희망과 용기를 주는 내용을 부처님의 가르침을 기반으로 하여 재미있고 유익하게 만든 이야기다. 그래서 우리는 재미있고 흥미로운 비유와 인연 관련 설화를 통하여 부처님의 사상과 가르침을 되도록 쉽게 이해하고 감동하여 올바른 불교적인 삶과 지혜를 터득하게 된다.

특히 부처님의 전생 이야기를 통해 우리는 생명의 존귀함과 보시 공덕의 소중함을 알게 되고, 또한 사찰 연기 설화와 관음설화, 그리고 번득이는 선기禪機로 비움과 충만의 지혜를 보듬게 하는 다양한 설화를 통해 속도와 결과에 집착하는 삶에 지친 현대인들이 어떻게 상생의 삶을 살아야 하는가에 대한 지남指南을 얻게 될 것으로 생각된다. 때문에 자비와 지혜를 바탕으로 한 불교설화를 읽고 감상하며 사유함으로써 미처 깨닫지 못한 어리석음을 깨닫게 됨은 물론 상처받고 지친 삶을 치유하며 소통과 배려, 그리고 공감의 장에 동참할 수 있는 계기가 되었으면 한다.

이 책의 구성은 불교설화의 의미와 특징, 부처님의 전생 이야기(자타카), 사찰 창건연기 설화, 관음보살 묘지력에 관련된 설화, 사찰연기와 풍수설화, 지혜와 깨달음의 설화 등으로 되어 있어, 불교를 처음 접하는 분들에게도 쉽게 읽힐 수 있을 것으로 생각된다.

무엇보다도 이 책을 펴냄에 있어 많은 저서와 논문을 비롯한 참고자료에 힘입은 바가 컸음에도 불구하고 일일이 다 밝히지 못함을 송구스럽게 생각하며, 널리 양해를 구할 뿐이다. 그분들에게 거듭 깊은 감사의 말씀을 전한다.

끝으로 출판환경이 어려운 시기임에도 불구하고 선뜻 출판을 허락해 주신 도서출판 동인의 이성모 사장님, 세밀한 교정과 편집에 애써 주신 박하얀 선생님, 그리고 그 밖의 관계자 여러분에게도 깊은 감사의 말을 전한다.

2017년 2월
성북동 금당연구실에서 저자

제1장

불교설화의 의미와 특징

오늘날 '스토리텔링'이 유행하고 있다. 문화 속에서 문학적 특성을 찾아내고 그것을 콘텐츠화하는 것이 문학콘텐츠이고, 그 콘텐츠를 이야기로 풀어 말한 것이 '스토리텔링'이다. 즉 '스토리텔링'은 문화원형을 이용하여 문학콘텐츠를 재미있고, 생생한 이야기로 풀어 설득력 있게 전달하는 행위의 총화라 할 수 있다. 덴마크의 미래학자 롤프 옌센Rolf Jensen, 1942- 은 "정보화시대가 끝나면 꿈과 감성을 파는 드림소사이어티 시대가 온다."고 했다. 그의 말처럼 꿈과 감성을 담아내는 내용과 형식을 지닌 '스토리텔링'은 속도와 경쟁의 번다한 현실에 지쳐있는 현대인들이 쉽게 이해하고 공감할 수 있게 함은 물론 비현실적인 신화와 미담에서 즐거움과 재미를 주기에 충분하다.

　'스토리텔링'의 가장 기본적인 근거는 설화에서 찾을 수 있다. 설화란 '일정한 구조를 가진 꾸며낸 이야기'를 말하는데, 이것은 사실 자체를 그대로 이야기한 것이라기보다는 흥미와 교훈을 위해 사실적으로 이야기하는 것이 대부분이다. 때문에 역사적 사실과 그 시대 민중들의 염원이 자연스럽게 융합되어 만들어진 이야기인 설화는 구전에 맞게 단순하면서도 잘 짜인 구조를 지니며, 표현 역시 단순하고 쉬워 여러 세대를 통해 마음을 움직이는 문학 장치로 면면히 이어져 오는 특징을 지니고 있다.

설화는 인간이 언어로 의사를 전달하면서 시작되었다고 볼 수 있다. 즉 설화는 인간 사회가 형성되고 집단생활을 하면서, 경험한 바나 상상한 바가 스토리텔링 형식으로 만들어져 전파되고 전승된 것으로 진단된다. 따라서 설화는 전통적인 신앙 혹은 다양한 종교적인 가르침을 바탕으로 한 민중들의 삶의 양상과 의식을 잘 담아내고 있다. 설화는 그 시대의 생활풍습이나 의식, 민간신앙의 토양 위에서 다양하게 배태되고 형성되었기 때문이다. 그러므로 민중 간의 응집력을 토대로 하는 신화나 삶의 애환을 담은 설화는 오랫동안 구전되어 오는 동안 시대적 상황에 맞게 변형되기도 하고, 또 새롭게 탄생되기도 한다. 설화가 단순한 하나의 이야기로 그치는 것이 아니라 오늘날 경시되고 있는 윤리도덕과 메마른 정서에 윤활유 역할을 함은 물론 치유의 요소로 적용될 수 있는 이유가 여기에 있다.

한편, 다양한 설화가 담겨 있는 불교경전은 불교의 사상과 교리를 문학형식으로 표현한 종합예술이라 할 수 있다. 특히 설화 중에서도 불교설화는 불교를 처음 접하는 사람들에게 불교를 친근하고도 쉽게 이해할 수 있도록 하는 방편이 된다. 그래서 우리는 재미있고 흥미로운 비유와 인연 관련 설화를 통하여 부처님의 사상과 가르침을 되도록 쉽게 이해하고 감동하여 올바른 불교적인 삶과 지혜를 터득하게 된다.

불교설화는 석가모니 부처님의 가르침을 기록한 경전 속에서 다양한 형태로 나타난다. 부처님의 무한히 깊고 위대한 말씀은 오랜 세월 동안 구전되어 오다가 불멸 후 20~30년경 부처님의 훌륭한 제자들에 의하여 정리되었다. 그것은 다시 여러 차례 주석이 추가되고 증보 된 후, 불멸 후

200~300년경에 이르러서야 문자로 기록되었다. 문자로 기록된 경전은 산스크리트와 팔리어 계통으로 구분할 수 있는데, 산스크리트 경전은 거의 흩어져 없어지고 나머지 일부만 중앙아시아 북쪽으로 전파되어 북방불교의 원전이 되었다. 반면, 팔리어 경전은 거의 완존하여 B. C 246년 이후 싱가폴, 미얀마, 태국, 캄보디아 등 여러 나라에 전하여 남방불교의 원전이 되었으며, 20세기에 들어와 영국 팔리어 원전협회에 의해 전역傳譯되어 서구불교의 기초가 되었다.

부처님은 당시 무지몽매한 중생에게 진리를 깨우치는 방편으로써 여러 가지 설화와 비유를 이용하여 중생들 근기에 맞도록 설법했다. 그래서 설화는 그 대상의 폭이 매우 넓어 특히 일반 대중들에게 기반을 둔 내용이 큰 반향을 불러일으켰다. 부처님이 구제하려는 대상이 일반 대중이었으므로 민간에서 알려진 설화의 내용을 적절하게 인용해서 더없이 깊은 불법의 이치를 누구나 쉽고 흥미롭게 접근할 수 있도록 유도하였다. 이와 같이 부처님 열반 후에 부처님 자신과 제자들 간에 있었던 일화가 설화 형식으로 꾸며지면서 불교설화로 형성되었던 것이다.

부처님의 비유 설법을 많이 담고 있는 경전은 다양하다. 그중에서도 『잡보장경』『법구비유경』『찬집백연경』 등은 비유와 설화의 보고라 할 수 있다. 이들 경전에는 다양한 비유와 설화가 나온다. 가령, 왕위를 둘러싼 형제간의 질투, 바람난 아내, 상사병에 걸려 고민하는 수행자, 시어머니를 박대하는 며느리의 이야기 등 인간 세상에서 있음직한 소재를 두루 담고 있다. 그런데 무엇보다도 경전 속에 내재된 설화들의 공통점은 인간의 탐욕과 어리석음에 대한 경고와 자각의 메시지이다. 부처님은 중생들이 현실적으로 겪고 있는 모든 고통의 원인을 외부의 요인으로 보지 않는다. 스스로가 탐욕greed과 분노anger와 어리석음stupidity이라는 삼독의 마음에 의해 저지른 행위가 오랜 기간을 통해 축적된 업보의 결과라는 것이다.

따라서 행복을 불행으로 만드느냐, 불행을 행복으로 만드느냐 하는 것은 전적으로 '지금, 여기'의 자신이 어떻게 생각하고 행동하느냐에 의해 결정된다는 것이다. 이것은 곧 부처님의 근본 가르침이다.

한편, 우리의 불교설화는 삼국시대에 불교가 유입되면서 들어온 경전에 나타난 불교설화와 불교가 우리의 삶 속에 녹아들면서 생겨난 일화와 함께 자생적으로 형성된 것으로 진단해 볼 수 있다. 고려 후기의 충렬왕 7년(1281) 일연스님(1206~1289)이 삼국시대의 불교설화를 정리하여 놓은 『삼국유사』는 우리 불교설화의 보고라 할 수 있다. 일연스님이 모아서 펴낸 불교설화는 불교적인 깨달음을 드러내지만 설명을 하지 않으며, 이해의 깊이는 서로 다르더라도 누구나 쉽게 흥미를 느낄 수 있게 하는 장점을 지닌다. 때문에 일연스님은 귀족불교에 대해서는 비판적인 태도를 보이고 있다. 불교설화가 돈오의 경지를 표현한 선시문학과 달리 일상생활의 구체적인 모습을 그대로 드러내고, 그런 것이 바로 숭고한 경지라고 역설함으로써 우리의 마음을 감동시키는 이유가 여기에 있다. 비록 『삼국유사』가 조선시대에 숭유억불의 정책으로 말미암아 설화가 텍스트로 만들어지지는 않았지만 끊임없이 구전되고 또한 추가 보완됨으로써 오늘날의 형태로 남아 있는 것으로 볼 수 있다. 이러한 면에서 불법의 전파 또는 신앙생활을 통한 경험과 이적異蹟을 바탕으로 형성된 설화는 순수한 우리 불교설화의 본질이라 할 수 있다. 우리가 살아가고 있는 이 시간에도 불교설화는 끊임없이 생성되어 일반 대중의 어리석음을 깨닫게 하고 감동을 줌으로써 상처받고 지친 삶을 치유하며 소통과 배려, 그리고 공감의 장으로 이끈다.

설화는 전 세계적으로 저마다 다양한 형태로 분포되어 있다. 그러나 각기 다른 모티브를 사용한다 하더라도 그 이야기의 뿌리를 찾아보면 공통적인 특징을 지니고 있음을 알 수 있다. 즉 베풀고 선하게 살아가는 인간 삶의 근본을 강조한 점이다. 때문에 설화는 대부분 인간 삶의 긍정성을 내재하고 있다. 비록 설화가 다소 허황되고 과장된 이야기이긴 하지만 주제나 메시지의 경우 권선징악적 요소나 윤리도덕적 요소를 내포하고 있어 삶의 가치를 긍정적이며 새로운 패러다임으로 인식하게 한다.

또한 설화는 보편타당한 대중성을 내재하고 있는 특징을 지닌다. 즉 재미와 즐거움과 교훈을 통해 무의식적으로 동질성을 느끼게 해주는 매개 역할을 함으로써 민중을 통합하는 기능을 지니고 있다는 것이다. 어쩌면 설화를 오래도록 전승케 한 요인은 바로 '재미와 즐거움'을 주며 '카타르시스 해소'에 있다고 볼 수 있다. 현실적으로 있을 수 없는 일들을 상상하고 꾸며서 이야기로 전하는 가운데 재미를 느끼고 그로 인해 고통을 잊고 위로를 얻게 한다는 점이다. 이처럼 설화는 민중들의 삶에 깊숙하게 스며들어 시대를 대변하고 또 시대상을 반영할 뿐만 아니라 고단한 삶을 살아가는 민중들에게 흥미와 즐거움을 제공함으로써 상흔을 치유하고 위무해주는 마음치유의 요소를 충분히 담지하고 있다 할 수 있다.

아울러 설화 속에 담겨 있는 다양한 스펙트럼의 주제는 현대인들이 지닌 다양한 취향을 만족시켜줄 만한 귀한 자료로 평가받고 있다. 오늘날 많은 사람들이 설화에 내재된 이야기성(재미성)과 소통과 공감을 고취하는 매개로서의 역할에 주목하고 있는 것도 이런 까닭이다. 때문에 설화에 대한 재조명은 단순히 민족의 주체성을 확립하고 자긍심을 갖게 하며 교훈을 얻는 데만 그치지 않고, 설화 속에 담겨 있는 소재를 현대적으로 재해석함으로써 다양한 문화 콘텐츠 개발의 가능성을 모색하는 데 의의가 있다. 역사 문헌에만 의존했던 『삼국사기』보다 민족주체성을 바탕으로 역사를 재해석하고자 했던 『삼국유사』가 훨씬 풍부한 역사적 자료로 활용되고 지금까지도 끊임없이 연구되고 있음은 이를 뒷받침하고 있다.

요컨대 불교설화는 민중교화의 방편만이 아니라 삶의 시련을 극복하고 희망과 용기를 주는 내용을 부처님의 가르침을 기반으로 하여 재미있게 만든 이야기다. 즉 부처의 참모습을 담아내기보다는 부처님의 가르침을 바탕으로 한 삶의 진실을 추구하는 것이다. 그래서 불교설화는 귀의심을 자극하는 목적도 있을 수 있으나 그보다는 삶의 진실 추구에서 얻을 수 있는 '지혜' 증득과 '자비' 실천에 주목한다 할 수 있다. 현존하는 불교설화는 수를 헤아릴 수 없을 만큼 많다. 오늘날 우리 사회가 지향하는 문화융성의 시대에 있어 다양한 영역의 문화콘텐츠 개발이 큰 관심사로 대두되고 있음을 감안할 때, 영화나 연극, 문학은 물론 음악에서도 불교설화는 창작 모티프로 충분히 활용될 수 있을 것으로 진단된다. 따라서 무궁무진한 문화콘텐츠의 소재와 '거리'를 건질 수 있는 불교설화야말로 문화콘텐츠의 '블루 오션'이라 할 수 있다.

제2장

부처님 전생이야기 『본생담』

『자타카(*Jataka*)』 또는 『본생담』은 빨리어로 기록된 고대 인도의 불교설화집, 즉 고타마 붓다의 전생 이야기이다. 고타마 붓다는 석가족의 왕자로 태어나기 이전, 보살로서 생을 거듭하는 사이에 천인, 국왕, 바라문, 대신, 장자, 서민, 도둑, 상인, 여인 그리고 사슴의 왕, 비둘기의 왕, 원숭이의 왕, 물고기의 왕 등 수많은 동물의 왕으로 살면서 중생의 위난을 구제하고 수행정진하며 법을 구하는 보살행으로 선행 공덕을 쌓았다. 붓다가 되기 위한 부처님의 이러한 전생의 보살행을 기록한 이야기를 『본생담』이라 하며, 『본생담』의 547편 이야기를 하나의 경전으로 엮은 것이 『본생경』이다.

고대 인도인들은 인간의 삶은 단 한 번으로 끝나는 것이 아니라 오랜 기간 삶과 죽음을 거듭하면서 윤회하는 것이라고 믿어 왔다. 즉 성자나 위인들의 생애도 그저 한 생의 노력에 의해서가 아니라 오랜 생의 인연에 따라서 이루어진 결과라고 생각해 왔다. 석가모니 부처님의 경우에도 고타마 싯다르타라는 한 인간으로 이 세상에 오기 이전에 오랫동안 여러 생을 거듭하면서 선업을 쌓은 결과 위대한 인격자가 되었다고 생각하게 되었다. 이를 바탕으로 석가모니 부처님의 전생 이야기라는 것이 민간 설화의 형식으로 만들어지고 사람들 사이에 널리 알려지게 되었다.

경전에는 부처님의 전생에 관한 이야기들이 여러 곳에 흩어져 있는데, 특히 『소부경(Khuddaka Nikāya)』의 마지막 부분인 「소행장」에는 설법의 목적으로 수집된 35편의 『본생담』이 그 내용에 따라 각각 보시·지계·출리·결정·진실·자비·사捨 등의 7바라밀 가운데 하나로 분류되어 실려 있다. 또한 붓다고사Buddhagosa가 찬술했다고 하는 5세기의 싱할라어 주석서 『본생담』에는 모두 547편에 이르는 크고 작은 선행공덕의 본생담이 들어 있다. 각 이야기는 이야기가 생기게 된 상황을 언급하는 것으로 시작하고, 그 이야기 속에 등장하는 인물들의 삶이 바로 자기의 것이었음을 부처가 밝히는 것으로 끝맺고 있다. 그래서 『본생담』이라고 불리어지는 이야기들 속에서 석가모니 부처님은 아득한 옛날부터 왕이나 왕자, 수행자, 상인 등의 민간만이 아니라 원숭이, 앵무새, 비둘기, 코끼리 등 동물의 모습으로 태어나면서 온갖 미담과 선행의 주인공이 되고 있다. 따라서 이해하기가 쉽지 않고 딱딱할 수밖에 없는 교리들이 주된 내용을 이루는 다른 경전들에 비해 옛날 이야기식의, 쉽고 재미있으면서도 인과응보나 권선징악의 가르침을 일깨우는 이러한 이야기들은 일반 민중들 사이에 큰 호응을 얻어 유행하였던 것이다.

이와 같이 설화 속에서 석가모니 부처님이 여러 가지 다른 모습으로 등장하는 것에 자극을 받은 일반 신자들 사이에 선행을 쌓아나가면 언젠가는 부처님이 될 수 있겠다는 신앙을 불러일으켰다. 대승불교가 발전하는 데 촉매 역할을 한 것도 바로 이 『본생담』이며, 또한 『본생담』은 불교의 조각과 회화의 소재로 자주 활용되어 왔다.

● 생명의 저울: 생명의 무게는 동일하다

　인간의 탐욕심이 넘쳐나는 오늘날, 생명을 있게 하고 생명을 생명답게 자라도록 하는 근원적인 힘은 무엇인가를 생각할 때, 그것은 바로 자비사상이다. 자비는 모든 생명의 시원에서 생명을 빚어내고 이것을 확산하여 우주로 확대해 나감으로써 생명을 영속적으로 가능케 하는 생명의 원동력이다. 그래서 자비야말로 생명의 근원이고, 생명의 본성을 키우고 완성해 나가는 우주 에너지에 해당한다고 할 수 있다.

　부처님이 전생에서 보살로 인욕수행 정진하고 있을 때였다. 어느 날 저녁 무렵 큰 나무 아래 앉아서 조용히 명상에 잠겼다. 그때 갑자기 비둘기 한 마리가 매에 쫓기어 보살 품속으로 날아 들어왔다. 그러자 매가 '휙'하고 날아왔다. 보살은 비둘기를 자신의 품속에 품으며 매에게 비둘기를 살려달라고 부탁했다. 하지만 매는 나무 위에 앉아서 보살에게 말했다.

　"비둘기를 나에게 주세요, 그 비둘기는 나의 저녁거리입니다. 비둘기를 먹지 못하면 며칠을 굶은 터라 죽을지도 모릅니다."

　보살이 말했다. "비둘기를 내어줄 수 없다. 보살은 모든 중생을 잘 보호하겠다고 서원한 사람이다." 매가 다시 말했다.

　"그대가 모든 중생을 보호한다면 나는 왜 포함되지 않습니까? 비둘기는 나의 저녁거리입니다."

　보살은 난처해졌다. 매의 말이 틀리지 않기 때문이다. 매는 비둘기를 먹지 않는 대신에 비둘기 무게만큼의 살아있는 살코기를 원했다. 이에 보살은 비둘기를 살리고 매도 살리는 방안을 생각하여 매에게 비둘기 무게만큼의 자기 살을 떼어 주겠다고 약속했다. 즉 육신은 사대가 잠시 인연으로 화합해서 이루어진 것이고 무상해서 언젠가는 자연으로 돌아갈 몸이니 이 몸을 보시해서 비둘기를 구해주자고 생각했다. 보살은 저울 한쪽에 비둘기를 올려놓고 자신의 넓적다리 살을 비둘기 무게만큼 베어서 다른 쪽에 올려놓았다. 그런데 어찌 된 일인지 저울은 비둘기 쪽으로 기울었다. 보살이 여러 군데 살을 베어서 저울에 올려놓아도 저울은 비둘기 쪽으로 계속 기울어졌다. 하는 수 없이 보살은 자신의 몸 전체를 저울에 올려놓 았더니 비로소 저울은 수평을 이루었다는 것이다. 자신의 무게가 비둘기 무게와 똑같아졌던 것이다. 보살도 처음에는 비둘기가 작고 가벼워서 비둘기만큼의 고깃덩어리는 얼마든지 떼어내 줄 수 있다고 생각했는데 자신의 목숨을 다 내놓아야 비둘기 몫하고 같다는 것을 깨달은 것이다. 아무리 작은 미물이라도 생명의 무게, 즉 생명의 소중함은 똑같다는 이야기다.

이상의 설화에서 우리는 두 가지 메시지를 발견할 수 있다.

첫째, 보살은 어떻게 수행해야 하는가 하는 것이다. 보살은 무한한 자비를 베푼다. 자비심이 보살행의 핵심이고, 부처의 씨앗이다. 『열반경』「범행품」의 "보살과 여래는 자비심이 근본이다. 보살이 자비심을 기르면 한량없는 선행을 할 수 있다. 어떤 사람이, 무엇이 모든 선행의 근본이냐고 묻거든 자비심이라고 대답하여라. 자비심은 진실해서 헛되지 않고 선한 일은 진실한 생각에서 일어난다. 진실한 생각은 곧 자비심이며, 자비심은 곧 여래다."라고 한 말씀은 보살의 제일의 수행덕목이 바로 자비의 실천임을 말해 준다.

둘째, 생명의 값에 대한 문제이다. 비둘기와 보살의 생명 값은 동일하지 않을 것이라는 우리의 단견이다. 인간은 만물의 영장이라고 주장하며 많은 생명체들을 경시해 왔다. 서양에서 중세 이후 르네상스 시대에 신 중심에서 인간 중심으로 사고의 전환이 이루어지면서 눈부신 문명과 과학이 발달했다. 그 결과 자연의 생태계가 파괴되고 교란되어 이상기후가 생기고, 자연은 인간에게 보복을 가하고 있다. 하지만 부처님은 이미

2,500년 전에 '모든 생명의 무게가 같다'는 놀라운 말씀을 하심으로써 생명의 존귀함을 설파하셨다.

이런 의미에서 '생명의 저울'의 설화 메시지는 생명을 독립적 개체가 아닌 상호의존적 관계 속에서 바라보는 화엄적 사유와 또한 생명 하나하나가 과거의 무한한 우주의 관계성 속에서 형성된 것이라는 연기적 사유를 일깨워 주는 점에서 시사하는 바가 적지 않다.

● 수메다: 깨달음의 씨앗을 뿌리다

발원은 선업과 공덕을 기반으로 윤회의 괴로움으로부터 벗어나 열반을 성취하고야 말겠다는 자신과의 약속이자 결의의 표명이다. 이러한 의미에서 발원은 모든 종교에 있어 실천 행위들의 출발점이 된다. 가령, 우바새나 우바이로서 평생 오계를 지키며 살겠다는 다짐이라든지, 비구와 비구니로서 독신수행을 하겠다는 서약도 크게 보면 발원에 해당된다. 부처님도 4아승지겁 10만겁 전이라는 까마득한 옛날에 '수메다'라는 고행자였을 때 디팡카라 부처 앞에서 부처가 되겠다는 원을 세우고서 수기를 받았기 때문에 마지막 생에 정등각을 이룰 수 있었다. 수메다는 지극히(su)와 뛰어나다(medha)의 합성어로, 경전 곳곳에 훌륭한 현자를 표현할 때 지극히 뛰어나다를 '수메다(sumedha)'로 표현하고 있다. 석가모니 부처님의 상수제자와 훌륭한 제자들도 과거의 부처님들 앞에서 그러한 위치에 오르겠다는 서원을 하고서 수기를 받았기 때문에 그렇게 된 것이다.

아주 오래전 수메다라는 한 수행자가 살고 있었다. 수메다는 어려서 부모를 잃고 7대조부터 내려오는 막대한 재산을 사람들에게 남김없이 보시한 후 생사의 진흙 수렁 속에서 방황하는 자신과 세상의 모습을 보고 크게 발심하고 출가하여 히말라야에 들어가 수행자가 되었다. 그는 지극한 정성으로 큰 행원行願을 일으켜 "이 세상에서 고통받는 중생들이 끝없이 많기에 내 부처 되어 마지막 한 생명까지 기어이 건지리다."라고 서원하였다.

그때 연등이라는 부처님이 세상에 나타나셨다. 수도인 디파바티에서는 모든 사람들이 연등부처님에게 공양하고자 온갖 향과 꽃, 과일 등 훌륭한 음식을 준비하고 연등부처님을 기다리고 있었다. 마침 공양물을 구하기 위해 그곳에 들른 수메다는 연등부처님께서 세상에 출현하셨다는 이야기를 듣고 무척 기뻤다.

수메다는 '나는 여기에 깨달음의 씨앗을 뿌려야겠다. 이 기회를 놓칠 수는 없다'고 생각했다. 이렇게 생각한 수메다는 부처님께 올릴 공양 준비를 하려고 했다. 그러나 디파바티의 모든 공양물은 왕의 지시로 부처님께 올려 아무것도 남아 있지 않았다. 때마침 수메다는 아름다운 여덟 송이의 꽃을 들고 가는 수밋따Sumitta라는 여인을 발견하였다. 그는 그녀에게 다가가 꽃을 팔 것을 간청하였다. 그녀는 꽃을 팔지 않을 마음으로 자신이 들고 있는 꽃 한 송이는 1백 냥이며, 또한 자신과 결혼을 약속한다면 꽃을 팔겠다고 말했다. 수메다는 처음에는 거절하였으나 꽃을 부처님께 바칠 숭고한 마음으로 그녀의 조건을 받아들였다. 그러자 그녀는 수메다의 진지한 마음에 감동하여 나머지 꽃마저 부처님께 공양하라며 건네주었다. 수메다는 그 꽃을 연등부처님에게 바쳤다. 연등부처님께서는 중생들을 가르치고, 젊은 수행자 수메다에게 기쁨을 주기 위하여 대중이 바친 꽃을 허공에 떠 있게 하는 이적異蹟을 보이셨다.

어느 날 수메다는 당대의 부처님이었던 연등불이 길을 간다는 말을 듣고 그곳으로 뛰어갔다. 그런데 연등불이 지나갈 도로에는 질펀하게 더러운 물이 고여 있었다. 그래서 수메다는 그 질펀한 길 위에 자신의 겉옷을 깔고 몸을 눕히고 그것도 부족하여 머리칼을 풀어서 진흙탕을 덮어 연등불이 그 위로 밟고 지나가도록 하였다. 진흙 바닥에 엎드린 채 수메다는 다음과 같이 결의하고 서원함으로써 보살로서의 마음가짐을 확고하게 한다.

"아! 나도 언젠가는 지금의 세존이신 연등부처님같이 완전한 인격자가 되기를…. 원한다면 지금 당장에라도 나는 내 모든 번뇌를 태워버릴 수도 있으리라. 그러나 여기서 내가 아무도 모르는 모습으로 진리를 깨달은들 뭣하겠는가? 나는 모든 것을 아는 지혜를 획득하여 신들을 포함한 이 세계의 사람들 속에서 부처가 되리라. 내가 역량을 보여주는 사람으로서 단지 홀로 저 언덕(열반)으로 간들 뭣하겠는가? 나는 모든 것을 아는 지혜를 획득하여 신들을 포함한 이 세계의 사람들을 구제하리라. 나는 역량을 보여주는 자로서 이 봉사를 통해 모든 것을 아는 지혜를 획득하고 많은 사람들을 구제하리라. 윤회의 흐름을 끊고 세 가지 생존을 멸하고(과거 현재 미래) 가르침의 배에 올라 신들을 포함한 이 세계의 사람들을 구제하리라. 세존이신 연등부처님께서 지금 하셨듯이, 나도 이 최고 법의 수레를 돌릴 수 있게 하여 주소서! 오직 세상에 대한 연민의 정에서 많은 이들의 이익과 행복을 위할 수 있고 또한 무수한 생명들의 이익과 행복이 될 수 있는 연등부처님과 같은 생명이 되게 하소서."[1]

이 광경을 본 연등불께서 수메다 행자와 제자, 대중들을 향하여 "견디기 힘든 고행을 하고 있는 이 수행자를 보라. 아, 참으로 장하다. 수메

---

1) 『불본행집경』

다여! 그대의 보리심은 참으로 갸륵하구나. 이같이 지극한 공덕으로, 그대는 지금으로부터 무량겁이 지난 후에 세상에 출현하여 결정코 부처가 되리니, 그 이름을 석가모니라 부르리라."라고 말씀하셨다.

연등부처님의 말씀을 듣고 천인과 인간들은 크게 기뻐하며 "수행자 수메다는 분명 부처님이 될 씨앗이요, 부처님이 될 싹이로다."라고 외쳤다. 모든 이가 지나간 뒤 엎드려 있던 수메다는 몸을 일으켜 앉아 스스로 생각했다. 내가 지금껏 쌓아 온 수행을 생각해 보자. 그때 1만 큰 세계가 진동하였고, 그 진동에 놀란 사람들에게 연등부처님은 수메다가 부처님이 되기 위한 근본적인 덕목을 사유하고 있는 이유로 대지와 1만 큰 세계가 진동하고 있는 것이라고 말씀하셨다. 사람들은 큰 소리로 "당신은 기필코 부처님이 되실 것이옵니다. 흔들림 없이 정진하여 주소서. 멈추시거나 물러나서는 안 되나이다. 저희들도 또한 당신이 기필코 깨닫게 될 것임을 잘 알고 있나이다."라고 외쳤다.

이후 수메다는 모든 부처님이 이루신 깨달음의 근본 덕목인 '모든 것을 베푸는 보시, 계율을 지키는 지계, 번뇌의 속박을 떠나는 출리出離, 존재의 실상을 깨닫는 지혜, 끊임없이 노력하는 정진, 욕됨을 참는 인욕, 거짓 없는 진실, 굳게 뜻을 다지는 결정, 살아 있는 것에 대해 사랑을 행하는 자비, 공평하여 치우침이 없는 사捨' 등의 10바라밀의 실천 수행을 결심하고 10만 아승지겁을 지내면서 10바라밀을 실천함으로써 스물네 분의 부처님으로부터 수기를 받은 뒤 도솔천에 머물게 되었다. 그때 그의 이름은 '호명보살'이었다. 이러한 공덕으로 최초로 연등불로부터 9겁 후에 성불할 것이라는 수기 혹은 예언을 받는다. 이것을 흔히 '연등불 수기'라고 한다.

따라서 우리는 발원의 의미를 귀중하게 생각해야 한다. 부처님은 『담마파다』에서 "법들은 마음이 먼저 가고 마음이 으뜸이며 마음으로 이루어진다"라고 선언하고 있다. 더 나아가 『상윳따 니까야』에서는 "마음에 의해 세상이 이끌린다"고도 설하고 있다. 이러한 말씀들은 모두 발원이 지닌 엄청난 잠재력과 파급력을 잘 보여준다. 그런데 발원만 한다고 그것이 저절로 이루어지는 것은 아니다. 발원이 성취되기 위해서는 원력이 있어야 한다. 즉 지극정성으로 기도를 하면서 계를 청정히 지키고 공덕과 선업을 짓지 않으면 안 된다. 그래야만 시너지 효과가 발휘되어 발원이 성취된다. 부처님이 『앙굿따라 니까야』에서 "비구들이여, 계를 지키는 사람은 청정하기 때문에 마음의 서원을 성취한다"라고 말씀하신 이유도 바로 여기에 있다.

● 토끼의 소신공양: 최고의 보시

토끼는 예로부터 예지의 동물로 여겨져 왔다. 우리의 고전에 나오는 토끼는 거북이의 꾐에 넘어가 바닷속까지 들어갔다가 도리어 용왕을 속이고 살아났으며, 또한 함정에 빠진 호랑이가 자기를 구해 준 행인을 잡아먹으려 할 때에 훌륭한 재판장이 되어 선량한 행인을 살려주고 간악한 호랑이를 다시 함정에 빠지게 하는 모습으로 그려진다. 그러나 불전에 나오는 토끼는 그 양상이 매우 다르다. 곧 자신을 보시하여 기아에 떠는 자를 구원하고 진리의 사자가 되기를 서원하는 보살토끼로 그려지고 있다. 그 대표적인 예가 토끼의 소신공양燒身供養 이야기로, 우리를 감동케 한다.

부처님이 제타바나(기원정사)2)에 계실 때의 일이다. 한 장자가 부처님과 스님들을 초청해서 세상에서 가장 으뜸가는 맛을 골고루 갖춘 공양을 7일간이나 올렸다. 공양뿐만 아니라 500명이나 되는 비구스님들의 생활용품도 보시하였다. 공양을 받은 마지막 날, 부처님은 그 장자의 공양공덕을 찬탄하고 비구들의 청에 의해서 다음과 같은 전생담을 설하셨다.

석가모니 부처님이 전생에 토끼의 몸을 받고 베나레스 부근에 수달과 여우, 그리고 원숭이와 같이 살던 때의 일이다. 그들은 우정이 지극히 두터워 서로 사랑하기를 제 몸같이 하였다. 제석천은 그들을 보고

"너희들 별일 없이 잘 있었느냐?"

"예, 우리들은 날마다 숲과 숲 사이를 돌아다니면서 아주 즐거운 생활을 하고 있습니다." 제석천은 이 모습을 보고 크게 감동하여 진실로 이 가운데 누가 가장 잘 보살도를 닦고 있는지를 시험코자 걸식승으로 변장하여 찾아갔다. 그리고는 "나는 너희들이 매우 사이좋게 잘 지낸다는 말을 듣고 하도 기뻐 이 늙은 몸을 이끌고 여기까지 왔으나 별안간 배가 고파 견딜 수가 없구나. 너희들 미안하지만 뭐 먹을 것 좀 갖다 주지 않겠는가?"

그들은 포살일(수행자들이 보름마다 한 번씩 모여 잘못에 대하여 고백 참회하는 행사)을 맞이하여 각자 계를 지키고 보시를 하고자 다짐하였는데, 그 네 마리는 그렇게 하겠다고 답하고 각자의 처소로 돌아갔다. 다

---

2) 중인도 코살라국의 수도 사위성(슈라바스티) 남쪽 1.6km 지점에 있던 기타 태자 소유의 동산을 수다타Sudatta 장자가 매입하여 지은 절로, 마가다국 왕사성의 죽림정사에 이어 두 번째 가람이라 한다. 수다타 장자는 고독한 사람들에게 많은 보시를 베풀었기 때문에 급고독이라는 별칭을 얻고 있었다. 그는 동산을 뒤덮을 만큼의 금을 주고서 이 동산을 사들였으며, 이러한 그의 신심에 감동한 기타 태자가 동산의 일부를 무상으로 제공하여 함께 정사를 건립하였다. 그렇기 때문에 기타 태자의 동산을 의미하는 기수와, 수다타 장자를 의미하는 급고독을 합해서 이 정사를 기수급고독원이라고도 한다.

음 날 새벽, 수달은 먹이를 찾아 강가로 갔다. 어부가 모래 속에 숨겨 둔 물고기를 찾아냈다. 그리고는 "이것의 주인이 있습니까?" 하고 세 번을 소리쳤다. 주인이 나타나지 않으므로 수달은 물고기를 자기가 사는 곳으로 가지고 돌아왔다. 식사 시간에 먹기 위해서 숲 속에 감추어 두고 자신의 행위가 계에 어긋났는지를 반성한 다음 잠이 들었다. 여우도 먹이를 찾아서 농가의 마을로 내려갔다.

농부의 오두막에서 고깃덩어리와 우유를 찾아냈다. "이것의 주인이 있습니까?" 하고 세 번 외쳐도 주인이 나타나지 않자 여우는 먹을 것을 가지고 자기의 처소로 돌아왔다. 식사 시간에 먹기 위해서 먹을 것은 숲 속에 감추어 두고 자신의 행동이 계에 어긋났는지를 반성한 후에 잠이 들었다. 원숭이는 망고를 먹이로 주워 가지고 자신의 처소로 돌아왔다. 식사 시간에 먹기 위해서 망고를 숲 속에 감추어 둔 후 계를 어겼는지를 반성하고 잠이 들었다. 그런데 다른 생명을 해칠 수 없었던 토끼만은 빈손으로 돌아와 그 주위를 뱅뱅 돌았다.

노인이 이상하여 "너는 왜 빈손으로 돌아왔느냐?"라고 묻자 토끼는 "저는 저대로 생각이 있습니다."고 대답했다. 그리고는 여우와 원숭이에게 자신을 위해 마른 나무 한 단씩만 구해다 달라고 부탁했다. 나무를 구해다 쌓아 놓은 나뭇단에 불을 붙여 활활 타오르자 토끼는 탁발승에게

"스님, 잘 오셨습니다. 오늘은 제가 지금까지 내놓은 일이 없던 음식을 보시하려고 합니다. 그러나 스님은 살생을 하지 않을 것이니 불이 지펴진 후에 제가 불 속으로 뛰어들어 충분히 구워지면 고기를 드시고 출가인의 도를 실천해 주십시오. 원하옵건대 저의 몸을 스님께 공양하고 후세에 성불할까 합니다."

라고 말하고 활활 타오르는 불 속에 몸을 던져버렸다. 그런데 사실 그 불은 제석천이 탁발승으로 변장하여 토끼의 보살정신을 시험하기 위해서 만든 것이므로 토끼는 털끝 하나도 타지 않았다. 이에 탁발승은 제석천의 몸으로 변하여 토끼의 몸을 잡고 말하길,

> "너희들의 보살정신을 시험하고자 여기에 왔다. 토끼가 소신공양을 올리니 놀라지 않을 수 없구나. 이렇게 훌륭한 토끼의 자취를 없애버리는 것은 안타까운 일이므로 토끼의 모습을 달 속에 담아내 후세의 귀감이 되게 하리라."고 말하였다.

제석천은 토끼의 희생적인 보시정신에 깊이 감동하고 이를 기리기 위해서 달 속에다 토끼의 그림을 넣었다. 수달, 여우, 원숭이, 토끼는 서로 의좋게 지내다가 각자의 업에 따라 환생하였다. 그 이후 토끼의 모습이 달 속에 들어가 사람들의 마음에 애틋함을 일으키게 되었다. 이 법문을 듣고 7일 동안 스님께 공양 올린 장자는 크게 기뻐하고 큰 깨달음을 얻었다. 부처님은 토끼의 설화를 말씀하시고 나서 "그때의 수달은 지금의 아난이요, 여우는 목련이요, 원숭이는 지금의 사리불이며 그때의 토끼는 지금의 나다."라고 말씀하셨다.[3]

이 설화는 부처님이 전생에 불도를 구하기 위하여 몸을 던져 중생을 구제한 모습을 담고 있다. 즉 늙은 사람이 되어 나타난 제석천을 위해 자신의 몸을 먹도록 불 속에 뛰어든 토끼를 보고 탄식하던 제석천이 토끼의 희생적인 보시정신을 오래도록 기리기 위해서 달 속에다가 토끼의 모습을 그려 넣어 후세에 귀감이 되게 했다는 내용이다.

---

3) 『본생경』

불교의 전파와 함께 한·중·일 삼국이 달 속에 토끼가 산다는 발상을 공유하고 있다. 전래동화의 '달 속의 토끼 이야기' 역시 여기서 파생되어 만들어진 것이라 한다. 그런데 흥미로운 것은 토끼의 모습을 달 속에 담아내 영원히 전하게 하였다는 사실이다. 달에 사는 옥토끼와 계수나무의 스토리는 인도에서 시작돼 불교의 전파와 더불어 동아시아로 퍼져나갔다. 인도사람들은 달을 sasin, 즉 회토懷兎라 한다. 또 중국에서는 옥토玉兎라 하고 한국에서는 '옥토끼'라 부르는데, 이 모두는 달이 토끼를 품고 있다는 회토사상懷兎思想에서 유래된 것이다. 또한 달에는 계수나무가 있고 토끼는 그것을 빻아 환약을 만들고 있다고 하는데, 계수나무는 동남아 일대에서 널리 쓰고 있는 약재로서 중생의 고한苦寒을 치료하는 것으로 토끼보살의 사신공양 사상에서 연유된 것으로 진단된다.

토끼와 계수나무를 묘사하는 달의 표현은 설화적 내용에 기반을 두고 발전한 것으로 보이지만, 고구려 고분벽화에서부터는 하늘의 별 개념으로 받아들여져 그려진 것으로 보인다. 고려 후기 불교회화에서 해와 함께 달을 묘사한 것이 자주 확인된다. 주로 '수월관음도'처럼 달과 연관성을 지닌 주제의 불화에서 둥근 원에 계수나무 아래 토끼가 방아를 찧고 있는 모습으로 묘사된다.

토끼는 일반적으로 서양에서는 불륜, 성스러움, 중개자, 교활함 등을 의미하고 동양에서는 계수나무에서 방아 찧는 토끼로 인하여 부부간의 애정을 의미하기도 한다. 토끼의 신화적 원형성은 후대의 민속이나 무속에서 나타나는데, 민담에서의 토끼는 힘이 약하고 몸집이 작은 것에 반비례하여 매우 영특하고 착한 동물로 그려진다. '호랑이와 토끼'가 그 예이다.

『법화경』 약왕보살 본사품에 약왕보살이 향유를 바르고 일월정명덕불 앞에서 보의寶衣를 걸친 뒤 신통력의 염원을 가지고 스스로 자기 몸을 불살랐다 한다. 경전은 이를 찬탄하며 "이것은 참다운 법으로써 여래를 공양하는 길이다. 나라를 바치고 처자로 보시하여도 이것은 제일의 보시이다'라고 설하고 있다. 또한 이 경전에 따르면 소신공양은 세 가지 방법, 즉 첫째 전신을 태우거나 둘째 팔을 태우거나 셋째 손가락 또는 발가락을 태워 공양하는 것으로 언급하고 있다. 어느 경우든 극단적인 육신의 고행을 통해 성불을 이루거나 중생을 제도할 목적이 있다는 점에서 공통점을 갖는다. 이와 같이 『법화경』은 다른 어떤 공양보다도 자신의 몸을 태워 부처님께 공양하는 것이 최상의 공양이며 큰 정진임을 설시說示하고 있다.

그럼에도 이러한 소신공양을 생명존중과 자기학대를 금한 불가의 율장에 정면으로 위배되는 행위로 파계에 해당되는 중죄로 보는 견해도 있다. 따라서 소신공양이 구도의 성격을 가지면서 하나의 종교의식으로 이해되고 인정받으려면 그 동기와 목적이 순수해야 하고 엄격해야 한다.

● 효심에 감동한 제석천왕

불교의 효에는 항상 부모의 자애로운 은혜가 설해지고 그에 대한 자식의 효가 설해졌다. 불교의 윤리는 신분적인 상하의 윤리가 아니고 지배복종의 관계가 아닌, 양쪽이 평등하게 인간적인 입장에서 관계 맺고 있는 수평의 도덕이기 때문이다. 『잡보장경』 「효도편」에 부처님이 제자 아난에게 다음과 같이 말씀한 내용이 있다.

옛날 어느 작은 왕국에 왕이 여섯 아들을 두고 왕이 나이가 들어 늙게 되자 라우구란 신하가 쿠데타로 군권과 왕권까지 뺏고 자기가 왕이 되기 위하여 아들 여섯 명을 차례로 죽였는데, 끝에 여섯째 왕자는 미리 알고 외국으로 도망을 쳤다. 그러나 왕자와 아내와 어린 아들 셋이서 피난을 가던 중 사막을 헤매다 굶주림에 지쳐 세 사람이 다 죽게 되었다.

아버지와 부인과 아들 셋이서 말하기를

"우리 셋이 다 굶어 죽으면 할아버지의 원수를 갚을 수가 없으니 한 사람을 잡아서 고기를 두 사람이 먹고 살아서 원수를 갚아야 한다."

그런데 셋 중에 누구를 잡아먹을 것인가 의논하다가 아버지가 아들에게 말하기를 "너의 어머니를 잡아먹자"고 했다. 그런데 어린 아들이

"아버지! 어머니를 잡아먹을 수는 없습니다. 저를 잡아 아버지와 어머님이 잡수시고 할아버지의 왕권을 되찾으십시오. 나는 아버지 어머니가 낳았으니 아버지 어머님 몸으로 다시 돌아갈 것입니다. 그런데 저를 당장 죽이면 저의 살이 썩어서 다 못 드시니 산 채로 저의 다리 살을 크게 베어서 두 점은 아버님 어머님이 잡수시고, 나머지 한 점은 저에게 주십시오"

라고 하였다. 그리하여 두 쪽은 부모님께 드리고 한쪽은 아들이 받아가지고 하늘의 제석천왕에게 기도를 드렸다. "제석 천황님! 이 한쪽의 고기는 저보다 더 굶주려 죽어가는 불쌍한 사람에게 주십시오!"라고 간절히 기도를 했다. 이처럼 지극한 기도에 감천한 제석천왕이 이 사실을 듣고, 하도 기특해서 늑대로 변신하여 어린 아들에게 나타나서 굶주린 모습을 보였다. 그 소년은 늑대에게 자기가 가지고 있던 고기를 주었다. 그랬더니 그 늑대가 갑자기 사람으로 변하면서 소년에게 물었다.

"이 살을 나에게 베어 준 것을 후회하지 않는가?" 소년이 대답하기를 "저는 부모님의 은덕에 효로써 보은을 했고 굶주린 이웃에게 보시를 했으니 절대 후회하지 않습니다."

제석천왕은 이 어린 소년이 정직하게 효도함으로써 그의 다리 살을 다시 나게 하고, 이웃 나라까지 무사히 피난을 갈 수 있도록 했다. 그래서 이웃 나라의 임금이 소년의 효성에 감탄하여 많은 재물을 주어서 돕고, 우수한 군사를 보내 주어서 태자의 못된 신하 라우구를 쳐서 멸하여 왕권을 다시 찾게 하였다. 그런데 그 소년이 윤회 환생한 사람이 바로 부처님 자신이고, 그의 옛 아버지는 지금의 정반왕 아버지이다.

부처님은 "나도 전생에 효도를 하였기에 다시 부처로 태어났다"고 아난에게 말하며 그 누구도 효가 없이는 하늘과 통함이 없다고 설법했다. 그러니 부처님도 전생에는 분명 지극한 효자였던 것으로 생각된다. 불교의 효는 이 세상에 태어난 것은 자신의 전생업의 인연에 따른 것으로 자신에게 책임을 두고, 부모를 골라 그것을 인연으로 해서 태어난 것을 강조하고 있다. 즉 부모가 마음대로 자식을 낳은 것이 아니라 자신이 골라 전생의 업을 인因으로, 부모를 인연으로 해서 태어난 것이라고 불교는 설한다. 이는 불교의 인생관이며 연기사상이다. 효란 물론 자식이 부모에 대해 가지는 보은의 사상이고 행위이지만, 한편 이 효는 자식에 대한 부모의 자애와 예경을 의미하는 윤리이다.

불교의 실천윤리는 은혜로 시작하여 은혜로 끝난다고 해도 과언이 아니다. 불교사에 있어서 가장 위대한 제왕으로 알려져 있는 인도의 아쇼카Asoka 왕은 자신의 정치이념과 불교신앙을 새긴 석주를 인도의 곳곳에 세웠다. 그는 석주에 새겨진 자신의 칙명에서 "아무리 광대한 보시를 행하더라도 극기, 마음의 청정, 보은에 대한 견고하고 깊은 믿음이 없다면 그는 천한 사람이다"라고 선포했다. 그리고 그는 바람직한 인간관계를 강조하는 칙명으로서 양친과 스승에 대한 순종, 종교인에 대한 보시와 존경, 그리고 친우와의 바른 관계 및 극빈자와 하인에 대한 바른 대우를 선포하고 있다. 이는 불교의 은혜와 보은의 본뜻은 평등의 입장이지, 일방적인 위에서의 권력, 압력에 의한 것도 아니고 상하존비의 신분적 계급에서 온 것도 아니며, 또한 그것은 서로 상대의 은혜를 알고 그에 대한 보은임을 강조하고 있다.

『법원주림』권 50 「배은편」에서 "은혜를 안다는 것은 대비를 생기게 하는 근본이고 선업을 여는 첫 문이다. 더욱이 은혜를 아는 사람은 세간에서 존경받고 그 사람의 명예는 멀리까지 들린다. 또 죽어서는 하늘에 올라가 결국에는 불도를 성취한다. 이에 대하여 은혜를 모르는 사람은 축생보다 뒤떨어지는 것이 심하다." 라고 말하고 있다. 이와 같이 불교에서는 은혜를 아는 것을 강조한다. 반면 은혜를 모르는 자는 사람이 아니라 축생 이하라고 한다. 축생들도 은혜를 알고 보은을 하기 때문이다.

● 마하살타 왕자와 일곱 새끼 호랑이

아득한 먼 옛날 어느 큰 나라에 마하라단나라는 왕이 살고 있었다. 이 나라는 작은 나라를 여럿 거느리고 5천의 속령을 거느리고 있었다. 왕이 선법을 수행해서 나라를 다스리니 원수나 대적이 없었다. 이 왕은 얼굴이 단정하고 위엄과 덕행이 훌륭한 아들 삼 형제를 두었는데 첫째 왕자의 이름은 마하부나, 둘째는 마하제바, 셋째는 마하살타였다.

어느 날 왕은 왕비와 세 왕자를 데리고 산책을 나갔다. 그들은 산책을 하다 잠시 숲 속에서 쉬고 있었다. 세 왕자는 숲 속을 돌아다니다 어미 호랑이와 새끼 호랑이를 발견했다. 얼마나 오랫동안 굶었는지 어미 호랑이는 몸을 움직이지도 못하고 있는데 일곱 마리 새끼가 어미의 빈 젖을 물고 간신히 숨을 부지하고 있었다. 그 모습을 본 막내 왕자가 형들에게 물었다.

"어미 호랑이가 금방이라도 새끼를 잡아먹을 것 같습니다."

"그렇구나. 저렇게 그냥 두었다간 새끼를 잡아먹고 말 것이다."

"호랑이는 무얼 먹고 삽니까?"

"갓 잡은 짐승의 고기를 먹을 수 있을 것이다. 우리가 너무 멀리 온 것 같구나. 이제 아버지와 어머니가 있는 곳으로 가자꾸나." 막내가 놀란 눈을 하고 말했다.

"그래요? 누가 저 호랑이에게 그런 먹이가 되어줄 수 있을까요?"

두 형이 말했다. "그건 몹시 어려운 일이야." 형제들은 무거운 마음으로 돌아가려 했다. 하지만 그 모습을 본 마하살타 왕자는 즉시 어미 호랑이에게 자신의 몸을 보시할 것을 결심했다.

"내가 구원久遠의 생사 중에서 몸을 버리기를 수없이 해왔는데 그때마다 헛되이 그저 신명을 버려왔을 뿐이었다. 혹은 탐욕 때문에 신명을 버리고, 혹은 진에瞋恚 때문에 신명을 버렸으며, 우치愚癡 때문에 신명을 버렸을 뿐 아직 한 번도 법을 위해 신명을 버린 적이 없는데 이제 여기서 내가 큰 복전을 만났구나. 이제야말로 거기 이 신명을 바칠 때가 아니냐!"

자신의 생명을 보시하여 다른 생명을 살리고자 하는 왕자의 자비로운 마음에 하늘도 감동하였지만 당장 형들과 부모님께는 진실을 말할 수가 없었다. 그래서 돌아가던 중 무언가를 결심한 마하살타 왕자는 결국 "알겠습니다. 형님들 먼저 가십시오. 난 좀 볼일이 있어 바로 뒤 따라가겠습니다."라고 거짓말을 한 뒤 다시 호랑이가 있는 곳으로 와서 "내가 너에게 나의 몸을 보시하겠다."라고 말하고 호랑이에게 몸을 던졌다.

하지만 너무나 오랫동안 굶주려온 어미 호랑이는 왕자에게 다가갈 힘조차 없었다. 이에 왕자는 스스로 몸을 베어 피를 낸 후 어미 호랑이의 입속에 더운 피를 흘려 넣어 주었다. 한참을 그렇게 하자 호랑이는 차츰 기운을 차렸고 신선한 피 냄새를 맡자 왕자를 공격했다. 왕자는 어미 호랑이가 기운을 차리자 기뻐하며 기꺼이 자신의 몸을 보시했다. 왕자의 신선한 피와 살을 먹고 기운을 회복한 어미 호랑이는 곧 새끼들에게 젖을 물렸고, 굶어 죽기 직전의 새끼들은 어미의 젖을 먹고 위험에서 벗어났다.

형들은 아무리 기다려도 동생이 돌아오지 않자 이를 이상하게 여겼다. 혹시 호랑이에게 잡아먹힌 것이 아닌가 하고 호랑이가 있던 곳으로 되돌아가 보았다. 아니다 다를까! 그들이 도착했을 때는 이미 동생이 호랑이에게 잡아먹힌 후였다. 그 근방은 피투성이가 되어 있었다. 두 형은 호랑이 앞에 놓인 마하살타의 뼈를 보고 깜짝 놀라 기절했다가 잠시 후에 정신을 되찾았다. 그때 왕비가 궁중에서 깜빡 졸다가 꿈을 꾸었다.

꿈에서 세 마리의 비둘기가 숲에서 놀고 있는데 매가 와서 그중 제일 작은 것을 잡아먹어 버리는 것이었다. 잠에서 깨어 그 꿈 이야기를 왕에게 말했다. 그러자 왕은 그것이 혹시 자기 아들들에게 불상사가 생긴 징조가 아닌가 하여 사람을 보내 아들들을 찾게 했다. 조금 있다가 두 아들은 돌아왔으나 막내가 돌아오지 않아 물었다.

"막내는 어디 갔느냐?" 두 아들은 한참 동안 말을 하지 못하다가 겨우 자초지종을 말했다. "호랑이에게 잡아먹히고 말았습니다."

그 소리를 듣고 왕비는 말했다. "간밤에 꿈자리가 안 좋았다. 작은 비둘기 세 마리가 나무 위에서 놀고 있었는데 매가 와서 그중 한 마리를 잡아먹었다. 죽은 비둘기가 마하살타일 줄이야…"

왕과 왕비는 몸부림치다가 정신을 잃었다. 한참 있다가 정신이 들어 사람들을 데리고 급히 막내아들이 호랑이에게 잡아먹힌 곳으로 가보니 그곳에는 해골이 뒹굴고 있을 뿐이었다. 어머니는 그 해골을 집고, 아버지는 손뼈를 집은 뒤 다시 몸부림을 치다가 기절했다. 그러나 막내 왕자는 죽

은 후 도솔천에 태어났다. 거기서 그는 자신의 인유因由를 생각하고 천안天
眼으로써 투시하여 자기의 시체가 산중에 있는 것을 보며 부모가 극히 슬
퍼하는 것을 보았다. '나의 죽음으로 아버님과 어머님이 너무 슬퍼하시는
구나…. 내가 죽은 이유를 다시 알려드려야겠다.' 마하살타는 하늘에서 내
려왔다. 왕과 왕비는 아들의 모습을 보고 깜짝 놀라 말했다.

"마하살타야, 다시 살아 돌아온 거냐."

"아닙니다. 저는 도솔천에 있습니다."

"어찌해 호랑이에게 잡혀 먹힌 것이냐."

"아버지, 어머니. 너무 슬퍼하지 마십시오. 저는 굶주린 호랑이의 목
숨을 살려 도솔천에 다시 태어났습니다. 악을 행하면 지옥에 떨어지고 선
을 행하면 하늘에 태어나는 법입니다. 저는 한 점 억울함이 없습니다. 그
러니 아버지와 어머니도 너무 슬퍼하지 마십시오."

마하살타는 하늘 사람들과 함께 내려와 왕과 왕비에게 꽃비를 내려
주며 슬픈 마음을 위로했다. 왕과 왕비는 그 하늘이 자기 아들의 생천生天
인 것을 알았다. 하늘의 신 아들이 다시 부모를 위해 갖가지로 설법하고
부모의 은혜에 대해 보은했음을 깨달았다. 그리고 일곱 가지 보석으로 만
든 함을 만들어 마하살타의 뼈를 넣고 땅속에 묻었다. 그 위에는 커다란
'큰 보시 공덕을 지은 살타 왕자의 탑'을 세워 왕자의 명복을 빌며 그의
자비로운 희생이 헛되지 않기를 바라며 매일같이 기도했다. 이 모습을 지
켜본 백성들도 매일같이 탑을 돌며 기도해 많은 복을 받게 되었다. 부처
님께서 말씀하셨다.

"그때의 그 왕은 나의 아버지이신 정반왕이며, 왕비는 나의 어머니이신
마야부인이었느니라. 첫째 왕자는 지금의 미륵이고, 둘째 왕자는 문수이
며, 그리고 굶주린 어미 호랑이에게 몸을 보시한 셋째 왕자 마하살타는

지금의 이 '나'이니라. 또한 굶주린 일곱 마리의 새끼 호랑이 중 첫째가 사리불이요, 둘째가 목건련, 나머지 다섯 마리가 녹야원의 다섯 비구의 전생이었다. 나는 예전에 생사의 고통에서 떠나 큰 자비심을 내었기에 지금 부처가 됐다. 그 이후에도 계속 위급한 목숨을 구해 지금은 생사의 고통에서 완전히 벗어나게 됐느니라."4)

배고픈 호랑이에게 자신의 몸을 던져 자비를 실천하고 보살로 다시 태어난 마하살타 왕자의 감동적인 이야기이다. 자기를 희생하고 남을 돕는 살신성인의 정신은 굳은 서원과 실천의 보살심이 없다면 결코 이루어질 수 없다. 새끼 호랑이들이 훗날 부처님과 제자로 다시 만난 것도 마하살타 왕자의 사신보시捨身布施의 공덕에 기인한다. 이러한 대자비의 정신은 바로 『숫타니파타』의 '살아 있는 것은 다 행복'하기를 바라는 가르침과 다르지 않다. 부처님이 아주 먼 옛날에도 중생들의 위급한 목숨을 구해주었고, 부처가 되고서도 그러한 환난에서 구제해 주고 죽음의 슬픔과 괴로움과 번민으로부터 영원히 벗어나도록 한 그 근저에는 무엇보다도 생사를 떠나 큰 자비심이 내재하고 있다.

● 추녀가 미인이 되다

부처님께서 사위국의 기원정사에 많은 사람들을 모아 놓고 설법하고 계셨을 때의 일이다. 쇼우군 대왕의 마리카 왕비가 처음으로 딸을 낳았다. 이 아기는 뜻밖에도 너무나 추녀였다. 더구나 놀랍게도 열여덟 가지 극히

---

4) 『본생담』

추한 모습을 골고루 갖추고 있어 우선 누구나 두 번 다시 보기 싫은 흉한 모습을 하고 있었다. 그러나 이 못난 공주도 나이를 먹으니 부득이 적당한 혼처를 찾아 출가시켜야만 했다. 그러나 너무나 못난 탓으로 그럴듯한 귀족들 간에는 아무도 장가들려는 사람이 없었다. 그러나 너무나 비천한 계급이면 왕이 또한 도저히 용납할 수 없으므로 밤이나 낮이나 골치를 앓고 있었다.

이때, 다른 나라의 한 장자의 아들이 오랫동안 이 성안에 머무르고 있었다. 돈은 모두 써버리고 할 수 없이 여기저기를 떠돌며 빌어먹는 형편이었으나 다행히 아직 독신자였다. 신하들은 이것을 보고 왕에게 말씀 드렸다.

"전하, 이 사람이야말로 참으로 적임자가 아닐까 삼가 아룁니다." 하고 천거하자 왕도 그럴 듯이 생각하여 곧 수락했고 어느 날, 그 장자의 아들을 공연한 이유를 붙여 궁중으로 불러들였다.

"나에게 장녀가 있는데, 그대를 내 사위로 맞고 싶은데 의향이 어떤가! 만약 이 일을 수락한다면 그대는 일생 동안 부귀영화를 누릴 터이며, 또한 안정된 생활로 마음도 편하리라. 또한 그대의 나라로 돌아가고자 한다면 함께 데리고 가도 좋다. 어떠냐?" 하고 단도직입적으로 제안했다.

마침 장자의 아들은 어떻게 대답해야 좋을까 하고 있는데 문제의 그 공주가 진귀한 여러 가지 보물로 전신을 단장하고 조용히 그 앞에 와 섰다. 왕은 딸의 모습을 자못 만족한 듯이 바라보며 장자의 아들에게 말했다. "이게 내 장녀다."

장자는 이 마당에 그것을 거절할 수도 없어서 마음에 내키지도 않았으나 그만 승낙하고 말았다. 결혼식은 신속히 치러지고 무수한 재물이 그에게 나누어졌다. 장자의 아들은 결혼하자 얼마 되지 않아서 본국으로 돌아가게 되었다. 본국에서는 그가 결혼했다고 많은 친척들이 모여와 여러 가지 선물을 주면서 축하하는 것이었다.

"저 유명한 쇼우군 대왕의 공주가 색시라지? 공주시니 얼마나 아름답겠나? 빨리빨리 좀 보도록 해주게나." 하고 모두들 만나보기를 성화같이 재촉했다. 장자의 아들은 난처했다. 그리하여 궁여지책으로 한 핑계를 생각해 냈다.

"제 처는 잘났건 못났건 제 처가 아닙니까? 갑자기 왔다고 해서 쉽사리 아무나 만나지 못합니다. 이제 택일을 해서 어느 날이든 어른들께 뵙도록 하지요."

친척 사람들은 그것도 그럴 법하다고 생각했다. 그러나 기다려도 택일하는 눈치가 없자 친척들은 또다시 몰려왔다.

"어떻게 되었나? 아직 택일도 하지 않으니…" 장자의 아들은 친척들에게 또 구실을 붙여 말했다. "아직 천일간만 더 기다려 주십시오. 그날 저 화원에 꽃이 만발하거든 여러 어른들과 만나 뵙도록 하지요."

그들은 아무리 공주지만 너무 지나치다고 생각했다. '도대체 서로 상면 인사를 하자는데 그걸 뺄 게 뭐람!' 그리하여 아들을 붙잡고 서슬이 퍼렇게 말하는 것이었다. "이번엔 틀림없지! 이번에 또 거짓말을 한다면 벌금 오십만 원을 물어야 한다는 약속을 하게." 아들은 당황했다. 그러나 도리 없지 않는가. 그는 부득불 약속했다. 친척들은 약속한 날에 오기로 하고 모두 집으로 돌아갔다. 아들은 혼자 긴 한숨을 내쉬었다.

약속한 날이 왔다. 장자의 아들은 여러 가지 음식을 장만하고, 그 일부를 가지고 아내 방에 들어가서 이러이러한 사정을 자세히 알려주었다. 그리고 아내로 하여금 안으로 굳게 방문을 잠그고 꼼짝을 하지 말라고 일렀다. 그리고는 벌금과 많은 음식을 가지고 약속한 화원으로 향했다. 화원에는 이미 많은 친척들이 몰려와 기다리고 있었다. 멀리 장자의 아들이 혼자 오는 것을 보고 그들은 점점 흥분하기 시작했다.

"공주면 제일인가, 저 사람 또 거짓말을 했구먼. 먼저 그렇게 약속하고도 또 거짓말을 하다니, 저런 멀쩡한 거짓말쟁이 보게." 그들은 이구동성으로 아들을 향해 떠들어댔다. 아들은 화원에 당도하자 친척들에게 공손히 고개를 숙여 사과했다.

"여러 어른들께서는 너무 노여워 마십시오. 제가 약속한 벌금을 올리겠습니다." 하고 돈 뭉치를 꺼내 들었다. 그러자 친척들은 또 벌떼처럼 시끄럽게 떠들었다.

"아니, 공주면 그만인가. 도대체 우리 친척들을 뭐로 보는 거야! 그래, 자네 처는 존귀한 사람이니까 방 속 깊숙이 가둬놓고 햇빛이나 달빛도 보여주지 않는가? 그러니 항상 우리같이 천한 족속들에게 구경시키지 않는 것쯤 당연하지 뭐…"

장자의 아들의 가장 뼈저린 일침을 그들은 입을 비죽거리며 비아냥거렸다. 그 새댁이 된 공주는 닫힌 문안에서 홀로 자신을 원망하며 탄식했다. '세상에 나는 무슨 악업으로 이렇게 추한 모습을 타고났을까? 아직 나이도 어린 이제 꽃처럼 피어날 시절에 이런 흉측한 꼴로 살아야 한다니, 아아.' 그녀는 또다시 눈물을 머금으며 탄식했다.

"아아, 내 남편을 이렇게도 창피하게 만들고, 이토록 거짓말쟁이로 만들고 게다가 그 많은 벌금까지 물게 하다니… 아아, 내 까짓것이 세상에 오래 산들 뭘 하나? 차라리 죽어버리기만 못하지!"

그녀는 슬퍼하다가 마침내 자기 허리에 둘렀던 비단 띠를 끌러 목을 졸라 죽으려 했다. 그때 택신宅神이 이를 보고 죽으려던 공주 앞에 현신했다.

"공주, 그러면 안 됩니다. 그대의 목 졸린 띠를 풀어 줄 테니까요. 그대의 목숨은 이제 안전하오. 절대로 요사 시키지는 않을 터이오." 하면서 꼭 졸라매었던 띠를 풀어주고 말았다. 세존께서는 무궁무진한 대자대비로써 항상 일체중생들의 제도에 힘쓰시며 특히 다음과 같은 것을 늘 염원하고 계셨다.

"나는 이제 어떤 중생에게서 설법의 요체要諦를 이루어 신해信解하는 마음을 일으키게 할 것인가. 나는 이제 어떤 중생에게서 그로 하여금 탐욕의 때를 깨끗이 씻어 마음을 맑게 할 것인가. 나는 이제 어떤 중생에게서 그로 하여금 성내고 분해하는 마음과 환난과 근심을 제거하게 할 것인가. 나는 이제 어떤 중생에게서 그로 하여금 우치암둔愚癡暗鈍을 제거하게 할 것인가. 나는 이제 어떤 중생에게서 그로 하여금 일체 선근을 조장시킬 것인가. … 나는 이제 어떤 중생에게서 그로 하여금 빠짐없이 계정혜戒定慧 삼학을 닦게 할 것인가. 나는 이제 어떤 중생에게서 제법에 통달하여 마음에 자재로움을 얻게 할 것인가. 나는 이제 어떤 중생에게서 그로 하여금 청정의 지혜로운 눈을 얻게 할 것인가. 나는 이제 어떤 중생에게서 그로 하여금 대보리심을 일으키게 할 것인가. 나는 이제 어떤 중생에게서 보리의 관을 그의 목에 걸게 할 것인가. 나는 이제 쇼우군 왕의 공주로 하여금 추한 모습을 변형하고 그 소원하는 바를 얻게 해 줄 것인가."

세존께서는 이렇게 때마다 생각마다 일체중생들을 관찰하시며 혹은 가까이, 멀리, 혹은 많고, 적고, 혹은 훌륭하고, 뒤떨어진, 상중하의 삼성三性을 모두 잘 제도하시려고 혜안으로써 골고루 남김없이 살피셨다.

이때 공주는 방 속에 있었는데 부처님의 광명을 받아 마음이 태연해지고 정신의 안정을 얻었다. 그녀는 목을 바로 하여 곧 염원했다. "지금 부처님께서는 이 세상에 계시오며 중생을 제도하시고, 재난과 액화를 입는 자를 모두 구제하십니다. 아아, 세존이시여, 아무쪼록 대비하심으로 자비를 베푸시어 제 앞에 그 거룩하신 모습을 나타내 주시옵소서." 하며 멀리 부처님에게 경배하고 성심성의를 다해 눈물로 비원을 드렸다.

세존께서는 그 마음을 아시고 공주의 방 안을 엄숙히 밝히셨다. 그러자 땅속에서 홀연히 부처님이 솟아오르셨다. 그 몸은 찬란한 금빛이오, 모습은 단정하시고 근엄하셨다. 공주는 부처님의 모습을 뵙자 황송하여 진묘한 향화로 삼가 공양을 드리고 기이한 보물과 아름다운 영락을 보시하며 합장하여 공손히 배례했다. 이윽고 세존의 존영에 가까이 다가서자 공주의 그 추하던 모습이 삽시간에 꽃같이 아름다운 용모로 변했다. 공주는 꿈인 듯 너무나 기뻐서 석존께 다시 합장 배례하고 게송으로써 석존을 찬미했다.

세존께서는 공주를 여러 가지로 교화한 후에 홀연히 몸을 감추고 말았다. 공주는 이에 결가부좌하여 일심으로 부처님 모습을 염상하며 염불을 올렸다. 한편, 장자의 아들은 화원에서 친척들의 접대를 하다 보니 자연히 무리하게 강권 당해서 그만 정신없이 취해 떨어져 버렸다. 친척들은 바로 이때다 하고 서로 수군거리며 의논하기 시작했다.

"마침 지금이 좋은 기회다. 저 사람이 술에 취해 잠들어 있을 때, 우리 모두 가서 그까짓 문을 좀 부수기로서니 못 볼 게 어디 있나? 안 그래?" 그들은 함께 몰려가서 자물쇠와 빗장을 부수더라도 오늘은 기어코 그의 아내를 보자고 했다.

"좋아! 좋아! 모두 함께 갑시다."

모두들 우르르 몰려가서 잠긴 문을 부수고 서로 밀치며 그의 새댁을 보고자 하였다. 과연 그 새댁은 공주답게 아름답기가 마치 선녀와 같았다. 친척들은 모두 깜짝 놀라 저도 모르게 땅에 엎드려 배례했다. 그런 줄도 모르고 혼자 남아 술에 취해 잠들어 있던 장자의 아들은 비로소 술에서 깨어나 큰일 났다고 생각하며 허둥지둥 집으로 뛰어왔다. 그랬더니 이것이 도무지 어찌 된 영문일까. 그토록 못났던 자기 새 아내는 아름답고 요조하기는 마치 천상의 선녀였다. 그는 놀라지 않을 수 없었다.

남편을 본 그의 아내는 기쁘고 부끄러워 고개를 숙인 채 남편에게 자초지종을 조용히 말했다. 그리고는 "부처님, 세존은 최상의 복전입니다. 저는 이제부터 부처님 세존을 배알하고 오겠어요" 하면서 세존께 갔다. 그녀는 세존을 뵙고 깊이 공경하고 정성스런 공양을 드린 뒤 스스로 서원했다.

"제 몸에 깊은 악업이 있었사옵기에 이 추한 모습으로 그 보報를 자초했던 것입니다. 아무쪼록 이제부터는 또다시 받지 않도록, 그리고 또한 세상에 사는 일체중생들도 추악한 몸을 떠나 단정하게 되도록 빌고 또 빕니다." 또한 부처님 앞에서 거듭 게를 바쳤다.

세존은 묘색妙色의 모습.
장엄하심을 모두 구족하시고,
뵙는 모든 자들로 하여금
모든 것 뜻대로 이루게 하시네.

이 몸 이제 작은 선으로써,
골고루 모든 사람에게 비치게 하여,
저마다 추악한 인연을 제거하고,
모두 단엄端嚴의 보를 얻게 하리라.

세존께서는 공주를 향해, "현명한 여성이라. 나는 스스로 찬양도 않거니와 망령된 말도 하지 않는다. 또한 공양도 바라지 않노라. 오직 중생이 받는 업보에 따라 대비심을 일으켜 그는 구호할 따름이라." 하시며 다시 게를 내리셨다.

나는 세상의 조어사調御師니라,

이름이나 이로운 공양을 바라지 않고,

오직 저 오욕의 깃발을 꺾어서

모든 중생의 마음을 적정케 하느니.

삼명(숙명명, 생사명, 누진명)과 이행(타력 수행, 염불 수행)을 모두 갖추어, 인천人天을 더불어 길상케 하리. 내 이미 여러 마귀의 원망을 항복받으니, 항상 나를 이길 자 없으리라. 오래 삼유의 재난을 떠나, 열뇌熱惱를 성하지 않고도 마음을 해탈하여, 저 습기는 다하여 남음이 없으며, 세상에 넓은 공양을 받게 되었도다. 이렇게 공주는 세존께 지극정성으로 보시한 공덕에 의해서, 현세에서 복스럽고 아름다운 용모를 얻을 수 있었다.5)

공주는 지극정성으로 깊은 악업으로 추한 모습으로 태어난 것에 대해 진정 어린 참회를 하고 또다시 추한 모습을 받지 않도록, 그리고 또한 세상의 모든 중생들도 추악한 몸을 떠나 단정하게 되도록 기도하였다. 아울러 부처님 모습을 염상하며 염불을 올렸다. 그 공덕으로 공주는 현세에 추녀에서 아름다운 모습으로 바뀐 것이다. 사실 우리의 불행이라는 것은 다만 상相의 입장에서 보면 추하게 생겨 불행이지만 진여불성에서 본다면 불행은 조금도 없는 것이다.

마의선사麻衣禪師는 중국 당나라 후기의 인물로 항상 삼베옷을 즐겨 입었으므로 마의선사로 불렸다. 그는 화산華山6)에 은거하여 후세에 이름을 알리지 않았지만 오늘날까지 관상학의 고전으로 여겨지는 그의 저서 『마

---

5) 『복개정행소집경』 제8

6) 화산은 중국 5악(동 泰山, 서 華山, 남 衡山, 북 恒山, 그리고 숭산 嵩山) 중 서 악에 해당되며 산세가 가파르고 험준한 산으로 산봉우리로 통하는 길이 하나밖에 없는 천하 제1산으로 일컬어진다.

의상서(麻依相書)』말미에는 "관상은 마음상만 같지 못하고 마음상은 덕상만 같지 못하다觀相不如心相 心相不如德相"는 내용이 있다. 관상보다도 드러나지 않는 마음과 덕이 더 중요함을 강조한 말이다. 마의선사가 길을 가던 중 어느 머슴을 보는데 그의 관상에 죽음의 그림자가 보여 머슴을 불러 "얼마 안 있어 죽게 될 상이니 일도 하지 말고 번 돈으로 잘 먹고 잘 쓰고 가라" 하고는 지나갔다.

머슴은 낙담하여 탄식하며 계곡에 앉아 있는데 계곡물에 떠내려오는 나무껍질 속에 개미떼들이 빠지지 않으려고 발버둥 치는 것이었다. 머슴은 그 개미들을 자신과 같은 처지로 생각하고 살려주었다. 그러면서 깨달은 것이 개미들은 어차피 흘러가다가 물에 빠져 죽을 것인데 자기가 살려주어 새로운 생명을 얻었으니 나의 관상이 어떻든 더 열심히 살아야겠다고 생각했다. 한 달여 시간이 지난 후 마의선사가 머슴과 다시 마주치게 되었는데 머슴의 얼굴에 죽음의 그림자는 사라지고 오히려 30년 넘게 부귀영화를 누리는 관상으로 변해있었다. 많은 개미떼를 살려주고 마음을 바꾸었다는 이야기를 듣고 자신이 지은 책의 마지막에 추가로 '觀相不如心相 心相不如德相'이라고 추가로 적어 넣었다 한다. 사주와 관상도 중요하지만 무엇보다도 심상, 즉 마음의 자세가 가장 중요하다는 것이다. 진정 아름다운 사람은 '마음의 미인'이라고 한다. 이는 곧 우리가 얼마나 진정으로 자신의 업보에 대해 참회하고 타자를 위해 자비심을 베푸는 노력 여하에 따라 사람의 운명이 좌우된다는 메시지를 전하고 있다.

● 원숭이와 인욕바라밀

12지支의 아홉 번째 동물인 원숭이는 우리 민속에서 장수와 가족애의 상징으로 여겨져 왔다. 수명이 길어 오래 살뿐더러 부부와 자식 간의 극진한 사랑이 인간 못지않기 때문이다. 다른 짐승들보다도 인간과 가장 많이 닮은 영장 동물인 원숭이는 재주가 많아 영리하면서도 장난꾸러기 상징으로 자주 묘사되곤 한다. 원숭이는 동작도 재빠르고, 나무를 탈 땐 마치 나비처럼 가볍게 난다. 그래서 '잔나비'라고 부르기도 한다. 뿐만 아니라 용맹하기까지 한 동물이다. 그래서 『본생경』『육도집경』 등에서 원숭이는 영리하고 지혜로운 모습으로, 혹은 자애로운 원숭이 왕의 모습으로 그려지고 있다.

어떤 깊은 산속에 역량이라는 한 마리의 원숭이가 살고 있었는데 동년배보다 뛰어나고, 지혜롭고, 자비심이 깊었다. 원숭이는 항상 나무에 올라가 열매를 따서 연명하고 있었다. 여느 때와 마찬가지로 어느 날 높은 나무에 올라가 있는데, 멀리 떨어져 있는 저쪽 깊은 골짜기에서 사람 살려달라는 소리가 끊이지 않았다.

'내가 부처님이 되고 싶어 하는 것도 괴로워하는 자를 구하고 싶기 때문이다. 저 소리의 사람도 잘못하여 깊은 골짜기에 떨어진 것이겠지만, 지금 구해내지 않으면 목숨을 잃을 것이다. 어떤 고난을 겪더라도 저 벼랑을 내려가 구해내지 않으면 안 되겠다.'라고 결심한 원숭이는 목소리를 따라 몸의 위험도 생각하지 않고, 나무에 기어 올라가서는 바위를 더듬어 골짜기로 내려갔다. 거기에는 수백 미터나 되는 벼랑 밑으로 떨어진 한 사람이 있었다. 온몸에 상처를 입고 수일 동안 아무것도 먹지 않아 숨이 곧 끊어질 듯싶었다. 원숭이는 그 사람을 등에 업고, 풀뿌리와 바위 모서리를 더듬어 가며 간신히 산 위의 평지로 기어 올라왔다.

"이 길을 따라가면 마을로 갑니다. 이제부터는 절대로 위험한 일이나 나쁜 짓은 하지 말도록 하십시오. 그러면 여기서 작별합니다."라고 말하고는 기진맥진한 몸을 나무 그늘 아래에 누이고 깊은 잠에 떨어졌다.

원숭이의 도움으로 간신히 살아난 사람은 피로와 굶주림으로 걸어갈 용기도 나지 않았다. 그런데 '골짜기에서 굶고, 이제 이렇게 나와서도 먹을 수가 없다. 같은 괴로움이다'라고 생각하는 마음속에, 나쁜 마음이 살며시 일어났다. '그렇다. 저 원숭이의 살을 먹고 목숨을 부지하자. 그래 그것이 좋다.'라고 혼자 끄덕거리며, 돌을 주워 아무것도 모르고 잠들어 있는 원숭이의 뒤통수를 내리쳤다.

원숭이는 피가 흘러 눈이 흐려지고 깜짝 놀라 벌떡 일어나려고 하였으나 그것도 쉽지 않았다. 간신히 나무로 기어 올라가 그 몸을 가눴다. 그러나 원숭이는 은혜를 잊은 사람을 미워할 마음도 그 악인을 나무랄 마음도 없이 악한 마음을 품는 사람을 가엾게 여기고 슬퍼할 뿐이었다.

"나의 지금의 힘으로는 이러한 악인을 구해낼 수 없다. 부디 미래의 세상에는 모든 부처님의 자비심으로 그 가르치심을 믿고 수행을 하여 깨달음을 얻어 오래오래 이런 악심을 품는 자가 없도록 해야겠다."라고 기원하고 원숭이는 고요히 눈을 감았다.[7]

원숭이가 돌로 자신의 머리를 내리친 뒤 주린 배를 채운 사냥꾼을 도리어 불쌍히 여기며 '지금 내 힘으로 제도할 수 없는 사람을 미래세에 부처가 되어서라도 반드시 제도하리라'고 서원했다. 사냥꾼의 배신에도 기필코 그를 제도하겠다는 원숭이의 서원은 '자비행'과 '인욕행' 실천의 표상이다.

---

7) 『육도집경』 제5

또한 옛날 숲 속에 살던 원숭이 왕은 백성 원숭이를 잘 보살펴 원숭이들도 왕을 잘 따랐다. 그러던 어느 날 인간의 왕이 병사들을 이끌고 숲 속에 쳐들어온다. 백성을 이끌고 도망치던 원숭이 왕은 막다른 절벽에 다다르고, 원숭이 왕은 자신의 몸을 다리로 삼아 백성 원숭이들이 도망칠 수 있게 한다. 원숭이 왕은 결국 백성 원숭이들이 절벽을 모두 건넌 뒤 힘이 다해 숨이 끊어지고 만다. 제 몸을 돌보지 않고 무리의 안전을 위해 희생하는 모습에 감화한 인간의 왕은 결국 살생하려는 마음을 뉘우치게 되고 성으로 돌아와 백성을 평화롭게 다스렸다 한다. 여기에서 그려지고 있는 자애로운 원숭이 왕의 모습은 결국 부처님의 전생의 모습으로 상징된다.

한편, 『마하승기율』에서는 '원숭이가 물에 비친 달을 잡는다'猿猴取月는 말이 나온다. 원숭이가 물에 비친 달을 잡으려다가 빠져 죽는다는 뜻으로, 사람이 제 분수를 지키지 않으면 화를 입는다는 말이다. 옛날 인도에서 살던 500마리의 원숭이가 나무 밑 우물에 비친 달 그림자를 잡으려고 차례차례 꼬리를 이었다. 그림자에 손을 뻗으려고 하자 원숭이들의 무게를 버티지 못한 나뭇가지가 부러지면서 500마리 원숭이 모두 우물에 빠져버리고 만다. 하늘에 떠 있는 달이 우물에 빠질 리가 있겠는가? 이는 욕심에 눈이 어두워 자기 분수를 모르고 날뛰다 목숨까지 잃게 된 원숭이 모습을 비유한 것이다. 허상에 집착하지 말라는 부처님의 가르침이다.

● 구법태자: 불 속에 몸을 던져 보리도 구해

구도자의 거룩함은 집요하고도 치열한 구법정신에 있다. 부처님이 사위국의 제타 숲 '외로운 이 돕는 동산'(기수급고독원)에 계실 때였다. 이 나라에 수다타Sudatta라는 장자가 있었는데, 그는 성품이 어질고 삼보를 호지護持하고 잘 믿었기 때문에 날마다 절에 가서 탑을 청소해 왔다. 그런데 하루는 바쁜 일이 생겨 그 시간에 탑을 청소하지 못하고 늦게 도착하였는데 이미 부처님이 직접 목련, 사리불, 가섭 등 여러 비구들을 데리고 가서 탑을 청소한 뒤 한쪽에 앉아서 탑을 청소하면 얻게 되는 공덕을 말씀하고 계셨다.

"이 청소를 함으로써 다섯 가지 공덕을 얻는다. 첫째는 자신의 더러운 마음을 제거하고, 둘째 다른 사람의 더러운 마음까지 제거시키고, 셋째 교만심을 제거시키고, 넷째 자기 마음을 조복하고, 다섯째 공덕이 쌓여 좋은 곳에 태어나게 된다."

마침 수다타 장자가 부처님이 청소에 대한 공덕을 말씀하시는 것을 듣고 곧 부처님 앞에 나아가 아뢰었다. "제가 부처님께서 말씀하신 다섯 가지 공덕을 들으니 어느 곳에서나 모든 성현들이 바로 저의 눈앞에 계시는 듯합니다."

부처님은 "수다타 장자여, 내가 존경하는 일체의 선한 법도 다 그러하다. 이제 장자 위해 설하겠으니 잘 들어라."라고 말씀하셨다.

한없는 과거 세상에 범마달마 왕이 바라나시를 다스리고 있었다. 그는 정법으로 나라를 잘 다스렸기 때문에 백성들이 넉넉하고 모두 태평하게 지냈다. 때마침 왕비가 임신을 했는데 왕비의 이마 위에 항상 밝은 빛이 서려 있었으므로 왕은 관상가를 불러 왕비의 관상을 보게 했다. 그랬더니 관상가가 "앞으로 큰 복을 갖춘 태자가 출생할 것이며, 그 태자는 사방으로 법을 구하러 다니게 될 것입니다."라고 말했다.

마침내 왕비가 태자를 출산했는데 세상에서는 보기 드물 만큼 용모가 수승하고 단정했다. 그래서 태자의 이름을 구법求法이라 하였다. 태자는 장성하자 관상가의 말대로 과연 도법을 좋아하였다. 값진 보물을 가지고 스승을 찾아다니며 진리를 구하였다. 그런데 한 번은 스승을 만나지 못해 좋은 진리의 말씀을 듣지 못하자 왕궁에 돌아와 엉엉 울었다. 태자의 이러한 지극정성에 감응하여 제석천의 궁전이 흔들렸다. 이에 제석천이 깜짝 놀라 '무엇 때문에 나의 궁전이 흔들릴까' 하고 사방을 관찰해 보고, 태자가 진리를 구하다가 뜻대로 되지 않은 것을 근심하여 울고 있기 때문에 자신의 궁전이 흔들리고 있음을 알았다.

　　그래서 제석천은 태자의 그 마음이 과연 진심인가를 시험해 보기 위해 한 바라문의 몸으로 변신하여 궁궐문 앞에서 큰 소리로 외쳤다. "내가 바로 묘법을 지니고 있으니 누구라도 묘법 듣기를 원한다면 그에게 말해 주리라." 이 말을 들은 태자는 기쁨으로 뛰쳐나가 그를 궁궐로 맞아들였다. 그리고 합장하며 청하였다.

　　"원컨대 대사께서는 저를 가엾이 여겨 묘법을 설해 주소서."

　　"태자여, 진리를 듣기란 매우 어려운 것이오 스승에게 오랜 기간 정성을 다해야 진리를 들을 수 있는데, 그냥 듣고자 하는 것은 이치로 보아 맞지 않소"

　　태자는 다시 바라문에게 간청했다. "필요한 것이 있으면 말씀하십시오 코끼리, 말, 보배 등 모든 것을 아낌없이 다 드리겠습니다."

　　"그런 것 따위는 나에게 필요 없소 태자가 열 길의 깊은 구덩이를 파고 그 속에 불을 질러 놓고 태자 자신의 몸을 던진다면 그때에 묘법을 전해 주겠소"

　　이 말을 들은 태자는 조금도 두려워하거나 주저하는 빛이 없이 기쁜 마음으로 큰 구덩이를 파서 불을 지른 다음 몸을 던지기로 약속했다. 이 말을 들은 왕과 왕비, 그리고 신하들이 달려 나와 태자를 설득하는 한편 바라문에게 호소했다.

"원컨대 대사께서 저희들을 가엾이 여겨 태자가 불구덩이에 뛰어드는 것만은 못하게 하소서. 대사께서 필요한 것이라면 이 나라의 성읍과 보물을 다 드리겠습니다."

그러나 바라문은 담담한 어조로 이렇게 말했다. "내가 태자를 괴롭히는 것이 아니고 단지 진리를 듣기 위해 태자 자신이 그렇게 하겠다고 하였소" 이 말을 듣고 태자가 말했다.

"나는 오랫동안 여러 세상에 걸쳐 죽었다가 다시 태어나곤 했지만, 어느 누가 나를 위해 묘법을 말해 주는 이가 없기 때문에 이제 스스로 묘법을 듣기 위해 몸을 던지려는 것입니다."

이때 왕과 왕비, 신하들은 태자의 뜻을 돌이킬 수 없음을 알고 여러 이웃 나라의 대신들을 다 불러 모아 한꺼번에 간청을 하게 되었다.

"이웃 나라를 위해서라도 불 속에 몸을 던지는 일만은 말아 주십시오 왜 저 바라문 한 사람 때문에 모든 것을 다 버리려 하십니까?"

"나는 무수한 과거세에서 생사를 되풀이하여 왔습니다. 때로는 지옥, 축생, 아귀에 떨어져 서로 살해하고, 불에 타 죽고, 굶주림에 허덕이는 고통을 받아 왔지만 이런 고통에서 벗어날 수 있는 묘법을 들은 일이 없었습니다. 지금 이 더러운 몸을 던지려 하는 것은 위 없는 보리의 도를 구하여 많은 중생을 제도하기 위해서인데 왜 모두들 만류하십니까?"

이렇게 말한 다음 바라문을 향해 "이 목숨이 끝나면 진리를 들을 수 없으니 원컨대 대사께서 먼저 묘법을 설해 주소서."라고 말했다. 이때 바라문은 태자를 위해 게송을 읊었다.

항상 인자한 마음을 행하여
성내거나 남을 해치려는 생각을 없애고
대자대비한 마음으로 중생을 가엾이 여겨
눈물을 흘려 가면서 구제해야 하며
또 대자대비를 수행하는 자는
모든 중생을 제 몸과 같이 사랑하여
남김없이 구제해야만
비로소 보살행이라 할 수 있네.

이 게송을 듣고 태자는 얼굴에 기쁨을 가득 담은 채 불구덩이 속으로 뛰어들었다. 그러나 그 불구덩이는 작은 연못으로 변하고 태자는 솟아난 연꽃 위에 앉아 있었다. 이때 온 땅이 진동하고 천상의 꽃잎이 흩날려 무릎까지 쌓였다. 그때서야 바라문은 본래의 모습인 제석천왕이 되어 태자에게 말했다.

"태자가 이 게송을 듣고 목숨을 아끼지 않은 것은 어떤 소원이 있어서인가?"

"예, 저의 소원은 앞으로 위 없는 보리의 큰 도를 구해 널리 중생을 제도하여 생사의 바다를 벗어나게 하려는 것입니다."

제석천은 이 말을 듣고 전에 없던 일이라고 칭찬한 다음 다시 천상으로 올라갔다. 범마달마왕을 비롯하여 왕비와 여러 신하들 역시 전에 없던 기이한 일이라고 찬탄한 뒤 모두들 기쁜 마음으로 태자를 데리고 궁중으로 돌아갔다. 부처님은 말씀을 마치고 비구들에게 이렇게 말씀하셨다.

"비구들아, 알아두어라. 그때의 왕은 바로 지금의 나의 아버지 정반왕의 전신이었고, 그때의 왕후는 바로 지금의 어머니 마야부인의 전신이었으며, 그때의 태자는 바로 나의 전신이었느니라."

부처님의 이 말씀을 들은 여러 비구들은 모두 환희심이 나서 더욱더 부처님을 잘 받들었다.8)

고통에서 벗어날 수 있는 묘법을 들은 적이 없는 구법태자가 불 속에 몸을 던지려 한 것은 위 없는 보리의 도無上道를 구하여 많은 중생을 제도하기 위해서였다. 이는 성내거나 남을 해치려는 생각을 없애고, 대자대비한 마음으로 중생을 가엾이 여겨 남김없이 구제하겠다는 보살의 큰 서원의 발로이다. 중생심으로 볼 때는 상상으로도 접근할 수 없는 세계이다. 그러나 구법태자는 자신을 불태우더라도 영원한 진리를 구하고 일체중생을 제도하리라는 큰 서원을 세운 구도자로서의 거룩한 모습을 보여준다.

● 코끼리 왕: 황금상아를 뽑아주다

옛날 사위국에 어떤 장자가 살고 있었다. 그에게 딸이 하나 있었는데, 그 딸은 자기의 전생에 대해 알고 있었다. 그녀는 일찍이 "효도하지 않는 행위는 불손한 행위이며, 남을 해치는 행동과 은혜를 배반하는 행동은 파렴치한 행동이다."라는 말을 했다.

그녀는 태어날 때부터 남달리 덕성스러웠기 때문에 이름을 현이라고 했다. 현은 자라나면서부터 스님들이 입는 가사를 매우 좋아했다. 그 인연으로 출가하여 비구니가 되었다. 그녀는 부처님에게 가르침을 받지는 않았지만, 혼자 부지런히 수행하여 아라한의 깨달음을 얻었다. 현은 부처님

---

8) 『찬집백연경』

을 뵙지 않은 것을 늘 뉘우치고 있다가 어느 날 부처님을 뵙고 참회를 올리자 부처님은 다음과 같이 말씀하셨다.

"나는 네가 처음 뉘우침을 가졌을 때 이미 그 참회를 받았느니라."

옆에서 지켜보던 비구들은 이상하다는 듯이 물었다.

"저 비구니는 처음 출가했을 때 부처님을 찾아뵙지 않고 이제야 부처님을 뵙고 참회하는 이유가 무엇입니까?"

부처님은 다음과 같이 말씀하셨다. 옛날에 여섯 개의 상아를 가진 흰 코끼리9)가 있었는데, 그는 많은 무리들을 거느리고 있었다. 그 코끼리는 두 마리의 암 코끼리를 거느리고 있었는데, 첫째는 현이라고 하였고 둘째는 선현이라고 불렀다. 흰 코끼리가 어느 날 숲 속에서 연꽃 한 송이를 얻게 되어 그것을 현에게 주려고 하는데 선현이 앞에서 가로채 갔다. 연꽃을 빼앗긴 현은 분한 마음과 질투심이 일어나 '남편은 선현만 사랑하고 나는 사랑하지 않는다'는 생각에 사로잡히고 말았다. 그래서 현은 산중에 있는 불탑에 꽃을 꺾어 공양하면서 소원을 빌었다.

"나를 인간 세상에 태어나서 스스로 전생의 일을 알게 하고, 또 저 흰 코끼리의 상아를 빼 가질 수 있도록 해주소서."

꽃 공양을 마친 현은 산꼭대기에 올라가 투신해 버렸다. 현은 죽음과 동시에 비제혜 왕가의 왕녀로 태어났다. 자라서 혼기가 되자 범마달왕에게 코끼리의 황금 상아를 구해달라고 졸랐다.

"저를 정말 사랑하신다면 흰 코끼리의 상아로 밥상을 만들어 주십시오. 그렇지 않으면 사랑하지 않는 것으로 알고 저는 죽음을 택하겠습니

---

9) 백상보白象寶: 칠보의 빛깔인 상아가 6개 달린 흰 코끼리로, 눈은 검푸르며 일곱 군데는 평평하고 힘은 백 마리 코끼리보다 세다. 갈기 끝에 꿰어진 구슬은 아름답고 깨끗하며, 하루 동안에 지구를 돌아다니다가 해 저물 무렵에 돌아오면서도 괴로워하거나 지치지 않으며, 만약 물을 건너면 물이 움직이지 않고 발 또한 젖지 않으므로 '백상보'라고 한다.

다."

범마달왕은 즉시 사냥꾼을 불렀다. "만일 흰 코끼리의 상아를 구해 오면 5백 냥을 주겠느니라."라고 포고문을 발표했다. 이 포고문을 본 한 사냥꾼이 사냥에 나섰다. 이 사냥꾼은 언젠가 히말라야 숲에서 이 코끼리를 직접 본 적이 있었다. 그 코끼리는 이 숲 모든 동물들의 왕으로, 동물들이 마음속으로 존경하며 따랐다.

왕의 명령을 받은 사냥꾼은 가사로 위장한 다음 독화살을 메고 코끼리가 있는 곳을 찾아 나섰다. 이 코끼리가 수행자들 옆을 지나칠 때는 예를 표하고 가곤 하는 모습을 기억해낸 사냥꾼은 수행을 하는 척하며 코끼리 왕을 기다렸다. 어느 날 코끼리가 나타났다. 이때 흰 코끼리의 아내 선현이 사냥꾼을 발견하고는 흰 코끼리에게 달려가 말했다.

"저기 어떤 사람이 옵니다."

흰 코끼리가 물었다. "무슨 옷을 입었던가?"

"가사를 입었습니다."

"가사를 입은 사람은 악한 사람이 없소. 모두 선한 사람이니 염려 마시오." 코끼리는 수행복을 걸친 사냥꾼을 보고는 다가와 머리 숙여 예를 표했다.

흰 코끼리는 가사를 입은 사냥꾼을 피하지 않고 그대로 있다가 그만 사냥꾼의 독화살에 맞고 말았다. 선현이 울면서 말했다.

"당신은 가사를 입은 사람은 악인이 없다면서 어찌 된 일입니까?"

"그것은 가사의 허물이 아니요. 인간의 마음속에 도사리고 있는 번뇌의 탓이오."

코끼리는 고통의 비명을 지르고 비틀거리며 쓰러졌다. 비명에 놀란 숲 속 동물들이 몰려왔다. 그리고는 자신들의 왕을 해친 사냥꾼에게 무섭게 달려들었다. 그러나 흰 코끼리는 여러 가지로 타이르며 사냥꾼을 해치지 못하게 했다. 그리고 다른 무리들이 사냥꾼을 해칠까 봐 그들도 멀리 쫓아 보냈다. 그런 후 흰 코끼리는 사냥꾼에게 물었다.

"너는 무엇 때문에 날 죽이려 하는가?"

"이것은 저의 뜻이 아니라 범마달왕이 당신의 상아를 원하기 때문입니다."

"그럼 빨리 빼어 가라."

그러자 쓰러졌던 코끼리가 일어나 코로 사냥꾼을 감아 다리 사이로 옮겨 보호했다. 그리고는 안전한 곳까지 걸어가 사냥꾼을 풀어주며 말했다.

"나는 곧 온몸에 독이 퍼져 죽게 될 것이오. 그러나 독이 온몸에 퍼지기 전에 내 스스로 목숨을 끊을 것입니다. 이유는 당신이 살생의 죄를 짓지 않도록 하기 위함입니다. 또 내 황금 상아를 뽑아 줄 것입니다. 내가 죽은 후 뽑으면 당신은 도둑질을 할 수밖에 없기 때문입니다." 흰 코끼리가 몸을 사냥꾼에게 맡기자 사냥꾼은 오히려 어쩔 줄을 몰라 했다. "감히 제 손으로 어찌 뺄 수 있겠습니까? 저를 해치지 않고 오히려 보호를 해주셨는데, 만일 제 손으로 뽑는다면 제 손은 반드시 썩어 떨어질 것입니다."

사냥꾼은 상금에 눈이 멀어 돌이킬 수 없는 죄를 지은 것이 부끄러워 참회의 눈물을 흘렸다. 호흡이 더욱 거칠어진 코끼리 왕은 가쁘게 숨을 몰아쉬며 말을 이었다.

"당신이 나를 해칠 것을 알고 있었지만 난 그대를 해치지 않았습니다. 수행자의 옷을 입고 있었기 때문입니다. 당신은 큰 악업을 지었지만, 수행자의 옷을 입었던 공덕으로 다음 생에 수행자로 태어날 것입니다."

힘겹게 말을 마친 코끼리 왕은 옆에 있는 커다란 나무를 향해 달려가더니 그 나무에 황금 상아를 세차게 부딪쳐서 이빨을 뽑았다. 그리고는 검붉은 피를 흘리며 죽어갔다. 죄책감에 떨고 있는 사냥꾼에게 코끼리 왕은 안간힘을 다해 마지막 말을 전했다.

"이와 같은 인연 공덕으로 내가 다음 생애에 부처가 된다면 맨 먼저 그대의 삼독을 빼줄 것입니다."

사냥꾼은 곧 그 상아를 범마달왕에게 바쳤고, 범마달왕은 그의 부인에게 주었다. 그러나 상아를 받는 순간 그 부인은 뉘우치는 마음이 솟구쳐 올라 이렇게 생각했다.

"이 어질고 훌륭하며 깨끗하게 계율을 지킨 이의 상아를 내가 어떻게 가질 수가 있겠는가? 나는 큰 공덕을 닦아야만 한다." 그리고 그녀는 즉시 다음과 같은 서원을 세웠다. "원컨대 그분이 장차 부처가 되었을 때, 그분의 가르침에 따라 비구니가 되고 불도를 수행하여 아라한의 깨달음을 얻게 하소서." 부처님은 이렇게 말했다. "비구들이여, 너희들은 알아야 한다. 그때의 흰 코끼리는 바로 나요, 그 사냥꾼은 바로 데바닷타이며, 현은 지금의 비구니요, 선현은 야수다라 비구니이니라."10)

위의 설화는 한 성현이 출현하기 위해서는 수없는 전생에서부터 수행과 공덕을 쌓아야 한다는 것을 강조하고 있다. 특히 이 설화는 우리에게 육바라밀의 실천행을 몸소 보인 부처님의 전생을 잘 보여 주고 있다. 코끼리 왕이 사냥꾼에게 황금 상아를 직접 뽑아 준 것은 보시바라밀의 절정을 보여준다. 또한 수행자의 옷을 입고 있다는 이유만으로 죽임을 당하면서도 상대를 해치지 않는 것은 인욕바라밀의 표상이다. 상대가 살생과 도둑질의 중죄를 짓지 않도록 독이 퍼지기 전에 스스로 목숨을 끊는 것은 지계와 정진바라밀의 실천 덕목을 잘 보여 준다. 또한 생명을 앗은 원수에게조차 원한을 두지 않고 오히려 큰 죄를 짓지 않도록 배려한 것은 관용과 정진바라밀의 완성이다. 마지막의 "내가 다음 생애에 부처가 된다면

---

10) 『잡보장경』

맨 먼저 그대의 삼독을 빼줄 것"이라는 약속은 지극한 자비에 바탕을 둔 지혜바라밀의 실천을 극명하게 보여 준다. 『전생담』에 나타난 이러한 바라밀행들에는 공히 대승불교의 특징인 이타주의가 내재되어 있음을 알 수 있다. 이와 같이 육바라밀 실천은 부처를 낳은 불모佛母이며, 그 실천은 곧 불보살의 현현顯現이다. 그렇다면 부처님의 전생 설화인 『자타카』는 질투와 시기, 불안과 갈등 속에 살아가는 현대인들이 어떻게 소통하며 살아가야 하는가에 대한 귀중한 가르침을 전해준다 할 것이다. 그래서 『자타카』는 모든 생명에 대한 존중과 배려로 중생 구제의 대원을 일깨워 주는 점에 중요한 의미가 있다 할 것이다.

● 소지 왕자와 부정한 아내

부처님께서 왕사성의 영취산에서 많은 사람들을 모아 설법하고 계실 때의 일이다. 인도의 어느 나라에 대지, 부지, 수지, 소지라고 하는 네 왕자를 가진 국왕이 있었다. 나라 안도 평온하여 왕자도 모두 잘 자라서 부왕은 이웃 나라의 왕녀를 맞이해서 각각 네 왕자의 아내로 삼게 했다.

그런데 지금까지 부왕에 뜻에 따르고 한 번도 거역한 일이 없었던 네 왕자가 각기 아내를 맞이하고 나니 갑자기 부왕에 대하여 위해를 가할 마음이 생겨 왕위를 엿보게 되었다. 왕자들에게 반역할 뜻이 있는 것을 알아차린 국왕은 매우 화가 나서 마침내 이를 사전에 방지하는 수밖에 없다고 생각하였다. 이미 알게 된 상황에서 그 어떤 결단을 내리지 않으면 후회할 날이 올 것이므로 마침내 네 왕자를 나라 밖으로 추방해서 흉계를 방지하기로 했다.

부왕에 대해 거역하려는 것이 무산되고 나라 밖으로 추방당하게 된 네 왕자는 자업자득이라고 할까, 그들의 계획이 너무나 빨리 폭로되었다고 생각하면서 각기 아내를 데리고 고국을 떠나게 되었다. 왕자들은 낯선 타국을 향해 정처 없이 나그네의 발걸음을 계속했다. 준비해온 식량뿐만 아니라 돈도 점점 떨어져 어느 광막한 황야에 들어갔을 때에는 이미 한 톨의 식량도 남지 않았다. 굶주림은 시시각각으로 더하여서 몸을 괴롭혔고 죽음이 서서히 다가올 뿐이었다. 그러자 형제들은 비밀리에 자기들의 아내를 죽여 그 고기를 먹고 이 굶주림을 피하여, 이 들판만 지나가기로 서로 작당을 했다. 자기의 아내를 죽이는 것은 인륜에 어긋날 뿐만 아니라 참기 어려운 고통이라는 것을 알고 있었지만 삶과 죽음의 갈림길에서 이 방법 밖에는 살길이 없다고 생각한 것이다.

　　그런데 형제 세 사람이 이러한 인륜에 어긋나는 행위를 감행하려고 하는 것을 알아차린 막내 동생인 소지 왕자는 듣고 있을 뿐 이 무서운 일에 몸서리쳤다. 그래서 그는, '다른 사람의 목숨을 앗으면서까지 살 필요가 없다. 자기의 몸을 죽이더라도 다른 사람을 구하려고 하는 것이 사람의 도리가 아닌가. 데리고 온 아내를 죽이는 것은 얼마나 무서운 생각인가. 아내를 죽이지 않더라도 살 방법이 있을 것이다.'라고 생각했다.

　　형들과 함께 있으면 자기도 그 소용돌이 속에 빠져들어 갈 것이므로 여기서 한시바삐 도망쳐야 한다고 생각한 소지 왕자는 아내를 데리고 야밤에 도망을 쳤다. 아내의 목숨을 끊는 것이 싫어서 아내를 데리고 도망쳐 오기는 했으나 먹을 것을 얻지 못해 굶주림은 한층 더해 갔다. 굶주림에 시달려 부부는 한 발자국도 더 나아갈 힘이 없었다.

　　"저는 벌써 움직일 수도 없습니다. 이제 말도 하기 힘듭니다." 하고 젊은 아내는 길가에 쓰러져 숨이 끊어지는 듯 왕자에게 고했다. 아내의 애절한 소리를 들은 소지 왕자는, '비록 악마와 다름없는 나도 제 목숨을 보전하려는 욕망을 갖고 있다. 그런데 하물며 자기의 아내가 죽음에 이르고 있는 것을 보고 버려둘 수는 없다.'고 생각하며, 자신의 다리 살을 베어서 "자아, 어서 이 고기를 드시오" 하고 건네주었다. 그리고 "이 피를 마시고 갈증을 면하도록 하시오" 하고 입에 넣어 주었다.

아내는 남편의 사랑에 가득 찬 이 한 조각의 다리 고기와 한 모금의 피를 먹고 굶주림과 갈증을 이겨낼 수 있었다. 왕자는 아내가 조금씩 생기가 돌아오는 것을 보고 기뻐했다. 그리고 산속으로 들어가서 나무 열매나 풀뿌리 등을 채취해서 이를 먹었다. 그리하여 왕자 부부는 이슬과 같은 목숨을 이어 나갈 수가 있었다.

그런데 소지 왕자 부부가 머물던 산 아래에는 큰 강이 있었다. 먹을 것을 구하려고 강가에 갔던 왕자는 웬 사나이가 손과 발이 절단된 채 괴로운 소리를 내며 구해 줄 것을 호소하면서 강 상류에서 떠내려오는 것을 보았다. 자비심 많은 소지 왕자는 자기가 지금 사경에 빠져 남의 일을 생각하고 있을 때가 아니었지만 재빨리 강물로 들어가서 그 사나이를 등에 업고 밖으로 나와 강 언덕에 올려놓았다.

왕자가 사내에게 물었다. "도대체 자네는 어떻게 해서 수족이 끊겨 강물에 떠내려온 것인가." 사내가 대답했다. "사실은 상류에서 도적을 만나 돈과 옷을 빼앗기고 강물에 버려졌습니다." "그것참 안됐군. 나도 풀로 엮어 덮은 움막에서 목숨을 이어가는 몸이기 때문에 충분히 도울 수가 없으나 우선 내가 사는 곳까지 가도록 해요." "고맙습니다. 그럼 잘 부탁드리겠습니다."

소지 왕자는 부부 두 사람이 먹을 식량도 없는 곳에 그 사나이를 안내해 왔다. 그리고는 못마땅한 얼굴을 하는 아내에게 그간의 경위를 설명하고, "그러니 당신도 이 사내를 위로해 주는 것이 좋겠소"라고 말했다. 부부의 정성스러운 도움과 보살핌으로 그 사내의 상처도 차차 회복되어갔다.

그런데 아내는 자신도 모르게 이 불구의 사내를 사모하게 되어 소지 왕자가 없으면 그의 곁에 가서 희롱을 하게 되었다. 왕자의 자비심과 위덕 때문이었는지 모르지만 산속의 풀뿌리나 나무 열매들은 모두 맛이 좋고 영양이 풍부하였고, 그것을 먹은 아내의 욕정은 점점 더 강렬해졌다. 그녀는 도저히 끊을 수 없는 욕정으로 마침내 공공연하게 그 불구의 사내에게 말을 걸게 되었다. 하지만 그 사내는, "마나님, 이러한 비행을 저질러서는 안 됩니다. 목숨을 건져준 큰 은인의 아내와 간통하는 것은 인간의 탈을 쓰고서는 도저히 할 수 없는 일입니다. 그것은 사람으로서 할 일이 못 됩니다." 하고 완강히 거절했다. 그러나 아내의 욕정의 불길은 꺼지지 않고 사내가 아무리 거절해도 점점 더 강렬하게 타오를 뿐이었다.

드디어 그 사내도 욕망의 불길이 타올라 불의를 알면서도 은인의 아내와 정을 통하게 되었다. 이 불륜의 관계는 점점 깊어져서 이제는 돌이킬 수 없는 지경에 이르렀다. 그러던 어느 날 밤, 그 사내는 왕자의 부인을 향해 "우리들의 불륜 관계가 당신의 남편에게 알려지면 두 사람 모두 생명을 잃게 될 것입니다." 하고 걱정을 하였다. "그렇게 염려하지 않아도 됩니다. 나에게 좋은 생각이 있습니다." 하고 그녀는 무슨 대책이 있는지 태연스럽게 대답했다. 이러한 일이 있은 지 며칠 후, 그녀는 고의로 옷을 입은 채 돌을 베고 잠을 자고 있었다. 산에서 돌아온 왕자는 그 모습을 보더니 놀라서,

"부인, 어디 안 좋은가?"

"몹시 머리가 아파서요."

"이거 큰일 났군. 이 산속에는 약이 없는데."

"제가 성에 있을 때 머리가 아파서 의사에게 진찰을 받고 석백石柏을 머리에 바르면 곧 나았습니다."

"그 석백은 어디에 있는가."

"저 산 아래에 석백이 있는 것을 언젠가 본 적이 있습니다."

"그런가, 그럼 빨리 가서 따오리다."

"당신 혼자서는 언덕을 내려갈 수 없으므로 저도 함께 가서 제가 줄을 위에서 아래로 내려줄 터이니, 당신은 그것을 잡고 내려가세요."

"두통이 있는데 가도 좋으면 그렇게 해주시오."

조금도 의심을 하지 않고 왕자는 아내를 데리고 그 절벽이 있는 곳으로 석백을 따르러 갔다. 허리에 줄을 매고 아내에게 그 줄을 끌게 하고 절벽을 조심스럽게 내려갔다. 절벽의 중간쯤 갔다고 생각되었을 때에 그녀는 잡고 있던 줄을 갑자기 놓아버렸다. 그러자 왕자는 절벽에서 바로 강물 속으로 떨어졌다. 그러나 다른 사람 같으면 목숨을 잃었을지도 모를 상황이었지만 선업을 쌓은 왕자는 죽지도 않고 강물을 따라 떠내려가서 모국의 왕도에 표류하게 되었다.

한편, 이야기가 바뀌어 네 왕자의 역의逆意를 알고 그들을 국외로 추방한 국왕은 그 뒤에 곧 죽게 되었다. 이 때문에 대신들은 왕위를 이을 왕자가 없으니 누구를 세워서 왕위를 잇게 할 것인가를 점사를 불러서 결정하기로 했다. 재빨리 점사를 불러서 점을 친 결과 그 점사는, "비록 백겁을 지나도 지은 업은 잊지 않고 인연을 맞이하게 되면 반드시 그 과보를 스스로 받는다."라고 말할 뿐 아무도 선정하지 않았다. 그런데 이때 표류해 온 소지 왕자는 업이 무르익어서 왕위를 이어야 할 때가 되었던 것이다. 왕자가 절벽 아래 강물에서 나와 언덕 위에서 쉬고 있는데 그 언덕 위에서 이상한 광채가 비쳤다. 이 광채를 빨리 발견한 점사는 그 빛을 쫓아와 보니 한 청년이 단정히 앉아 있었다. 그 관상을 보니 왕이 될 길상을 갖추고 있으므로 급히 왕궁으로 돌아와서, "대신, 왕위를 이을 대인이 나타났습니다. 급히 맞이할 준비를 갖추는 것이 좋겠습니다."라고 고했다.

점사의 급보를 받은 대신들은 서둘러서 성 아래를 장식하고 왕을 맞이해서 즉위식을 거행할 것을 국민들에게 알렸다. 그래서 마침내 소지 왕자를 옹립해서 국왕으로 삼았다. 대신들은 왕비를 구하기 위하여 모든 나라의 귀족들에게 명령해서 지혜와 용모를 겸비한 여인을 구하도록 했다. 각 나라의 귀족들은 제각기 딸을 단장하여 왕도에 데리고 와서 왕의 뜻에 맞는 여자를 왕비로 삼기를 원했다. 그러나 자기 아내 때문에 쓰라린 경험을 얻은 왕은 곱게 단장을 한 젊은 여인이라고 하더라도 그다지 흥미가 없었다.

　　"대왕님, 국모가 없을 때는 왕의 후예를 얻을 수가 없습니다. 어쨌든 많은 사람 중에서 마음에 드시는 분을 왕비로 맞이하시길 바라옵니다." 하고 대신들은 왕에게 권했다.

　　"그러나 여자란 요사스런 것이므로 나는 아내를 맞이할 생각이 없다." 하고 왕은 왕비를 맞이하는 문제에 대해서는 진언을 받아들이지 않았다.

　　그런데 소지 왕자를 절벽에서 떨어뜨린 그의 부정한 아내와 불의의 사나이는 도대체 어떻게 되었을까. 그들은 왕자가 죽은 것으로 생각하고 불의의 환락에 빠진 것은 말할 나위도 없다.

　　호사다마라고 했던가. 왕자의 모습이 그 산에서 사라지자 지금까지 꽃과 나무 열매와 뿌리의 맛과 영양이 갑자기 그 기운을 잃고 꽃도 피지 않았다. 또한 나무 열매도 맺지 않을 뿐만 아니라, 어쩌다가 열매가 열리더라도 쓰거나 떫거나 맛이 없어서 먹을 수 없는 것뿐이었다. 불의의 즐거움에 빠진 두 사람도 먹을 것이 궁해져서 몸이 점점 쇠약해져서 목숨을 부지할 수조차 없었다. 부득이 부정한 아내는 불구의 몸인 정부를 등에 업고 마을에 내려와 걸식을 하지 않으면 안 되게 되었다.

　　수족이 부자유스러운 사내를 등에 업고 걸식을 하고 있는 이상한 여인의 모습을 본 많은 사람들은 "등에 업고 있는 사내는 당신과 어떻게 되오" 하고 모두 물었다. 그때마다 "이 사람은 저의 남편입니다. 불구의 남편과 함께 고생을 하고 있습니다."라고 그녀는 대답했다. 남편에게 시중들고 정조관념이 철저한 여자들은 존경하게 되어 있는 것이 이 나라의 국법이기도 하였던 터라, 그녀의 이야기를 들은 사람들은 "열녀의 거울이라"며 그녀를 존경하여 먹을 것을 많이 주었다.

그 때문에 그들은 먹을 것에 구애를 받지 않고 사람들에게 존경을 받으면서 이 마을에서 저 마을로 걸식하면서 드디어는 왕도王都에 발을 들여 놓게 되었다. 왕도의 사람들도 또한 그들에게 경의를 표시하게 되었고, 그 열녀의 이야기는 왕도 안에 퍼졌다. 그 소문을 들은 대신들은, "왕은 앞서 여자에게는 요사함이 많아서 자기는 아내를 맞이하지 않겠다고 하였으나 세상에는 이런 열녀도 있으므로 한 마디로 말할 수는 없는 것이다." 하고 서로들 수군거렸다.

정조를 내세워 생활하고 존경을 받던 그녀는 드디어 왕궁의 문 앞에 와서 걸식을 했다. 그들의 소문을 들어서 알고 있는 궁궐의 문지기는 이 일을 국왕에게 말씀드렸다. "그러한 정숙한 여자가 있으면 들어오게 하라." 하고 명했다. 안내되어 온 부인을 한 눈으로 본 왕은 미소를 띠면서,

"나의 고기를 먹고 굶주림을 면하고, 나의 피를 마셔서 갈증을 풀고, 이제 고깃덩이를 등에 업고 다니는 사람, 언제 본 적이 있는 것 같군. 석백을 따겠다고 거짓말하고 나를 절벽에서 떨어뜨리고 이제 고깃덩이를 업고 다니는 사람, 언제 본 듯도 하여라." 하고 읊었을 뿐 아무런 말도 하지 않았다.

이 노래를 들은 그녀는 과거에 잘못을 저지른 일에 대한 죄책감으로 고개를 들지 못했다. 곁에 있던 대신들은 왕이 읊은 시의 뜻을 몰라서, "대왕께서 지금 읊으신 시의 의미가 무엇을 뜻하는 것이옵니까?" 하고 물

었다. 대신들의 질문에 따라 소지왕은 열녀로 가장한 부인에 대한 과거사를 자세히 이야기했다. 왕의 말을 듣고 사정을 알게 된 대신들과 백성들은 그녀의 부정한 행위에 놀람과 동시에 지금까지 그녀를 존경한 것을 후회하며, "이 더러운 여자." 하고 욕하며 그녀와 그 사내를 밖으로 내쫓았다. 소지왕은 지금의 부처님이요, 부정한 부인은 데바닷다의 전신이다.

데바닷다[11]는 부처님의 사촌동생으로 늘 부처님을 위해하려는 마음을 품고 부처님을 비방하였다. 데바닷다가 승가를 이끌고 부처님 곁을 떠나고, 파살라국 왕과 석가족 여인의 결혼으로 인해 전쟁이 일어나는 등 부처님 친족과 관련한 사건으로 인해 부처님은 많은 스트레스를 받으셨다. 하지만 부처님은 그러한 상황에서 그것을 피하려 하지 않았고, 평정심을 잃지도 않았다. 그러면서 부처님은 "데바닷다와 함께 산보하는 비구들을 보라. 그들은 모두 악의 우두머리로서 선근이 없는 자들이니라. 그러므로 그대들은 나쁜 벗이나 어리석은 이와 더불어 지내지 말라. 항상 착한 벗과 지혜로운 이와 더불어 사귀어라. 사람은 본래 선악이 없다. 하지만 악한 사람과 함께 친하게 지내면 뒤에 반드시 악의 원인을 만들어 나쁜 이름을 천하에 퍼뜨리게 되리라."[12]라고 말씀하셨다. 이 말을 듣고 데바닷다를 따르던 30여 명의 수행자들은 부처님 앞에 나와 참회하고 용서를 구했다. 부처님은 그들이 과거의 잘못을 참회하고 미래에 선근을 심으며 살아가겠다는 결의를 받아주었다. 사람은 근기와 성정이 서로 비슷한 점

---

11) 데바닷다Devadatta는 25년간 부처님의 시중을 든 다문제일 아난다의 동생이다. 데바닷다는 마가다국 빔비사라 왕의 아들 아사세와 공모하여 부처님의 교단에 반역을 꾀했으나 아사세는 성공하고 데바닷다는 실패했다. 데바닷다는 큰 앙심을 품어 부처님께 바위를 굴려 떨어뜨리고, 술 취한 코끼리를 풀어 달려들게 하는 등, 극악무도한 행동으로 산 채로 무간지옥에 떨어진 것으로 기록되고 있다.
12) 『증일아함』 46권 목우품 제3경

이 있다. 그래서 착한 사람은 착한 사람과, 악한 사람은 악한 사람과 자주 어울린다. 그러니 나쁜 벗이나 어리석은 이를 멀리하고 착한 벗과 지혜로운 사람, 즉 선지식과 사귀며 절차탁마해 가는 삶이 소중한 것이다.

● 기로국의 설화: 노인은 지혜의 상징

늙은 부모를 내다버리는 풍습에 관한 설화는 우리나라뿐 아니라 인도, 중국, 일본, 몽고, 시베리아, 유럽과 중동 지방에도 비슷한 설화가 있다고 한다. 대표적인 설화가 중국의 『효자전』에 실려 있는 원곡 이야기와 『잡보장경』의 기로국棄老國 설화이다. 원곡 이야기는 원곡의 아버지가 늙은 할아버지를 지게에 지고 산속에 버리고 돌아오다가 어린 원곡이 아버지가 늙으면 역시 이 지게로 갖다 버리겠다고 말하는 것을 듣고 뉘우쳤다는 내용이고, 기로국 설화는 옛날 기로국에서 국법을 어기고 몰래 늙은 아버지를 봉양하던 대신이 아버지의 지혜를 빌어 까다로운 수수께끼를 풀어서 나라의 위기를 구하고 아버지도 편히 모셨다는 이야기다. 여기에는 노인에 대한 공경과 부모에 대한 효를 강조하는 윤리가 내재되어 있다.

부처님이 사위국에 계실 때 비구들에게 말씀하셨다. "노인을 잘 섬기면 많은 이득이 있다. 전에 듣지 못했던 것을 알게 되고, 명성이 멀리 퍼지게 되며, 어질고 지혜로운 사람들에게 칭찬을 받게 된다."

비구들이 말했다. "세존께서는 항상 부모나 연장자나 노인을 공경하는 것을 칭찬하십니다."

"나는 현세에서뿐만 아니라 전세에서도 늘 부모나 연장자나 노인을 공경해 왔다."

"전세에 어떻게 공경하셨다는 것입니까?" 비구들의 질문을 받고 부처님은 다음과 같이 말씀하셨다.

먼 옛날 전세에, 집에 노인이 있으면 멀리 내다버리는 것이 법으로 정해진 기로국이 있었다. 그때 한 대신도 자신의 늙은 아버지를 국법에 따라 멀리 보내야만 했다. 그러나 그는 효심이 지극하여 차마 아버지를 버릴 수 없었다. 그는 땅을 파고 방을 만들어 거기에 아버지를 모셔 놓고 아침, 저녁으로 보살피며 지냈다. 그러던 어느 날 천신이 뱀 두 마리를 왕 앞에 갖다 놓고 이렇게 말했다.

"만약 이 뱀의 암놈과 수놈을 구별한다면 너의 나라가 무사하겠지만 그걸 구별하지 못한다면 너의 목숨은 물론 너의 나라는 7일 후에 멸망하게 될 것이다."

왕은 이 말을 듣고 두려움에 떨며 여러 신하들과 의논하였지만 아무도 암수를 구별할 지혜가 없었다. 그리하여 온 나라에 영을 내려 뱀의 암수를 구별하는 자에겐 후한 상을 내리겠다고 했다. 이때 그 대신이 집에 돌아와 아버지에게 물었더니 그것은 매우 쉬운 일이라며 이렇게 말했다.

"부드러운 비단 위에 두 마리 뱀을 놓아두면 알 수 있다. 그 위에서 이리저리 나대는 놈은 수놈이고, 꼼짝 않고 얌전히 있는 놈은 암놈이다."

대신이 왕궁으로 돌아가 아버지가 일러준 대로 하였더니, 과연 암수를 분명히 구별할 수 있었다. 천신은 다시 문제를 내놓았다.

"잠든 자 중에서 깨어 있는 자는 누구이며, 깨어 있는 자 중에서 잠든 자는 누구를 두고 하는 말인가?"

이 문제 역시 왕도 신하도 알 수가 없어 전국에 두루 알렸으나 아무도 아는 이가 없었다. 대신이 또 아버지에게 이 일을 말씀드렸더니 아버지는 이렇게 말했다.

"그것은 학인學人을 말한 것이다. 학인은 범부 가운데서는 깨어 있는 자라 할 수 있지만 아라한에 비한다면 잠자는 자와 같은 것이다."

다음 날 천신에게 그대로 말해 주었다. 천신은 다시 물었다. "이 큰 코끼리는 몇 근이나 되겠는가?" 이 역시 왕과 신하들은 물론 나라에서 아는 사람이 없었다. 대신이 아버지에게 말씀드렸더니 아버지는 이렇게 일러주었다.

"코끼리를 배에다 싣고, 배가 물에 잠기는 선에다 표시를 해놓아라. 그다음 코끼리 대신 표시해 놓은 선까지 돌을 실으면, 그 돌의 무게가 바로 코끼리의 무게가 된다."

대신은 아버지의 지혜대로 실행한 다음 대답을 해 주었다. 천신은 다시 물었다. "한 움큼의 물이 바닷물보다 많은데, 그 이치를 알겠는가?" 역시 아무도 몰라 대신은 다시 아버지에게 물었다. 아버지는 이렇게 일러주었다.

"매우 쉬운 이치다. 만약 어떤 사람이 청정한 신심으로 한 움큼의 물을 부처님이나 스님, 또는 부모나 고통받는 병자에게 주면, 그 공덕으로 수천만 겁에 걸쳐 한없는 복을 받는다. 그러나 바닷물이 아무리 넓고 깊다 해도 1겁도 안 되어 다 말라 버린다. 이렇게 본다면 1겁도 안 되어 말라 버리는 바닷물보다 수천만 겁에 걸쳐 한없는 복을 받게 되는 한 움큼의 물이 더 많은 것이다."

대신은 아버지가 일러준 대로 천신에게 말해 주었다. 천신은 다시 굶주려 해골만 남은 사람으로 변신해서 물었다. "이 세상에 나보다 더 굶주림에 시달리며 고통받는 사람이 있는가?" 이 역시 왕과 신하는 물론 나라 안에서 아는 사람이 없었다. 대신이 아버지에게 물었더니 아버지는 이렇게 말했다.

"탐욕과 질투심으로 삼보를 믿지 않을 뿐만 아니라 부모와 스승을 공양하지 않는 사람이 있는데 이런 사람은 내세에 아귀지옥에 떨어져서 백 천 만 년 동안 물 한 방울 곡식 한 알도 못 얻어먹는다. 몸뚱이는 태산같이 크고, 뱃속은 큰 골짜기같이 깊지만 목구멍은 바늘처럼 가늘며, 송곳 같은 머리털은 다리에까지 와 닿고, 움직이면 뼈마디에 불이 일어난다. 이런 사람의 고통은 천신이 굶주리는 고통보다 백 천 만 배나 더 심하다."

대신의 아버지가 말한 대로 천신에게 대답해 주었다. 천신은 다시 손과 발에는 쇠고랑을 차고, 목에는 사슬이 걸려 있고, 불에 이글이글 타는 몸으로 변신해서 물었다. "이 세상에 나보다 더 심한 고통을 받는 자가 있겠는가?" 이 물음에 대하여 역시 아무도 아는 사람이 없어 대신은 아버지에게 물었다. 아버지는 다음과 같이 일러 주었다.

"부모에게 효도하지 않고, 남을 해롭게 하며, 남편을 배반하거나 삼보를 비방하게 되면, 이런 사람은 내세에 지옥에 떨어지게 된다. 칼이 잔뜩 꽂혀 있는 산을 올라야 하고, 칼날이 돋아 있는 나무 사이를 헤쳐가야 하고, 불타는 수레에 올라타야 하며, 끓는 똥 속에 들어가기도 하며, 칼날이 돋아난 길과 불길 속을 가야 하는 고통을 끝없이 받게 된다. 이런 여러 가지 고통은 천신의 고통보다 백 천 만 배나 더 심하다."

대신의 아버지의 말을 그대로 천신에게 들려주었다. 천신은 다시 이 세상에서는 볼 수 없는 아름다운 여자의 모습으로 변신해서 말했다. "세상에 나처럼 아름다운 여자가 있는가?" 이 문제 역시 아무도 몰라 대신이 아버지에게 물었더니, 이렇게 일러 주었다.

"삼보를 믿고 공경하며, 부모에게 효도하고 보시와 인욕과 정진과 계율을 잘 지키는 사람이 있다. 이런 사람은 천상에 태어나게 되는데 그 용모는 너의 아름다움보다 백 천 만 배나 더 아름답다. 거기에 비하면 너의 모습은 마치 눈먼 원숭이와 같다."

대신의 말을 듣고 왕은 그대로 천신에게 대답해 주었다. 천신은 이번에는 정사각형으로 자른 전단나무를 가지고 와서 물었다. "어느 면이 나무의 머리 쪽인가?" 신하들의 지혜로는 아무도 대답할 수가 없었다. 대신은 다시 아버지에게 물었다. 아버지는 이렇게 일러 주었다.

"물에 던져 보아라. 뿌리 쪽은 잠길 것이고, 머리 쪽은 위로 뜰 것이다."

이렇게 해서 대신은 천신의 질문에 답하였다. 천신은 또 모양과 색깔이 똑같은 두 마리의 말을 가지고 와서 어느 것이 어미이고, 어느 것이 새끼인가를 알아맞히라는 것이었다. 이 질문 역시 아무도 몰라 대신은 아버지에게 가서 물었더니, 이렇게 일러 주었다.

"풀을 주어 보아라. 어미는 반드시 새끼에게 먼저 밀어줄 것이다."

왕은 대신의 아버지의 말대로 대답해 주었다. 이렇게 해서 천신의 물음을 하나도 틀리지 않고 알아맞히자 천신은 매우 기뻐하며 왕에게 진기한 보물을 주면서 이렇게 말했다. "나는 이제부터 너의 나라를 보호하여 외적이 침입하지 못하게 하리라."

왕은 이 말을 듣고 크게 기뻐하며 대신에게 말했다. "이것은 그대의 지혜인가, 아니면 누가 가르쳐 준 것인가? 그대의 지혜로 나라가 편하게 되었고, 많은 보물을 얻었으며, 또 천신의 보호까지 받게 되었으니 이것은 모두 그대의 덕택이오."

"신의 지혜가 아닙니다. 원하옵건대 신의 모든 죄를 용서하여 주시면 그 내력을 아뢰겠습니다."

"설령 그대가 만 번 죽을 죄를 지었다 해도 용서함이 마땅하니 주저하지 말고 말해 보시오." 대신은 두려움이 섞인 목소리로 왕에게 말했다.

"국법에 의하면 노인을 부양하지 못하게 되어 있습니다. 그런데 소신에게 늙은 아버지가 있었지만 차마 내다 버릴 수가 없어 국법을 어기고 땅을 파서 굴속에 숨겨 두었습니다. 이번에 신이 대답한 것은 모두 제 아버지의 지혜이며 신의 지혜가 아닙니다. 원하옵건대 대왕께서는 온 나라에 명하여 노인을 버리지 못하게 하옵소서."

대신의 말을 들은 왕은 크게 감탄함과 동시에 마음속으로 깊은 깨달음을 얻었다. 그 후로 대신의 아버지를 스승으로 삼아 높이 받들었다. 왕은 즉시 나라에 명령을 내려, 노인을 버리는 것을 금할 뿐만 아니라 부모에게 효도하지 않거나 스승을 공경하지 않으면 큰 죄를 내리라는 포고문을 내걸었다. 그리고 부처님은 다음과 같이 말씀하셨다. "비구들이여, 그때 대신의 아버지는 바로 지금의 나이며, 대신은 사리불이며, 그 왕은 아사세왕이며, 천신은 바로 아난다이었느니라."13)

설화 속에 나타나는 노인을 버리는 풍습은 인간을 육체적인 힘이나 능력 위주로 평가하는 가치관을 반영하고 있다. 여기에 대해서 반박하는 아들의 재치나 노인의 지혜는 인간의 존엄성과 정신적 가치의 중요성을 일깨워 주는 교훈을 담고 있다.

로마가 멸망한 3대 이유 중의 하나로 '늙은이들은 다리 밑으로 떼밀라'는 구호가 공공연하게 나돌았을 정도로 체험과 지혜의 축적자인 노인을 박대하고 거부했으며 소외시킨 점을 들기도 한다. 진秦나라의 멸망에 대해서도 젊은 전사들보다 기운은 없지만 전쟁 경험이 많은 노인들의 말에 귀 기울이지 않았기 때문이라는 이야기도 있다. 반면, 임진왜란 때 권율 장군이 행주대첩에서 전승할 수 있었던 요인 중 하나로 그 부대에는 등에 업혀 다닐 만큼 노쇠한 지휘관이 많았다는 것을 든다. 비록 업혀 다니긴 하지만 지혜나 판단력은 뛰어났기에 장군은 그들의 지혜를 충분히 활용했던 것이다. 따라서 위의 설화는 그 시대를 살아가는 노쇠한 어른들

---

13) 『잡보장경』

을 경시하거나 내다 버릴 것이 아니라 그들에게서 훌륭한 경험과 지혜를 배우고, 아울러 부모에 대한 효도와 연장자나 스승에 대한 공경의 사상을 심어주는 메시지를 담고 있다 할 것이다.

● '삼계화택'의 설화: 집착에서 벗어나 대자유로

부처님께서 『법화경』「방편품」을 설하자, 상근기의 지혜 제일인 사리 불은 바로 이해를 하였으므로 수기를 주어 "네가 미래의 한량없는 부처님 께 공양하며 바른 법을 받들어 지니다가 화광여래가 되리라."고 하였다. 하지만 「방편품」 법문에서 깨닫지 못한 중근기 제자들은 가르침의 내용을 이해하지 못하므로 부처님은 다음과 같은 비유로써 '삼계화택유三界火宅喩' 를 설하였다. '삼계화택'은 과거, 현재, 미래가 모두 불타는 집이라는 뜻으 로, 고통의 뿌리인 집착에서 벗어나기 힘든 인간 운명을 비유한 것이다.

옛날 어떤 나라의 한 마을에 큰 장자가 있었는데 나이는 많고 늙었 으나 재물이 한량없고 전답과 가옥과 시종들이 많았다. 그 집은 매우 크 지만 문이 하나뿐이었고 식구가 많아서 1백~2백 인 내지 5백 인이 그 안에 살고 있었다. 집과 누각은 이미 낡았으며 담과 벽은 퇴락하고 기둥 은 썩고 대들보는 기울어져 있었다. 그런데 갑자기 불이 일어나 사면에서 한꺼번에 불이 붙고 있었으며 10~20인 내지 30인이 그 집에 남아 있었 다. 장자는 불이 사면에서 타오르는 것을 보고 깜짝 놀라서 이렇게 생각 하였다.

'나는 비록 이 불붙는 집에서 무사히 나왔으나, 아이들은 불붙는 집에서 장난만 좋아하며 알지도 못하고 놀라지도 않고 두려워하지도 않으며 불길이 몸에 닿아서 고통이 심하지만 싫어하거나 걱정할 줄도 모르고 나오려는 생각도 하지 않는구나.' 장자는 또 이런 생각을 하였다. '내 몸에 힘이 있으니 옷 담는 함이나 등상을 앉혀서 들고 나오리라.' 하다가 다시 '이 집에 문이 하나뿐이고 또 좁은데 저 아이들이 철모르고 장난에만 정신이 팔렸으니 만일 떨어지면 불에 탈 것이 아닌가. 내가 이제 무서운 일을 말하되 집이 한창 불에 타는 터이니 이때 빨리 나와서 불에 타지 않게 하리라.' 생각하고 여러 아이들에게 "너희들 빨리 나오너라."라고 외쳤다.

아버지가 딱한 생각으로 아무리 타일러도 아이들은 장난만 좋아하고 믿으려 하지도 않으며 놀라지도 않고 두려운 마음도 없으며, 나오려는 생각조차 갖지 않았다. 더구나 불이 무엇인지 집이 무엇인지 어떤 것이 타는 것인지 모르고 동서로 왔다 갔다 하면서 아버지를 쳐다볼 뿐이었다. 이때 장자는 또 이런 생각을 하였다.

'이 집은 벌써 불이 활활 타는데 나와 아들들이 이 시각에 나오지 아니하면 반드시 타 버릴 것이니 내가 방법을 내어 여러 아들로 하여금 피해를 입지 않게 하리라.' 그리고는 그 아들들이 예전부터 장난감으로 생긴 여러 가지 기이한 물건을 좋아하였으니 그런 것을 보면 반드시 좋아할 것이라 판단하여 "너희들이 좋아하고 갖고 싶어 하던 희귀한 장난감이 여기 있는데 지금 와서 가지지 아니하면 뒤에 반드시 후회하리라. 저렇게 좋은 양을 맨 수레, 사슴을 맨 수레, 소를 맨 수레들이 지금 대문 밖에 있으니 타고 놀기 좋으리라. 너희들은 이 불타는 집에서 빨리 나오너라. 달라는 대로 너희에게 주리라."라고 외쳤다. 이때 아이들은 아버지가 말하는 장난감이 마음에 들었으므로 매우 기뻐하면서 서로 밀치고 앞을 다투어 불타는 집에서 뛰어 나왔다. 장자는 여러 아들이 무사히 나와 길거리의 한곳에 앉아 있음을 보고 흐뭇한 마음으로 뛸 듯이 기뻐하였다.

이때 여러 아이들은 아버지에게 말하였다. "아버지! 먼저 주시겠다 하시던 양으로 맨 수레, 사슴으로 맨 수레, 소로 맨 수레의 장난감을 지금 주십시오." 그러자 장자는 아들들에게 다 같이 큰 수레를 나누어 주었다. 그 수레는 높고 크고 여러 가지 보배로 꾸미었으며 주위에 난간을 두르고 사면에 풍경을 달았다. 또 그 위에는 일산을 받고 휘장을 쳤는데 모두 귀중한 보배로 장식하였으며, 비단으로 줄을 얽어 늘이고 꽃과 영락을 드리웠다. 포근한 자리를 겹겹이 깔고 보랏빛 장침을 놓고 흰 소를 매었는데 빛깔이 깨끗하고 살쪘으며 몸이 충실하고 기운이 세어 걸음이 평탄하고 바람같이 빠르며 또 주위엔 여러 시종들이 시위하였다.

장자는 재물이 한량없이 창고마다 가득 찼으므로 이렇게 생각하였다. '나의 재물이 한량이 없으니 변변치 못한 작은 수레를 아이들에게 줄 것이 아니다. 이 어린아이들이 모두 내 아들이니 누구를 치우치게 사랑할 것이 아니다. 내게는 이렇게 칠보로 만든 큰 수레가 그 수효를 알 수 없이 많으니, 마땅히 평등한 마음으로 골고루 나누어 줄 것이고 차별이 있어선 안 되리라. 왜냐하면 내가 이런 것을 온 나라 사람에게 모두 주더라도 모자라지 아니할 것이거늘 하물며 내 아들이겠는가?' 그리고 모든 아들에게 골고루 나누어 주니 이때에 모든 아들들이 각각 큰 수레를 타고 전에 없던 즐거움을 얻었다. 그러나 이는 본래 희망하던 것은 아니었다.

이것이 유명한 '삼계화택'의 비유의 설화이다. 어떤 나라는 삼천대천 세계이고, 큰 장자는 여래, 즉 부처님이시며, 장자가 나이 늙음은 열반에 들게 된 것이고, 재물은 여래의 법재法財이고 전답은 방편지혜이며, 큰 집은 삼계三界이다. 문 하나는 생사를 여의는 일승의 길이고, 식구들 1, 2백은 인천이며, 5백 인은 5악취 중생, 열 명의 아들은 보살승, 스물 혹은 삼십 명은 성문 연각승이며, 사면에서 불이 타는 것은 생로병사의 네 가지를 상징한다.

　장자가 불타는 집에서 무사히 나온 것은 여래가 다시는 생사의 고통을 받지 않고 우환도 없는 것에 비유된 것이다. 또한 아이들을 유혹한 수단으로 쓰인 세 가지 수레, 즉 양을 맨 수레는 성문승, 사슴을 맨 수레는 연각승, 소를 맨 수레는 보살승, 흰 소를 맨 칠보의 수레(대백우거)는 일불승에 각각 비유된 것이다.

　'삼계화택' 비유의 이야기처럼, 현실 세계는 불타는 이 저택처럼 재난과 다툼이 끊이지 않고 고난으로 가득 차 있다. 그러나 장자의 아이들이 천진하게 놀고 있는 것처럼 우리들은 그 고뇌의 세계를 찰나적으로 살아가고 있다. 이에 부처님은 무한한 자비심으로 현실의 괴로움에서 인간을 해방시키고 모든 고난을 해결하기 위한 다양한 방편을 제시하고 있다. 그 전형적인 방편이 삼승(양거·녹거·우거)의 비유를 나타내서 유인하고 끝없는 대자유의 길로 들어가는 경지, 즉 일불승(대백우거)의 법을 열어 보이고 있다. 이 '삼계화택유'의 설화는 부처님이 삼승의 가르침을 설한 방편이고, 부처님의 원래 뜻은 모든 사람을 성불시키는 일불승의 법을 주는 것이라는 '개삼현일開三顯一'의 법리를 나타내고 있다.

　잘 알려져 있듯이 『법화경』 「약초유품」에 의하면, 이 세상에는 여러 가지 이름과 모양이 각각 다른 초목들이 자라고 있고 여기에 큰 구름이 일어나 비를 내리게 되면 땅 위의 모든 풀과 나무 등의 초목은 자신의 크기와 능력만큼 비를 받아들여 꽃을 피우고 열매를 맺게 된다. 이때, 내리는 비는 똑같은데 비를 받아들이는 양에 따라 초목 또한 자라남에 크고 작은 차이가 있는 것처럼 부처님의 평등한 법 가르침도 일상일미一相一味이고, 자비심으로부터 우러나오는 한결같은 것인데, 중생들은 성품 근기에 따라 그 받아들임이 각각 다르다고 한다.

　부처님이 설법할 때 비유를 자주 인용하는 것은 두말할 것도 없이 듣는 사람들의 이해를 돕기 위해서였다. 실제로 부처님은 이런 비유설법 방식을 통해 많은 효과를 거두고 있다. 불교의 여러 경전에 많은 비유와 설화가 들어 있는 것도 이런 이유에서다. 때문에 번다하고 힘들게 살아가는 우리들 또한 부처님의 근기 따른 비유와 방편의 설화를 잘 이해하고 이를 현실의 삶에 잘 적용한다면 능히 어려운 상황을 극복하고 문제 해결을 할 수 있는 지혜를 얻게 될 것이다.

제3장

사찰 창건연기 설화

● 불보사찰 통도사와 자장율사

경남 양산의 영축산 자락에 있는 통도사는 우리나라 3대 사찰의 하나로 석가모니 부처의 진신사리가 있어 불보사찰이라고도 한다. 사찰의 기록에 따르면 통도사라고 한 것은 '이 절이 위치한 산의 모습이 부처가 설법하던 인도 영축산의 모습과 통하므로此山之形 通於印度靈鷲山形' 통도사라 이름했다. 또한 '승려가 되고자 하는 사람은 모두 이 계단을 통과해야 한다爲僧者通而度之'는 의미와 '모든 진리를 회통하여 일체중생을 제도한다通萬法度衆生'는 의미에서 통도라 명명하였다고 한다.

신라의 진골 출신 김무림의 아들로 속명이 선종랑인 자장율사(590~658)는 일찍 부모를 여읜 후, 본인의 논밭과 집을 희사하여 원녕사란 절을 세웠다. 그는 홀로 깊은 산에 들어가 백골관(시체가 썩어서 백골이 되

는 모습을 보고 덧없음을 깨닫는 수행법) 수행을 하였다. 그러던 중 636
년(선덕여왕 5년), 왕명으로 제자 10여 명과 함께 당나라로 들어가 종남
산 운제사에서 3년 동안 수행하였다. 그 뒤, 청량산의 문수보살을 친견하
기 위해 기도정진을 했다. 그러던 어느 날 꿈에 낯선 스님이 나타나 게송
을 일러주었는데 깨고 나니 범어로 된 게송이었다. 어떻게 풀어야 할지
모를 때 한 스님이 나타나 그 뜻을 풀어주었는데 그 꿈에 나타난 분이 문
수보살이다.14) 자장율사는 문수보살로부터 가사 한 벌과 진신사리, 염주
와 경전 등을 받아 7년 만에 신라로 돌아왔다.

　　신라로 돌아온 자장율사는 사리를 모실 절을 세우기 위해 문수보살
께 기도를 올리며 절을 세우기에 적당한 곳을 물었다. 그러던 어느 날 밤
꿈에 훌륭하게 차려입은 동자가 나타나서 동국에 부처를 모시도록 하라고
일렀다. 자장율사는 동국이 신라를 가리키는 것은 분명하나 넓은 신라의
어느 곳이 좋을지 몰랐다. 그래서 나무로 오리를 만들어 동쪽으로 날려
보냈더니 오리는 한 송이 칡꽃을 물고 돌아왔다. 엄동설한에 오리가 칡꽃
을 물고 오는 것을 본 자장율사는 의아했다. 하지만 자장율사는 칡꽃이
피어 있는 곳에 절을 세우라는 것이 부처님의 뜻임을 깨닫고, 흰 눈이 쌓
여 있는 한겨울에 칡꽃을 찾아 나섰다. 며칠을 찾아다니던 어느 날 영취

---

14) 그 게송이 '일체법이 자성이 있는 바가 없음을 알아야 한다. 이와 같이 법의 본성
을 알면 바로 노사나불을 보는 것了─切法自性無所有 如是解法性卽見盧舍那'이다. 문수는
곧 비로자나불인데, 비로자나불이 지혜로 출현할 때 문수라고 한다. 비로자나불은
노사나불이기도 하다. 이 분을 보현이라고 하는데, 나타나지 않는 곳이 없다는 뜻
이다. 널리 나타난다고 해서 '산색이 문수의 눈이고 물소리가 관음의 귀山色文殊眼 水
聲觀音耳'라고도 한다. 보고 듣고 움직이는 전부가 노사나, 비로자나불이다. 그런데
만날 땐 모른다. 꿈에서 게송을 가르쳐줬다면, 꿈속에서 만난 이가 문수다. 범어로
된 게송을 한자로 새겨준 이도 문수고, 문수라고 알려준 존재도 문수다. 불교의
근본을 말해주는 구절이기에 전법게로 자주 인용되고 있다.

산에 도착했을 때 큰 못 하나를 발견했다. 그 연못 주변에는 신기하게도 두 송이의 칡꽃이 피어 있었는데, 오리가 물어 온 꽃과 같은 것이었다. 처음에는 세 송이였으나 자장율사가 날려 보낸 오리가 한 송이를 물고 왔던 까닭에 두 송이만 남은 것이다.

자장율사는 마음속으로 감탄하고 산 아래 큰 연못이 있는 곳에다 절을 짓기로 결심했다. 그런데 연못에는 아홉 마리의 용이 살고 있었다. 절을 지으려면 연못을 메워야 했기에 자장율사는 용들을 불러내 설득에 나섰지만 용들은 꿈쩍도 하지 않았다. 자장율사는 하는 수 없이 법력으로 연못을 펄펄 끓게 해 용들을 쫓아냈다. 아홉 마리의 용 가운데 다섯 마리는 남서쪽을 향해 산 너머로 도망을 갔는데 그곳을 '오룡골'이라 부르게 되었다.

또 세 마리의 용은 동쪽으로 달아나다 솔밭 길 근처 야트막한 산의 커다란 바위에 부딪혀 떨어져 죽고 말았다. 그때 용이 흘린 피가 바위에 낭자하게 흘렀는데 후세 사람들이 이 바위를 '용피바위' 또는 '용혈암'이라 부르게 되었다. 현재 산문 쪽에 있는 검붉은 색의 용혈암은 이 용들이 흘린 피가 묻어서 바위 색이 변한 것이라고 한다.

마지막 한 마리는 순종하며 절을 지키겠다고 맹세해 자장율사가 자그마한 연못을 만들어 그곳에 살도록 했다. 그 연못이 지금 통도사 대웅전 바로 옆에 있는 구룡지이다. 구룡지는 불과 15㎡ 남짓한 크기에 수심도 한 길이 채 안 되는 타원형의 작은 연못이지만 아무리 심한 가뭄에도 수량이 전혀 줄어들지 않아 구룡신지라는 이름이 붙게 되었다. 이런 일이 있은 후, 자장율사는 그 산 아래 큰 연못을 메우고 금강계단을 쌓고 646년(선덕여왕 15년)에 절을 세웠다. 그 절이 바로 통도사이다. 통도사는 삼보(불보·법보·승보) 가운데 가장 으뜸인 불보를 간직하고 있어 진정한 '불지종가佛之宗家'이자, 국내에서 가장 큰 가람으로서 '국지대찰國之大刹'로 불린다.

자장율사는 신라 최고 승직인 대국통에 임명되어 승니(비구와 비구니)의 규범을 통제하고 보름마다 계를 설했다. 대웅전은 원래 석가모니를 모시는 법당을 가리키지만, 이곳 통도사의 대웅전에는 불상을 따로 모시지 않고 건물 뒷면에 금강계단을 설치하여 부처님의 진신사리를 봉안하고 있다. 그 때문에 통도사라는 절 이름도 금강계단을 통하여 도를 얻는다는 의미와 진리를 깨달아 중생을 극락으로 이끈다는 의미에서 통도通道라고 하였다 한다.

금강이란 금강석 곧 다이아몬드를 의미하니 모든 것을 깨뜨리는 반야의 지혜를 은유함이요, 계단은 출가자들이 계율을 받는 단이다. 때문에 이곳은 금강석처럼 밝고 단단한 지혜로 모든 번뇌 망상을 부수고 해탈로 나아가라는 부처님의 메시지를 받는 곳이다. 이런 연유로 수많은 사람에게 한꺼번에 수계를 할 수 있는 금강계단을 설치한 자장율사의 업적이 높이 평가되고 있다. 목숨보다 지계를 중시했던 신라 대국통大國統 자장율사의 "내 차라리 계를 지니고 하루를 살다가 죽을지언정 파계하고 백 년 살기를 원치 않는다."는 생생한 이 한 마디는 천년의 세월을 넘어 현대를 살아가는 불자들에게 금과옥조의 지계持戒의 정신을 일깨워 준다.

자장암은 자장율사가 통도사를 짓기 이전에 토막에서 수도하던 통도사 산 내 암자이다. 자장암 법당 뒤 절벽 바위에는 1천 4백 년 전부터 금개구리가 살고 있다고 전한다. 요즘도 자장암에서 정성 들여 기도를 잘하면 볼 수 있다는 이 금개구리는 자장율사가 통도사를 세우기 전, 석벽 아래 움집을 짓고 수도하고 있을 때 나타났다.

어느 날 저녁 자장율사는 공양미를 씻으러 암벽 아래 석간수가 흘러나오는 옹달샘으로 나갔다. 바가지로 막 샘물을 뜨려던 스님은 잠시 손을 멈췄다. '원 이럴 수가. 아니 그래 어디 가서 못 놀아서 하필이면 부처님

계신 절집 샘물을 흐려놓는고.' 스님은 샘에서 흙탕물을 일으키며 놀고 있는 개구리 한 쌍을 두 손으로 건져 근처 숲속으로 옮겨 놓았다. 다음 날 아침. 샘가로 나간 자장스님은 개구리 두 마리가 다시 와서 놀고 있는 것을 보았다.

"허 참, 그 녀석들 말을 안 듣는구먼."

스님은 다시 오지 못하도록 이번에는 아주 멀리 갖다 버리고 왔다. 그런데 이게 웬일인가. 다음 날에도 개구리는 또 와서 놀고 있었다.

"아무래도 이상한 일이로구나." 스님이 개구리를 자세히 살펴보니 여느 개구리와는 달리 입과 눈가에는 금줄이 선명했고 등에는 거북 모양의 무늬가 있었다.

"불연이 있는 개구리로구나." 자장율사는 개구리를 샘에서 살도록 그냥 놔두었다.

어느덧 겨울이 왔다. 자장율사는 겨울잠을 자러 갈 줄 알았던 개구리가 눈이 오고 얼음이 얼어도 늘 샘물 속에서 놀고 있는 것을 보았다.

"거 안 되겠구나. 살 곳을 마련해 줘야지." 스님은 절 뒤 깎아 세운 듯한 암벽을 손가락으로 찔러 큰 손가락 들어갈 만한 구멍을 뚫고 그 안에 개구리를 넣어 주었다.

"언제까지나 죽지 말고 영원토록 이곳에 살면서 자장암을 지켜다오." 스님은 이렇듯 불가사의한 수기를 내리고는 개구리를 '금개구리金蛙'라 명명하였다.

그 뒤 통도사 스님들은 이 개구리를 금와보살金蛙菩薩, 바위를 금와석굴金蛙石窟이라 불렀다. 금와석굴은 말이 석굴이지 지름이 1.5~2cm에 깊이 10cm 정도의 작은 바위 구멍이다. 그 속에는 이끼가 파랗게 끼어 있는데 개구리 같기도 하고 큰 벌 같기도 한 것이 살고 있다고 한다. 자장율사의 수기를 받아 오늘까지 살아온다고 전해지는 이 금와보살은 통도사

내에 길조가 생길 때면 나타난다고 한다.

● 법보 사찰 해인사: 용궁에서 온 강아지

불교에서는 마음을 곧잘 바다에 비유하는데 바다는 깊고, 넓으며, 한 없는 보배를 간직하고, 또한 만상萬象을 비쳐주는 능력을 지니고 있기 때문이다. 마음의 바다도 이와 같아 깊고 넓으며 무한한 보배를 가지고 있으므로 깨달음의 세계를 마음을 통하여 비춰볼 수 있는 것이다. 이러한 깨달음의 세계, 곧 참된 진리의 세계가 비춰지기를 위해서는 먼저 물결이 일어나지 않아야 한다. 파도가 일고 있는 바다에는 만상이 비춰지지 않는 법이다. 파도는 바람으로 인해 일어난 것이므로 바람이 자면 바다는 고요하며 만상이 저절로 비춰지게 마련이다. 그러므로 마음의 바다에 무명의 바람이 불지 않아 번뇌의 파도가 쉬어지면 고요한 법성의 세계가 여실히 나타나게 된다. 파도가 잠든 바다 위에 진실한 실상의 세계가 나타난 것을 일러 '해인海印'이라 하고, 번뇌가 잠든 마음의 바다를 '해인삼매海印三昧'라고 일컫는다.

<화엄일승법계도>는 신라 화엄교학의 대가 의상(625~702)대사가 자증自證한 광대무변한 화엄사상의 요체를 210자 게송으로 압축한 도인圖印이다. 이는 흔히 '법계도法界圖' 또는 '해인도海印圖'라고 하는데, 해인삼매의 세계를 도인圖印을 통하여 상징적으로 나타낸 것이다. 해인海印이라 함은 월인천강月印千江과 같은 심인心印을 말한다. 또한 이 게송은 '법성게'라한다. 법성게는 7언 30구 210자의 게송이고, 법계도는 이 게송을 54각角의 도인에 합쳐서 만든 인장이다. 이 법계도는 온갖 꽃으로 장엄한 일승一

乘의 진리 세계를 함축하고 있다.

　　인도 화엄종의 시조는 용수龍樹·세친世親이었다. 중국 화엄종의 시조는 두순이며, 2조 지엄을 거쳐 3조인 법장에 의하여 집대성되었다. 종남산 두순의 제자 지엄智儼은 "자신이 그린 72인印보다 의상의 1인印이 더 훌륭하다"고 칭찬하며 의상을 인가했다고 한다. 의상은 印이란 형식의 법계도를 지은 까닭을 "부처님께서 가르치신 그물과 같은 교법이 포괄하는 삼종세간三種世間을 해인삼매를 좇아 드러내어, 이름에만 집착하는 무지한 중생들로 하여금 이름마저 없는 참된 근원으로 돌아가게 하기 위해서다."라고 설명하였다. 삼종세간이란 물질의 세계器世間·인간의 세계衆生世間·지혜의 세계智正覺世間를 말한다.

　　신라 40대 애장왕의 왕후가 등창 병이 났다. 어떠한 약을 써도 효험이 없자 왕은 신하들을 여러 곳으로 보내 도력이 높은 스님을 모셔 독경으로 치유의 도움을 받고자 하였다. 한 신하가 가야산 근처를 지나가다가 붉은 기운이 하늘로 치솟고 있는 것을 보았다. 산 아래 이르러 덤불을 헤치며 수십 리나 들어갔지만 점점 더 사람이 다닌 흔적은 묘연해졌다. 신하는 더 나아갈 것인가 말 것인가를 망설이고 있는데 어디선가 여우 한 마리가 나타나 앞서가고 있었다. 그 여우를 따라가 보니 두 분의 스님이 선정禪定의 경지에 들어있고, 그 몸에서 빛이 나고 있음을 발견했다. 신하가 공경스럽게 여기까지 찾아온 이유를 설명하고 '같이 왕궁으로 가 줄 것'을 청하였으나 스님은 허락하지 않고 실 한 꼬투리를 주며 말했다. '이 실 한끝을 궁전 앞에 있는 배나무에 매고, 한끝은 아픈 곳에 대면 병이 곧 나으리라.' 신하가 돌아가 그대로 임금께 전하고, 임금은 그대로 실행을 하니 과연 왕후의 등창이 곧 나았으며, 배나무는 말라 죽었다. 왕과 왕후가 크게 신기하게 여겨 두 스님을 위해 '그 자리에 절을 짓고 전답을 하사하였다.'고 한다. 그리고 왕이 친히 해인사에 와서 나무를 심었는데 바로 그루터기만 남은 나무가 그것이라고 한다.

이 이야기는 고려 태조 26년인 천복 8년, 서기 943년에 쓰인 것으로 되어있는 '가야산 해인사 고적'이란 책에 쓰여 있는 내용이다. 이때가 애장왕 3년 서기 802년의 일이라고 한다. 이 두 스님은 '순응'과 '이정' 스님인데, 지금 해인사의 개산주開山主로 추앙받고 있는 스님이다. 이 두 스님이 당나라에 유학할 때 오래전에 죽은 양나라의 '보지공'의 제자로부터 『보지공 답산기』를 전해 받고 가야산에 와서 '철와'를 찾아 그 자리에 해인사를 세웠다는 설화는 '대적광전'의 벽화에 그려져 내용으로 확인된다.

한편, 해인사의 창건에 대하여 또 하나의 이야기가 있는데, 최치원이 쓴 『가야산해인사선안주원벽기』라는 기록이다. 이 기록은 신라 말의 대문장가 최치원이 썼다는데 그 무게를 더하고 있다. 이 글에 의하면 순응 스님은 신림대덕神琳大德에게 법을 배우고 혜공왕 2년 서기 766년에 당나라로 건너가 공부를 했다. 애장왕 2년 서기 801년에 신라로 돌아오자 임금이 친히 그를 불렀다. 그리고 애장왕의 모후母后인 성목왕태후의 도움으로 이곳에 절을 짓기 시작했다. 그러나 절의 완공을 보지 못하고 갑자기 세상을 떠나게 되자, 그의 뒤를 이어 이정스님이 해인사를 완공한 것으로 되어있다.

팔순이 넘은 늙은 내외가 가야산 깊은 골에 살고 있었다. 자식이 없는 이들 부부는 화전을 일구고 나무 열매를 따 먹으면서 산새와 별을 벗삼아 하루하루를 외롭게 살아가고 있었다. 그러던 어느 날, 아침을 먹고 도토리를 따러 나서는 이들 앞에 복슬복슬한 강아지 한 마리가 사립문 안으로 들어섰다. 1년 내내 사람의 발길이 없는 깊은 산중이어서 좀 이상했으나 하도 귀여운 강아지인지라 '좋은 벗이 생겼다.' 싶어 붙들어 키우기로 했다. 노부부는 마치 자식 키우듯 정성을 쏟았고, 강아지는 날이 갈수록 무럭무럭 자랐다. 이렇게 어언 3년이 흘러 강아지는 큰 개로 성장했다.

꼭 만 3년이 되는 날 아침, 이 집에 이상한 일이 일어났다. 밥을 줘도 눈도 돌리지 않고 먹을 생각도 않던 개가 사람처럼 말을 하는 것이었다. "저는 동해 용왕의 딸인데 그만 죄를 범해 이런 모습으로 인간세계에 왔습니다. 다행히 할머니 할아버지의 보살핌으로 속죄의 3년을 잘 보내고 이제 다시 용궁으로 가게 됐습니다. 두 분의 은혜가 하해 같사온지라 수양부모님으로 모실까 하옵니다." 개가 사람이며 더구나 용왕의 딸이라니 놀랍고도 기쁜 일이었다.

"우리는 너를 비록 개지만 자식처럼 길러 깊은 정이 들었는데 어찌 부모 자식의 의를 맺지 않겠느냐?" 개는 이 말에 꼬리를 흔들며 말을 이었다.

"제가 곧 용궁으로 돌아가 아버지 용왕님께 수양부모님의 은혜를 말씀드리면 우리 아버님께서 12마리 사자를 보내 수양 아버님을 모셔 오게 할 것입니다. 용궁에서는 용궁선사로 모셔 극진한 대접을 할 것이며 저를 키워주신 보답으로 무엇이든 맘에 드는 물건을 가져가시라고 할 것입니다. 그때 아무리 좋은 것이 있어도 모두 싫다 하시고 용왕 의자에 놓은 '해인海印'이란 도장을 가져 오십시오. 이 도장은 나라의 옥새玉璽 같은 것으로 세 번을 똑똑 치고 원하는 물건을 말하면 뭐든지 다 나오는 신기한 물건입니다. 이것만 있으면 여생을 편히 사실 것입니다."

말을 마친 개는 허공을 3번 뛰어 어디론가 사라져 버렸다. 노인은 꿈만 같았다. 이런 일이 있은 뒤 얼마가 지나 보름달이 중천에 뜬 어느 날 밤이었다. 별안간 사립문 밖에서 이상한 소리가 나더니 12마리 사자가 마당으로 들이닥쳤다. "용왕께서 노인을 모셔 오랍니다. 시간이 바쁘오니

어서 가시지요." 노인은 주저치 않고 따라나서 문밖에 세워 놓은 옥가마를 탔다. 사자들은 바람처럼 달렸다. 얼마 안 있어 가마는 찬란한 용궁에 도착했다. 산호기둥, 황금대들보, 추녀에 달린 호박구슬, 진주벽 등 형형색색의 보화들이 찬란히 빛나고 있었다. 9채의 궁궐 모두가 이런 보물로 장식됐는데 그중에서도 가장 크고 화려한 가운데의 궁전으로 노인은 안내되었다. 노인은 그저 얼떨떨했다.

"아이구, 수양 아버님 어서 오세요. 제가 바로 아버님께서 길러주신 강아지이옵니다." 예쁜 공주가 버선발로 뛰어나오며 노인을 반겼다. 아름다운 풍악이 울리자 용왕이 옥좌에서 내려와 "먼 길 오시느라 수고가 많으셨습니다. 딸년을 3년이나 데리고 계셨다니 그 고마움 어찌 말로 다하겠습니까."라고 말했다. 용상 넓은 자리에 용왕과 노인이 나란히 앉아 있고, 좌우 시녀들이 풍악에 맞춰 춤을 추고 이어 음식상이 나왔다. 공주는 잠시도 수양 아버지 곁을 떠나지 않고 금강저로 음식을 고루 집어 입에 넣어 주며 수양 어머님 문안과 함께 가야산의 지난날을 회상했다. 입에 들어만 가면 슬슬 녹는 산해진미의 음식 맛은 천하일품이었다. 이렇게 용궁에서 지낸 지 한 달이 되었다. 노인의 풍채는 몰라보게 좋아졌다. 노인은 갑자기 부인 생각이 나서 돌아가고 싶었다.

"먼 길 다시 오기도 어려운데 오신 김에 조금만 더 쉬다 가시지요."
"말씀은 감사하나 아내의 소식이 궁금하여 내일 떠나겠습니다."

"정 그렇다면 할 수 없군요. 떠나시기 전에 용궁의 보물을 구경하시다가 무엇이든 맘에 드는 것이 있으면 말씀하십시오. 선물로 드리겠습니다." 노인은 불현듯 '해인海印'을 가져가라던 공주의 말이 떠올랐다. 보물창고에는 물건들이 가득가득 쌓여 있었다. 노인은 순금의 왕관, 금강석 화로, 옥가마, 산호초피리, 은구슬, 말 등 진귀한 보물을 보고도 구경만 할뿐 달라고 하지를 않으니 용왕은 이상하다고 생각했다. 구경이 다 끝나갈 무렵 노인은 까만 쇳조각처럼 생긴 '해인海印'을 가리켰다.

"용왕님, 미천한 사람에게 눈부신 보배는 어울리지 않을 것 같사오니 저것이나 기념으로 가져가겠습니다." 노인의 이 말에 용왕은 안색이 새파랗게 질렸다. 분명 귀중한 물건임이 틀림없었다. 그러나 용왕은 어쩔 도리가 없었다.

"허 참! 그것은 이 용궁의 옥새로써 정녕 소중한 것이외다. 허나 무엇이든 드린다고 약속했으니 가져가십시오. 잘 보관했다가 후일 지상에 절을 세우면 많은 중생을 건질 것이옵니다." 용왕은 '해인'을 집어 황금보자기에 정성껏 싸서 노인에게 주었다. 이튿날 노인은 용궁을 떠나왔다. 용왕부부는 구중궁궐 대문 밖까지 전송했고, 공주는 옥가마까지 따라와 작별의 눈물을 흘렸다.

"수양 아버님 부디 안녕히 가세요. 용궁과 인간세계는 서로 다르니 이제 다시는 뵈올 수가 없겠군요. 부디 '해인'을 잘 간직하시어 편히 사세요. 그것으로 은혜의 만분의 일이라도 보답 되길 바랍니다."

공주는 목이 메어 말끝을 흐렸다. 노인도 이별의 아쉬움을 이기지 못한 채 가야산에 도착했다. 노인은 아내에게 용궁 이야기를 자세히 들려주고 '해인海印'을 세 번 두들겼다. "내가 먹던 용궁 음식 나오너라."라는 주문과 함께 산해진미의 음식상이 방안에 나타났다. 내외는 기뻐 어쩔 줄을 몰랐다. 뭐든지 안 되는 것이 없었다. 이렇게 편히 오래오래 살던 내외는 죽을 나이가 되어 절을 지었으니 그 절이 바로 지금의 합천 해인사다. 노인들은 죽게 되자 자식이 없어 이 '해인'은 해인사에서 보관시켰으며 이 전설에 따라 절 이름을 '해인사海印寺'라 불렀다 한다.

최고의 길지와 풍수설화를 간직한 해인사에 오르는 길옆의 홍류동紅

流洞 계곡은 계절마다 경관을 달리하여 우리의 발길과 마음을 끈다. 가을 단풍이 너무 붉어서 흐르는 물조차 붉게 보인다 하여 홍류동이라 불리는 사실이 이를 잘 뒷받침해 준다. 천년의 고고한 세월을 담은 이 길은 해인사까지 6km 남짓 이어진다. 수백 년 된 송림 숲속에서 뿜어 나오는 피톤치드와 신선한 공기, 웅장한 바위를 휘감아 도는 청아한 물길과 폭포, 산새 소리와 풍경 소리는 어둡고 혼탁한 마음을 씻어내고 깊은 사색을 하기에 더없이 좋은 무정설법의 장이요, 상흔을 위로하고 새로운 삶의 활력을 불어넣어 주는 '치유의 장'이라 할 것이다.

● 승보 사찰 송광사와 혜린선사

송광사는 신라 말 혜린慧璘선사가 창건해 길상사吉祥寺라 이름하고, 산명을 송광산이라 부른 데서 연유한다. 고려 인종 때 석조釋照대사가 절을 크게 중수하고자 원을 세우고 준비하던 중 입적해 뜻을 이루지 못했다. 그 후 오랜 기간 동안 폐허가 되었는데, 고려 말 보조국사가 수행결사修行結社인 정혜사定慧社를 지리산 상무주암에서 길상사로 옮긴 다음부터 대규모 수도도량으로 발전했다. 보조국사는 9년 동안의 중창불사로 절의 면모를 일신하고, 정혜결사 운동에 동참하는 수많은 대중을 지도해 한국불교의 새로운 전통을 확립했다. 그리고 사찰명을 수선사로 바꾸고, 산 이름도 송광에서 조계로 바꿨다. 뒤에 절 이름도 수선사에서 송광사로 개명해 조계산 송광사로 명명했다. 송광사에는 고향수와 쌍향수라는 나무가 있는데, 모두가 보조국사와 연관된 일화가 전해온다. 하루는 보조국사가 경내에 나무를 심으면서 이르기를, "내가 죽으면 이 나무도 죽을 것이요, 이 나무에 푸른 잎이 피어나면 나 또한 환생할 것이니라."고 했다. 이 나무는 과연 보조국사가 열반에 들자 시들시들 말라죽어 800년이 지난 지금도 썩어 넘어지지 않고 초연히 서서 보조국사가 환생하기를 기다리고 있다. 고향수라고 불리는 나무를 일컬음이다. 이후 조선 초에 이르기까지 180여 년간 진각眞覺·각엄覺儼·태고太古·나옹·환암幻庵·찬영燦英·각운·무학 등 15명의 국사를 배출하는 소위 수선사시대를 열게 되었다.

혜린선사와 관련된 감동적인 설화는 이러하다. 제자들과 함께 만행 길에 오른 혜린선사는 험한 산중에서 하룻밤 노숙하게 됐다. "스님, 아무래도 심상치 않습니다." "무슨 일이냐?" "나라 안에 번지고 있는 괴질이 이 산중까지 옮겨졌는지 일행 중 두 스님의 몸이 불덩이 같사옵니다."

"날이 밝는 대로 약초를 찾아볼 것이니 너무 상심치 말고 기도하며 잘 간병토록 해라." 이튿날, 혜린선사는 약초를 뜯어 응급처치를 취했으나 효험은커녕 환자가 하나둘 더 늘어나 털썩털썩 풀섶에 주저 앉았다. "모두들 내 말을 명심해서 듣거라." 아무래도 예사롭지 않은 질병임을 느낀 혜린선사는 엄숙한 어조로 말문을 열었다.

"우리는 상구보리 하화중생을 서원한 출가 사문임을 잠시도 잊어서는 안 된다. 무릇 출가 사문은 어려움을 이겨낼 수 있는 극기력이 있어야 하거늘 이만한 병고쯤 감당치 못하고서야 어찌 훗날 중생을 제도하겠느냐. 오늘부터 병마를 물리치기 위해 정진에 들 것이니 전원이 한마음으로 기도토록 해라. 필시 부처님의 가피가 있을 것이니라."

기도로써 병마를 이겨야 한다고 생각한 혜린선사는 적당한 기도처를 찾기 위해 주변을 살폈다. "아니 이럴 수가…" 스님은 자신의 눈을 의심했다. 바로 가까운 곳에 연잎이 무성한 연못이 있는가 하면 못 가운데 문수보살 석상이 우뚝 서 계시는 것이 아닌가. 참으로 뜻밖의 발견에 스님은 기뻤다.

"문수보살님께서 우리를 구하러 오셨구나." 문수보살을 향해 정좌한 일행은 기도에 들어갔다. 7일 기도를 마치던 날 밤.

"이제 모든 시련이 다 끝났으니 안심해라. 그리고 이 길로 새 절터를 찾아 절을 세우고 중생 구제의 서원을 실천토록 해라." 비몽사몽 간에 부처님을 친견한 혜린선사는 감격 또 감격하여 절을 하다 눈을 떠보니 부처님은 간 곳이 없었다. 고개를 들어 주위를 살핀 혜린선사는 또 놀랐다.

"스님! 저희 모두 질병이 완쾌되었습니다. 스님의 기도가 극진하여 부처님의 영험이 있으셨나 봅니다." 다 죽어가던 제자들이 건강한 모습으로 환호하는 광경을 본 혜린선사는 다시 눈을 감고 앞에 의연히 서 계신 문수보살님께 감사했다.

"저희들을 사경에서 구해주신 문수보살님, 참으로 감사하옵니다. 보살님의 거룩하신 자비심으로 저희들의 앞길을 인도하여 주옵소서."

기도를 마치고 눈을 뜬 혜린선사는 마치 꿈을 꾸는 듯 어안이 벙벙했다. 언제 오셨는지 노스님 한 분이 미소를 지으며 스님을 바라보고 있는 것이 아닌가. "내가 헛것을 보고 있나? 아니면 문수보살 석상이 생불生佛로 화현하셨나?" 혜린선사는 못 가운데로 눈을 돌렸다. 분명 그곳엔 문수보살님이 서 계셨다. 잠시 마음을 가다듬은 스님은 정중히 합장 배례한 뒤 노스님에게 물었다. "어디서 오신 스님이신지요?"

"소승은 석가세존께서 스님에게 전하라는 귀중한 선물을 가지고 왔으니 너무 놀라지 마시오." 노스님은 붉은 가사 한 벌과 향 내음 그윽한 발우, 그리고 세존 진골의 일부분인 불사리를 건네주었다. 혜린선사는 감격하였다.

"이런 불보를 감히 소승이 받을 수 있겠습니까?" "사양 말고 수지하십시오. 그리고 대사! 소승이 전하는 말을 꼭 명심하여 실천토록 하시오." "예, 명심하겠습니다."

"제자들을 데리고 전라도 남쪽 땅으로 가시오. 그곳에 가면 송광산이 있는데 거기가 바로 이 불보를 모시고 불법을 전할 성지입니다. 이는 아무도 모르는 사실이니 대사께서 어서 가서 절을 세우고 중생교화의 원력을 실천하시오. 그것만이 부처님의 가피에 보답하는 길입니다."

노승을 통해 부처님의 부촉을 받은 혜린선사는 너무 기뻐 눈물을 흘리며 삼배를 올렸다. 절을 마치고 보니 노스님은 간 곳이 없었다. 혜린선사 일행은 전라도로 발길을 옮겼다. 여러 날이 지나 지금의 승주군 송광면 마을 어귀에 다다랐을 때 일행은 백발이 성성한 촌로를 만났다. 노인은 반색을 하며 정중하게 합장 배례를 한 후 궁금한 듯 물었다. "무슨 일로 이 마을에 오셨는지요?" "예, 송광산이 영산이라기에 절을 세우려고 찾아왔습니다."

"참으로 잘 오셨습니다. 예로부터 전해오는 전설에 의하면 장차 이 산에서 18공이 출현, 불법을 널리 홍포할 것이라 하여 18공을 의미하는 '송' 자에 불법을 널리 편다는 '광' 자를 더하여 송광산이라 불렀다 합니다. 그래서인지 마을 사람들은 언제부터인지 몰라도 이 산에서 성인이 나오기를 기다리고 있답니다."

이때였다. 송광산 기슭에 오색 무지개 같은 영롱한 서기가 피어올랐다. "오! 저기로구나." 맑은 계곡을 따라 서기가 피어오른 곳으로 향하던 혜린선사는 문득 걸음을 멈추고 석장을 꽂았다. 그날부터 절 짓는 일이 시작되었다. 나무를 베어내고 잡초를 거두고 터를 닦으니 고을에서뿐 아니라 먼 곳에서까지 사람들이 구름처럼 몰려와 속히 성인이 출현하길 기원하면서 불사에 동참했다. 절이 완성되어 진골 불사리를 모시던 날 밤이었다. 절 안에서 교룡이 나는 듯 상서로운 기운이 가득했다. 선사는 절 이름을 길상사라 칭하니 이 절이 바로 16국사를 배출하고 선풍을 진작시킨 조계총림 송광사다.

송광사의 문화유산으로 전해오는 '비사리구시'에 얽힌 설화 등도 우리의 관심을 끄는 대표적인 이야기이다.

밥통 쓰임새 '비사리구시'

'비사리구시'는 천왕문 입구에 세워진 보트 모양의 나무통을 말한다. 바라보는 사람들마다 달리 말하는데, 여학생들은 스님의 설거지통이라 하고 아주머니들은 스님의 목욕통이라 하며, 아저씨들은 배라고 불렀다. 그러나 사실은 송광사 참배객들에게 공양을 주기 위해 주먹밥을 만들어 담아놓는 일종의 밥통이라고 한다. 18세기 초 전북 남원시 송동면 세전골에 몇 아름드리 되는 싸리나무가 있었다. 하루는 벼락을 맞아 쓰러졌는데, 많은 사람들이 이를 산에서 내리고자 밧줄을 매어 당겼으나 꼼짝도 하지 않았다. 사람들이 "이 나무를 끌어다 나라님 궁궐을 짓세 어-허 어-허"라고 합창을 했다. 그래도 움직이지 않자 명산대찰의 각 절 이름을 다 대었으나, 움직이지 않는 것은 마찬가지였다.

마지막으로 "이 나무를 옮겨 순천 송광사 대들보를 세우자 어-허 어-허!"라고 했더니 꼼짝도 하지 않던 나무가 움직여 송광사로 이끌 수 있었다. 허나 지금처럼 기중기도 없고 트럭도 없는 시절이라 많은 사람들이 이 나무를 몇 달을 끌고 가야 남원에서 송광사까지 옮길 수 있다며 큰 걱정을 하였다. 이를 알게 된 고을 원님이 이르기를, "나무속을 좀 파내면 가벼워서 운반하기가 쉬울 것이니라."고 했다. 이렇게 하여 비사리구시가 만들어졌다고 한다.

● 동국제일가람 직지사와 사명대사

아도화상은 서라벌에서 왕실의 관심을 받으며 불법을 설하던 중 씨족 중심의 귀족들과 토착신앙을 숭배하는 사람들에 의해 불교가 배척 대상이 되자 고구려와 신라의 국경지대인 추풍령 아래 일선군(현 구미)에 몸을 숨기고 3년간 은신한다. 공주의 병을 고쳐준 대가로 서라벌에 다시 돌아와 왕이 지어준 흥륜사에서 불교를 전파하던 중, 미추왕의 사망으로 선산(현 구미시)의 도리사 인근에 있던 모례毛禮의 집으로 숨어들어 낮에는 머슴살이를 하고 밤에는 불법을 전파한다. 그 5년 동안 품삯 한 푼 받지 않고 소 천 마리와 양 천 마리를 길러내며 모례장자의 큰 신망을 얻었던 아도화상은 어느 날 홀연히 그 집을 떠나 산으로 들어간다.

그 후 경주로 가서 성국공주의 병을 구하고 불법을 전하다 귀족들의 반발로 여의치 않아 다시 선산 모례의 집으로 돌아오는 길에 한겨울인데도 복숭아·오얏꽃이 만발하였음을 보고 그곳에 모례장자의 시주로 도리사를 지었다고 한다.

해동 최초의 가람 도리사를 창건한 아도화상은 418년(눌지왕 2년) 황악산 자락에 직지사直指寺를 창건했다고 한다. 직지사라고 한 데는 세 가지 설이 있다. 아도화상이 도리사를 창건하고 그곳에서 멀리 떨어진 황악산을 손가락으로 가리키며 '저쪽에 큰 절이 설 자리가 있다.'고 하여 직지사로 불렸다는 설과, 고려 초기에 능여能如대사가 절을 중창할 때 절터를 측량하기 위해 자尺를 사용하지 않고 직접 손으로 측량하여 지었기 때문에 직지사라고 하였다는 설, 그리고 선종의 가르침을 단적으로 표현하는 '마음을 직관함으로써 부처의 깨달음에 도달한다.直指人心 見性成佛'에서 유래한 이름이라는 설이 있다.

직지사는 능여대사가 고려 태조 왕건이 견훤과 싸울 때 공을 세워 하사받은 사답寺沓으로 능여암을 세우면서 새로운 중흥기를 맞는다. 능여대사는 후백제의 견훤과 맞선 대구 공산전투에서 대패를 당한 왕건을 도왔다. 공산전투 당시 왕건의 정확한 탈출로는 알 수 없지만, 역사서와 당시의 교통로를 참고하면 김천과 문경을 거쳐 탈출했을 가능성이 높다. 왕건은 대구 지묘동에서 견훤에게 대패한 이후 신숭겸과 옷을 바꾸어 입은 후 탈출을 감행했다. 이후 대구 앞산에 몸을 숨긴 왕건은 김천에 도착한다. 당시 왕건의 상황은 이루 말할 수 없을 정도로 비참했다. 신숭겸, 김락 등 왕건을 보좌하던 장수들과 1만 명이 넘는 군대는 절반 이상 목숨을 잃었다. 공산을 포위한 견훤의 후백제군은 점점 포위망을 좁혀오며 왕건의 군대를 추격했다. 이러한 급박한 상황 속에서 왕건과 그의 남은 군대가 김천에 다다른 것이다. 그때 직지사의 능여대사는 고려군을 스스럼없이 받아들였다. 훗날 견훤 휘하의 군사들에게 해를 당할 수도 있었지만 아랑곳하지 않았다.

능여대사와 직지사의 스님들은 왕건과 고려군을 숨겨주었고, 견훤의 군사들을 다른 곳으로 따돌렸다. 그리고 짚신 2천 켤레를 삼아 고려군에게 신겼고, 그들의 도주를 적극적으로 도왔다. 아울러 직지사 스님들은 공산전투에서 대패한 고려군의 길잡이를 자처하며 송악(개성)까지 그들을 인도하기도 했다. 훗날 삼한통일의 대업을 완성한 왕건은 직지사와 능여대사의 도움을 잊지 않았다. 왕건은 고려왕조를 튼튼히 하는 데 기여한 능여대사와 직지사에 논밭 1천 결을 하사했다. 당시 직지사가 하사받은 토지가 현재 김천시 다수동의 '영남제일문'에서부터 황악산 아래에까지 이르렀다고 하니 엄청난 규모였음을 짐작할 수 있다. 이처럼 능여대사가 왕건에게 도움을 준 덕분에 신라 말기 쇠퇴했던 직지사는 고려 초 전국적인 대찰로 성장할 수 있었다. 능여대사가 직지사를 새로 고쳐 지을 때

'자尺'가 아닌 손으로 직접 땅을 쟀기 때문에 '직지사'가 되었다는 설은 이때 생겨났다고 한다.

직지사는 사명대사의 출가 사찰이기도 하다. 사명대사는 황악산 직지사에 16세에 입산, 출가하여 신묵화상信默和尚의 상좌가 되어 촌음을 아끼어 수행 정진하였다. 18세인 1561년 문정왕후의 배려로 시작된 불교의 승가시험인 선과禪科에 장원급제했다. 1575년에 봉은사 주지로 천거되었으나 이를 사양하고 묘향산 보현사로 가서 청허휴정(1520~1604)의 제자가 되어 3년 동안 가르침을 받았다. 그 뒤 금강산·태백산 등 명산을 찾아다니며 도를 닦다가, 충북 옥천의 상동암에서 인생의 무상함을 깨닫고 제자들을 해산시킨 뒤 홀로 참선하였다. 그러나 임진왜란이 일어나 백성들이 떼죽음을 당할 때, 사명대사는 스승인 서산대사와 함께 팔도 의승군을 모집하여 이렇게 외쳤다. "백성은 보호하고, 우리가 죽어야 한다. 불살생은 불교의 수행자들이 반드시 지켜야 할 지엄한 불교의 계율이다. 그러나 독사가 인간을 해치려 할 때는 불교인은 주저 없이 독사를 죽여야 한다. 인간의 생명이 독사보다 더 귀중하기 때문이다." 나라와 민족이 없으면 조선불교도 존재할 수 없는 것이라는 판단으로 사명대사는 구국의 원을 세워 승병들과 함께 전쟁터로 향한 것이다.

사명대사와 가등청정加藤清正

임진왜란 때 일본군은 가등청정이 지휘하는 군과 소서행장小西行長이 지휘하는 군의 양군이 선봉부대로 침략해왔다. 어느 날 사명대사가 조정의 내밀한 명을 받고 울산에 주둔한 가등청정을 만났다. 사명대사와 가등청정의 일화가 밀양 표충사에 있는 '밀양표충사 송운대사영당비문'에 이렇게 새겨져 있다.

사명대사는 선조 27년(갑오년) 4월, 7월, 12월의 3차에 걸쳐 일본군 사령관 가요마사清正을 만나 조선침략에 대한 부당성에 대하여 쟁변爭辨했다. 가등청정은 사명대사의 명성을 듣고 있던 차에 사명대사를 만나게 되어 시험해보고 싶었다. 일본군들에게 창칼을 뽑아 좌우로 도열하게 하고, 그 중간으로 사명대사를 걸어오게 했다. 그리고 일본군들은 죽일 듯이 사명대사를 무섭게 노려보았다. 그러나 사명대사는 추호도 두려워하지 않았다. 부하로부터 사명대사가 전혀 겁먹지 않는다는 보고를 접한 청정은 내심 명불허전(名不虛傳, 이름은 헛되이 전해지지 않는다는 뜻으로, 명성名聲이 널리 알려진 데는 그럴 만한 까닭이 있음을 이르는 말)이라며 경탄했다고 한다. 가등청정이 사나운 얼굴로 사명대사에게 물었다.

"조선에 값진 보물寶物이 있습니까?"

"우리나라에는 보물이 없습니다. 보물은 일본에 있습니다."

"어찌하여 보물이 일본에 있다는 말이오?"

사명대사는 손을 들어 가등청정의 머리를 가리키며 태연히 답했다. "장군의 머리에는 큰 상금이 걸려 있어서 우리나라 사람은 누구를 막론하고 장군의 머리를 베고자 하니 장군의 머리가 값진 보물이지 않습니까?" 사명대사의 말을 들은 가등청정은 놀라 돌연 얼굴이 창백해졌다. 그는 손으로 목을 만지며 "내 목이 조선의 보물인 줄 모르고, 대사에게 조선의 보물을 물었구려. 내가 어리석었소."

가등청정은 군막軍幕이 떠나가라 앙천대소仰天大笑했다. 사명대사도 큰 소리로 웃었다. 두 사람의 웃음소리의 내용을 들은 일본군들도 일제히 웃음을 터뜨렸다. 그 내용, 설보說寶의 이야기는 조선에 출병한 전 일본군의 웃음을 자아냈고, 일본에까지 전해졌다. 히데요시도 배를 잡고 웃으면서 "청정이 졌다! 그 기백이 충천한 설보 화상이 보고 싶구나." 도꾸가와도 웃음을 터뜨렸다. 전 일본이 웃었다. "맹장, 가등이 졌다!"

직지사가 위치한 황악산의 황자는 청, 황, 적, 백, 흑의 5색 중 중앙색을 상징하는 글자이다. 해동, 즉 한반도의 중심부에 자리 잡고 있는 으뜸가는 가람이라는 뜻에서 '東國第一伽藍 黃嶽山 直指寺'[15]라고 명명하고 있다. 조선 말기 국운의 쇠퇴와 함께 퇴락 일로에 있던 직지사는 1958년 새로운 전기를 맞는다. 당시 동국대 재단 이사장을 지낸 녹원 큰스님이 직지사 주지로 부임한 이후 30여 년에 걸쳐 만덕전·청풍료·설법전·남월료·극락전·천불선원, 국제회의장 등 사찰의 전각들을 신축하거나 해체·보수 및 이전 개축했다. 1976년, 현재의 사찰 진입로인 마을상가를 철거하고 그 자리에 조경 사업을 실시하여 사찰환경이 한결 개선되었다. 이 밖에 외곽도로를 신설하고 담장과 석축 등을 세워 단장함으로써 전통과 현대가 조화를 잘 이룬 현재의 훌륭한 가람으로 위상을 지니고있다.

또한 2002년 월드컵 때 외국인들에게 전통사찰을 개방하면서 시작된 템플스테이의 국내 공식 1호 사찰인 직지사는 "힘들지만 괜찮아!" "내 마음의 작은 쉼터" 등의 모범적인 프로그램 운영으로 지치고 상처받은 현대인들의 심신치유 공간으로 자리매김 되고 있다.

---

15) 이 현판의 글씨는 학교법인 동방대학교 설립자인 여초 김응현이 쓴 것이다. 20세기 후반 한국 서예의 최고봉이라 불리는 그는 우리의 고전, 삼국시대 이래 금석문과 고려 서법에 대한 연구를 통해 우리 서체에 대한 주체성을 확립하는 한편, 중국 고전과의 비교 등으로 새로운 중국서법을 기초로 연구하여 자신의 것으로 만드는 등 독자적인 작품 세계를 완성했다.

● 적멸보궁 정암사와 수마노탑

적멸보궁寂滅寶宮은 글자 그대로 부처님이 열반에 들어 항상 머물러 있는 보배로운 궁전이다. 또한 부처님의 진신을 모신 것을 상징하는 곳이기 때문에 법당에 별도로 불상을 봉안하지 않고 불단만 있는 것이 적멸보궁의 외형적 특징이다. 부처님의 진신사리는 적멸보궁 바깥쪽에 사리탑을 세우거나 계단을 만들어 봉안하는 것이 일반적이다. 초기에는 사리를 모신 계단을 향해 마당에서 예배했으나 예배하는 불자들의 편의를 위해 전각을 짓게 된 것이 오늘날의 모습이다.

자장율사는 당나라 유학 중 산서성에 있는 청량산(일명 오대산) 동대에서 문수보살을 친견하기 위해 십여 일 동안 용맹정진하였다. 그러던 어느 날 꿈에 한 스님이 나타나 "묘법을 배우고자 하면 반드시 북대에 올라 문수보살을 찾아보시오." 하고는 사라졌다. 자장은 꿈이 바로 눈앞에서 벌어진 일만 같이 생생한 것이 예사롭지 않아 곧바로 북대의 운제사雲際寺로 가서 제석천이 세웠다고 하는 문수보살상 앞에서 정진하기 시작했다.

그렇게 정진을 시작한 지 얼마 지나지 않아 실제 문수보살(일설에서는 범상치 않은 스님으로 표현)을 친견하게 된다. 이때 정진 중인 자장 앞에 나타난 문수보살은 "분명히 알아라. 모든 법이 그 바탕은 본디 없다. 이와 같이 법의 성품을 이해한다면 바로 노사나불을 보리라."는 게송을 들려주었다. 이어 "부처님의 가르침을 구하고자 한다면 이 게송보다 나은 것이 없다."며 비단 바탕에 금실로 수를 놓은 가사 한 벌과 패엽경 다섯 점, 진신사리 100과를 비롯한 부처님의 정골사리와 지골사리, 치아사리 등을 전해주었다. 그리고 "이 사리들은 모두 세존의 신물이니 삼가 보호하였다가 본국에 돌아가거든 명승처에 나누어 모셔 나라를 복되게 하고 세상을 편안케 하라."며 "그대를 태백산에서 다시 보겠다."는 말을 남기고 는 홀연히 자취를 감추었다.

이 같은 소식은 곧 당나라 스님들에게 전해졌고, 당의 스님들은 귀중 한 보배가 해동으로 옮겨가는 것을 막기 위해 이 신물을 빼앗으려는 음모 를 꾸몄다. 하지만 자장은 이를 알고 이들 모르게 서해에 배를 띄웠다. 그 러자 이번에는 용왕이 자장에게 예배·공양하고 수많은 마노석을 배에 실 어 울진포까지 운반한 후 신통력을 발휘해 마노석을 모두 태백산에 옮겨 놓았다. 이 마노석은 훗날 자장이 이곳에 암자를 세우고 탑을 세우는 데 사용했으며, 현재 태백산 정암사 수마노탑(보물 410호)이 바로 그때 세워 진 탑이다. 이 탑을 세운 목적은 전란이 없고 날씨가 고르며, 나라가 복되 고 백성이 편안하게 살기를 염원하는 데 있다고 한다. 이곳은 다른 보궁 이 '적멸보궁' 네 글자를 새긴 것과 달리 편액에 '적멸궁'이라는 세 글자 만 적혀 있다. 1972년 수마노탑 중수 과정에서 탑의 각 부에서 다섯 매의 탑지와 사리 장치가 발견돼 불자는 물론 세간의 관심을 한 몸에 받기도 했다.

사적기에 의하면 자장율사는 만년에 수도 경주를 떠나 강릉지방의 수다사水多寺에 머물렀는데, 하루는 꿈에 어떤 스님이 나타나 "내일 대송정 大松汀에서 보리라."라고 하였다. 다음 날 아침에 대송정에 가니 문수보살 이 내현하여 "태백산 갈반지葛蟠地에서 만나자." 하고 사라졌다. 자장율사 는 태백산으로 들어가 갈반지를 찾다가, 어느 날 큰 구렁이가 똬리를 틀 고 있는 것을 보고 제자에게 '이곳이 갈반지'라 이르고 석남원石南院을 지 었는데, 이 절이 정암사이다. 이곳 정암사에는 자장율사와 문수보살 사이 에 유명한 설화가 전해지고 있다.

자장은 태백산 기슭 정암사에서 오랫동안 주석하였는데, 무엇보다도 문수보살을 친견하는 게 서원이었다. 자장이 이곳에서 문수보살이 나타나기를 기다리던 어느 날, 죽은 강아지를 담은 삼태기를 맨 초라한 늙은이로 변신한 문수보살이 그를 찾아와 만나겠다고 소리쳤다. 그러나 시자가 스승의 이름을 함부로 부르는 것을 나무라자 늙은 거사는 스승에게 아뢰기만 하라고 말하였다. 시자가 자장에게 이 사실을 알렸으나 자장은 미처 깨닫지 못하고 늙은 거사를 미친 사람으로 생각하여 만나지 않겠다고 하였다.

만남을 거절당한 늙은이가 "아상을 가진 자가 어찌 나를 알아보겠는가?"라며 삼태기에 담긴 죽은 강아지를 툭 치니 금사자로 변했다. 오색광명이 나타나고 늙은이는 금사자를 타고 사라져 버렸다. 이 말을 들은 자장이 황급히 쫓아가 고개에 올랐으나 이미 문수보살은 사라진 뒤였다고 한다. 자장은 자신이 그토록 친견하고자 했던 문수보살과의 만남이 자신의 아상에 의해 무산되었음을 탓하며 그 자리에서 쓰러진 채 입적했다고 한다. 그리고 유골을 석혈石穴에 안치했다고 전한다. 지금도 적멸궁 입구에 '자장율사주장자'禪杖壇라는 고목이 있다. 이 나무는 자장율사가 짚고 다니던 주목 지팡이를 심은 뒤 수백 년 동안 자랐으나 지금은 고목으로 남아 있다. 신기한 점은 고목이 옛날 그대로 손상된 곳이 없다는 것인데, 다시 이 나무에 잎이 피면 자장율사가 재생한다고 전해져 내려오고 있다. 문수와 자장이 보이지 않을 때, 즉 상이 없을 때 무엇이 나타나는가? 온전한 문수가 나타나는 것이다. 온전한 문수로 돌아가는 것, 그런 수행이 곧 자장스님의 문수신앙이었을 것이다.

정암사의 원래 이름은 갈래사葛來寺였다. 자장율사가 사북리 불소佛沼 위의 산정에다 중국에서 가져온 불사리탑을 세우려 했으나 세울 때마다 계속해서 쓰러졌다고 한다. 이에 자장이 간절히 기도를 올리니 동지섣달 혹한 속에서도 하룻밤 사이에 칡 세 줄기가 눈 위로 올라와 멈춰 섰다.

그곳이 각각 지금의 수마노탑, 적멸보궁, 사찰터라고 한다. 그 자리에 탑과 법당과 본당을 세우고, 칡넝쿨에서 온 절이라고 해서 '갈래사'라고 불렀다고 한다. 보궁에는 선덕여왕이 자장율사에게 하사했다는 금란가사錦欄袈裟가 봉안되어 있었다고 한다. 지금도 정선군 고한읍에는 갈래초등학교가 있고, 상갈래·하갈래라는 지명이 있어 갈래사가 상당한 기간 동안 존속했음을 시사한다. 그러나 언제 어떻게 정암사라고 바뀌었는지에 대한 정확한 유래는 없다. 숲과 골짜기가 해를 가리고 멀리 세속의 티끌이 끊어져 정결하기 그지없다고 해서 정암사라고 개명한 것은 아닌가 생각해본다.

적멸보궁 뒤편 가파른 오솔길을 따라 조금만 올라가면 수많은 사람들이 탑돌이를 하는 높이 9m가량의 7층 석탑이 나온다. 부처님의 진신사리가 봉안돼 있는 수마노탑이다. 자장율사가 당나라에서 신라로 돌아올 때 가지고 온 마노석으로 만든 탑이라 하여 마노탑이라고 한다. 마노 앞에 '수水' 자는 자장의 불심에 감응한 서해 용왕이 마노석을 동해 울진포를 지나 이곳까지 무사히 실어다 주었기에 '물길을 따라온 돌'이라고 해서 덧붙여진 것이다. 마노석이란 보석의 하나로, 원석의 모양이 말의 뇌수를 닮았다고 해서 '마노'라 불린다. 이는 수정류와 같은 석영 광물로 전 세계적으로 널리 분포돼 있다. 우리나라에서는 '금·은·유리·파리·산호·마노·진주'를 예로부터 일곱 개의 보석, 즉 칠보七寶라고 해왔다.

● 간월암과 무학대사

달과 교감을 하여 달이 완전히 차거나 비었을 때는 길을 내고, 반달

전후로는 물을 불러 모아 섬이 되는 관음도량 간월암看月菴은 고려 말 이성계의 왕사였던 무학대사(1327~1405)가 창건하였다. 간월암은 무학대사가 수도하던 중 바닷물 속에 비친 달을 보고 도를 깨우쳤다 해서 얻은 이름이다. 무학의 스승인 나옹선사(1320~1376)는 '더 배울 게 없다.'며 무학無學이라는 법호를 내렸지만 정작 무학대사 자신은 '배운 것이 없다.'며 무학無學이라 했다 한다. 다른 암자와는 달리 간조 시에는 육지와 연결되고 만조 시에는 섬이 되는 간월암은 과거에는 피안도 피안사로 불렸다. 물 위에 떠 있는 연꽃과 비슷하다 하여 연화대로 불렸고 또는 낙가산 원통대라고도 했다 한다. 이러한 간월암에 얽힌 무학대사의 다음 설화는 우리의 관심을 끌기에 충분하다.

어느 날 어머니가 냇가에서 빨래를 하고 있었는데 큼직한 오이 한 개가 떠내려왔다. 그 어머니는 그 오이가 하도 먹음직해서 건져 먹었다. 이것을 본 동리 사람들이 외간 남자와 부정한 짓을 했다고 소문을 퍼뜨렸는데 이상하게도 오이를 먹은 후 임신이 되었다고 한다. 소문에 쫓겨 집을 나간 어머니는 어느 산속에서 아이를 낳았는데 낳자마자 아기가 죽어서 갯가에 버렸다. 그때 어디서 날아왔는지 큰 학이 죽은 아기를 업고 지금의 간월도 토굴 속으로 와서 날개 속에 품어 죽은 아기를 살렸다. 바로 그 아기가 토굴 속에서 불도를 닦은 무학대사이며 어렸을 때의 이름이 무학舞鶴이었음도 이 때문이라고 한다. 이렇게 성장한 그가 이곳에서 불도를 닦던 어느 날 밤, 잔잔한 바다에 비치는 찬란한 달빛을 보는 순간 마침내 불도를 깨닫게 되고 비로소 대사가 되었다고 한다.16)

바다 위에 핀 연꽃 한 송이 같은 간월암은 그 자체로 해인海印이다.

---

16) http://www.anmyondo.com/isla/cul_detail002_001002.asp

바다 위에 뜬 달을 보고 해인의 묘리를 깨달았다고 해서 간월이란 이름을 갖게 된 간월암은 구국기도처로서 용의 형상이며, 여의주 형세라는 풍수 지형적 의미를 지니고 있다. 간월암의 지형과 설화를 통해 알 수 있는 것은 '진리를 보는 섬'의 가르침이다. 달은 '진리'를 상징한다. 불교의 『원각경』에는 "달을 보라면 달을 보지 왜 손가락을 보는가."라는 말이 나온다. 이는 진리를 보지 못하고 엉뚱한 것만 보는 것을 비유한 말이다. 그렇다면 왜 '견見월암'이 아닌 '간看월암'이라 했을까. '간看' 자는 눈 위에 손을 올리고 멀리 본다는 뜻이다. 아마도 멀리 있는 달을 보기 위해 '견見'이 아닌 '간看' 자를 쓴 것으로 여겨진다.[17]

　　서산의 내포지구는 한반도를 지형적, 풍수지리적으로 해석하면 가임 여성의 생식기 끝, 아기를 생산할 준비가 된 포란 형식의 형국을 하고 있다. 그리고 간월암으로 입맥되는 과정의 내룡과 지각, 청룡의 모습, 서산의 부석면 도비산 자락에서 흘러내린 용이 천수만인 바다에 다다르면서 끝자락에 결응한 명당이 간월암이다. 대웅전의 백호 쪽에서 바라본 간월암은 백호의 암반이 겹겹이 감싸고 있는 모습이다. 그래서 간월암은 백호가 청룡보다 후부한 우선국으로 결지된 혈이다. 이로 인해 구가 충족한 곳이고, 돌혈로 결지된 곳이라서 귀貴의 발복도 좋은 곳이다. 이러한 전형적인 길지의 관련 설화가 무학대사의 탄생과 깨달음의 설화이다.

　　무학대사가 득도한 후에 간월암을 떠나면서 지팡이를 땅에 꽂으면서 "지팡이에 잎이 피어 자라다 말라 죽으면 나라가 망할 것이고 또 죽었던 나무에 다시 잎이 피면 국운이 융성할 것이다."라고 했다 한다. 그런데 조선의 숭유억불정책으로 간월도에 절이 사라지고 터만 남아 있게 되었다.

---

17) 다산 정약용이 전남 강진에서 유배생활을 할 때 혜장스님과 편지를 나눴다. 이를 모아 책으로 엮은 것이 『견월첩』이다. 이는 '진리를 주고받은 책'이란 뜻이다. 따라서 간월도는 '진리를 보는 섬', 간월암은 '진리를 찾는 암자'일 수 있다.

폐사되었던 간월암을 일제 강점기인 1941년 만공스님(1871~1946)이 조국해방을 위한 천일기도와 함께 중창불사를 하고 그 후에 광복을 맞이했다고 한다. 벽초와 원담에게 조국광복을 위한 1,000일 기도를 간월암에서 거행하도록 하며 수덕사를 오가며 복원 불사를 지도했던 만공스님은 불사를 회향하는 날 게송을 하나 짓는다. 그 게송에는 그의 독립에 대한 간절한 염원이 잘 드러나 있다.

> 부처와 조사를 벗하지 않는 객이　　佛祖不友客
> 무슨 일로 푸른 물결과 친했는가?　　何事碧波親
> 내 본래 반도 사람이어서　　我本半島人
> 자연히 이럴 수밖에 없지 않은가.　　自然如是止

부처와 조사에 마음을 두지 않는 수행자는 간월암의 푸른 바다와 벗하며 수행정진했다. 오고 가는 것, 시시비비를 가리는 것 모두 마음이 만든 것이다. 마음을 바꾸면 생사가 없는 것이요, 저울질 잣대질하는 마음은 생사윤회를 거듭할 뿐이다. 시비하고 옳다 그르다 분별하는 생각을 놓은 사람이 푸른 물결과 친하게 된 것은 조선이라 그렇게 된 것이라는 것이다. 간월암을 중수하고 지극정성으로 조국의 광복을 기원했던 만공스님의 기도는 헛되지 않았다. "기도가 끝나는 날 해방될 것"이라고 했던 그의 예언처럼 조국의 해방을 맞게 되었다. 스님이 간월암이 조선 개국도량이라는 상징성을 중시하여 복원불사 원력을 세운 것은 조국독립과 국태민안의 발원이었다.

　　섬은 '절대고독'의 상징이다. 간월도 역시 인간이 절대 고독을 느낄 수 있는 섬이요 기도도량이다. 세상살이가 잘 풀리지 않을 때 참배하고, 깨달음의 공간을 통해 자신을 반조해 봄으로써 미해결의 실마리를 찾고 마음의 안정을 찾을 수 있을 것이다. 여행은 '나 자신을 찾아 떠나는 길'임을 주목할 때, 어쩌면 우리가 간월암을 찾아 기도하는 것도 바다를 시원으로 삼고 우리 자신들의 길을 찾고 마음의 '힐링'을 위한 것일 수 있다.

● 치악산 상원사 보은설화: 은혜를 갚은 꿩

풍수지리적으로 '천년이 지난 신령스러운 거북이 연꽃을 토하고 있고, 영험한 아홉 마리 용이 구름을 풀어 놓는 형상을 한 천하의 승지'인 치악산 구룡사는 신라 문무왕 8년(668) 의상대사가 창건했다 한다. 대웅전 자리에 아홉 마리 용이 살고 있는 연못을 메우고 사찰을 창건하여 구룡사라 하였다. 조선시대에 들어와 사찰이 쇠퇴하자 '절 입구에 있는 거북바위 때문'이라는 소문이 돌았고, 바위를 부쉈더니 오히려 신도가 더 줄어들었다. 급기야 절이 문을 닫을 지경에 이르렀을 때 도승 한 분이 나타나 절의 운을 지켜주는 거북바위 혈맥을 다시 이으라고 해서 절 이름에 아홉 '구九' 자 대신 거북을 뜻하는 '구龜' 자를 써서 구룡사龜龍寺로 바꾸었다고 한다. 다음은 일반적으로 알려진 치악산의 유래, 즉 상원사 보은설화이다.

옛날 경상도 의성에 사는 한 젊은 선비가 과거를 보기 위해 한양을 향해 길을 떠났다. 영월과 원주 사이에 높이 솟은 험준한 치악산을 넘어야 하는 나그네의 발길은 바쁘기만 했다. 수림이 울창하고 산세가 웅장한 이 산은 대낮에도 호랑이가 나와 사람을 해치고 밤이면 도적 떼가 나온다는 무시무시한 곳이기 때문이다. 괴나리봇짐에 활을 꽂고 치악산을 오르던 젊은 선비는 산 중턱에서 잠시 다리를 쉬면서 준령의 산 운치에 감탄을 금치 못했다.

"과연 영산이로구나!"

이때였다. 바로 몇 발짝 거리에서 꿩의 울음소리가 절박함을 호소하는 듯 요란하게 들렸다. 청년 과객은 고개를 들어 밭이랑을 보았다. 그곳에는 큰 구렁이 한 마리가 꿩을 향해 혀를 날름대고 있었다. 꿩은 구원을 청하는 듯 더욱 절박하게 "꺽꺽" 울어댔다. 깊은 산중에 울려 퍼지는 꿩의 울음소리에 청년은 구해 주고 싶은 생각이 들었다. 그래서 활로 구렁이를 쏘았다. 그 구렁이가 붉은 피를 쏟으며 힘없이 쓰러지자 꿩은 잠시 머뭇거리며 꺽꺽 울어댔다.

생명의 은인에 대한 감사의 뜻인 듯 좀전의 울음과는 달랐다. 꿩은 몇 번인가 청년을 향해 울더니 훌쩍 날아가 버렸다. 과객은 땅거미가 지자 걸음을 재촉했으나 산을 넘기엔 아직도 길이 멀었다. 인가가 있을 리도 없고 하여 과객은 나무 밑에 낙엽을 펴고 하룻밤 쉬어 가기로 했다. 막 누우려는데 청년의 눈에 희미한 불빛이 보였다.

"이 산중에 웬 불빛일까?"

청년은 불빛이 보이는 곳으로 달려갔다. 그의 눈앞에 고래 등 같은 기와집 한 채가 나타났다. 청년은 깊은 산중에 이렇게 큰 기와집이 있다는 것이 내심 의아스러웠으나 혹시 절인지도 모른다 싶어 우선 주인을 찾았다.

"뉘신지요?" 대문 안에서는 뜻밖에 여인의 음성이 들렸다.

"지나가는 나그네올시다. 하룻밤 신세 좀 질까 합니다."

잠시 침묵이 흐르더니 대문이 열렸다.

"들어오시지요"

"감사하오."

청년은 대문을 들어서며 여인을 힐끗 쳐다보았다. 절세의 미인이었다. '저토록 아름다운 여인이 이 산중에 홀로 지내다니 아무래도 무슨 곡절이 있을 거야.'라고 생각을 하며 여인의 미모에 넋을 잃은 청년은 안방으로 안내되었다.

"어떻게 이런 심산유곡에 홀로 오셨나요?"

"서울로 과거 보러 가는 길입니다."

"피곤하시겠군요. 저녁상을 차려 오겠어요."

잠시 후 밥상이 들어왔다. 밥상에는 먹어본 일이 없는 산해진미가 가득 차려져 있었다. 청년은 식사를 하면서 궁금증을 풀려는 듯 이일 저일 묻기 시작했다. 여인은 수심이 가득한 얼굴로 입을 열었다.

"소녀는 본래 강원도 윤 부자로 알려진 윤 씨 댁 셋째 딸입니다. 갑자기 집안에 괴물이 나타나 폐가가 되고 식구는 뿔뿔이 흩어졌습니다. 그후 저는 이곳에 혼자 숨어 살고 있습니다."

"거참 딱한 사정이구려."

"오늘 밤도 괴물이 나올까 봐 무서워 떨고 있다가 손님이 오셔서 잠을 잘 수 있게 됐습니다."

"그렇다면 다행이군요."

청년은 안방에 자리하고 잠을 청했다. 밤이 깊어지자 창밖에선 바람이 불고 멀리서 승냥이 울음이 을씨년스럽게 들려왔다. 그때였다. "손님!" 문밖에서 여인의 목소리가 들렸다. "왜 그러시오?"

"무서워서 도저히 잘 수가 없어요. 윗목에 앉아 날을 샐 테니 들어가게 해 주세요."

파랗게 젊은 여자와 한방에서 자다니, 청년은 난감했다. 잠시 망설이던 청년은 여인에게 잠자리를 내주고 윗목으로 옮겼다. 여인은 수줍은 듯

등을 돌리고 옷을 벗더니 이불 속으로 들어갔다. 창밖엔 달빛이 휘영청 밝은데 여인은 잠이 들었는지 숨소리조차 없었다. 청년은 한걸음 뒤척이다 겨우 잠이 들었는데 꿈인지 생시인지 가슴이 답답하고 무거운 중압감에 눌려 눈을 떴다. 그 순간 "악―." 하고 청년은 그만 비명을 질렀다. 그의 몸을 징그러운 구렁이가 칭칭 감고 있는 것이 아닌가. 청년은 온 힘을 다해 몸을 빼려 노력했으나 그럴수록 구렁이는 더욱 힘껏 감아대는 듯했다.

"내가 누군지 아느냐?" 구렁이의 음성은 바로 절세미녀의 목소리였다.

"누… 누구냐?"

"네가 낮에 활로 쏘아 죽인 구렁이의 아내다."

"뭐… 뭐라구!"

"너로 인해 남편을 잃었으니 오늘 밤 나는 원수를 갚기 위해 사람으로 둔갑했다. 이제 너를 물어 죽일 것이다."

"살생을 목격하고 그냥 지나칠 수 없어 그리됐으니, 제발 목숨만 좀…:"

"만약 범종 소리가 네 번 울린다면 목숨을 살려주마."

바로 그때, 대청마루 쪽에서 "딩!" 하고 종소리가 울려 왔다.

"아니 저 종소리가?"

종소리가 여운을 남기며 울려 퍼지자 구렁이는 그만 힘이 빠지면서 당황해했다.

"딩― 딩― 딩―." 종소리는 세 번 더 울렸다. 구렁이는 몇 번 몸을 흔들더니 스르르 몸을 풀어 방 밖으로 나갔다. 청년은 정신을 가다듬어 벌떡 일어나 대청마루로 달려갔다.

"아니 이게 웬 꿩들인가?"

대청마루 바닥엔 머리가 깨져 피투성이가 된 꿩 네 마리가 죽어 있었다. 꿩들이 자기들의 은인인 청년에게 보은키 위해 목숨을 던져 청년을 구한 것이다. 꿩들은 자기의 몸을 희생하여 목숨을 구해준 청년의 은혜에 보답했고, 청년은 꿩의 목숨을 구해준 것으로 인하여 자신의 목숨을 구하는 보답을 받았다. 그 후 과거에 급제한 청년은 꿩의 죽음을 애도하는 뜻에서 꿩 '치' 자를 따서 본래 적악산이던 이 산 이름을 치악산雉岳山이라 불렀다. 그리곤 꿩이 죽은 그 자리에 절을 세워 불도를 닦으니 그 절 이름이 오늘의 강원도 원주의 상원사上院寺이다.

치악산에 한 쌍의 구렁이가 나타나게 된 데에는 다음과 같은 전설이 있다. 치악산 상원사 주지스님은 욕심이 많고 속세 사람과 같은 데가 많았다. 어느 해 새로운 종을 만들기 위해 장안의 십만 가구에서 그 집 식구대로 숟가락을 하나씩 거두어들였다. 이 주지스님은 처음에는 불심 그대로 종을 만들려고 했으나 견물생심이라 슬며시 탐욕이 생겨 걷어 들인 숟가락 중에서 절반쯤은 숨겨두었다. 그뿐 아니라 거두어들인 숟가락 중 절반만 들여 종을 하나 만들었다.

높다란 종각을 짓고 종을 매달았다. 서라벌 황룡사의 신종만은 못해도 나라의 태평과 안녕을 빌기에는 손색이 없는 것처럼 보였다. 거창한 시종식試鐘式을 갖게 되었다. 식구 수대로 숟가락을 바친 시주들이 구름 떼처럼 몰려들어 이 큰 종의 첫 소리를 들으려 했다. 몰려온 사람들은 큰 종의 모습을 보고 모두 스님의 노고를 칭찬했다.

"참으로 수고했습니다. 스님의 공덕이 아니었던들 이렇게 큰 종을 만들지는 못했을 것입니다." 내용도 모르고 칭찬이 자자했다. 맨 처음 종을 치는 것은 스님이 손수 하게 되었다. 그런데 이것이 웬일인가? 아무리 종을 쳐도 종소리가 나지 않았다. 연거푸 몇 차례 종을 쳐보았으나 바위를 때리는 소리만큼도 나질 않았다. 모여든 사람들이 술렁거리기 시작했다.

그때 하늘에서부터 부처님의 목소리가 들려 왔다. 저주의 목소리였다. 그 스님은 부처님의 저주를 받아 구렁이가 된 것이다.

설화에서 가장 많이 다루어지고 있는 주제는 적덕과 적선, 그리고 보은담이다. 무엇보다도 적선의 윤리기준은 불쌍한 사람이나 동물들에게 연민의 정을 가지고 배려하며 도움을 주고 자비를 베푸는 것이다. 동물보은담의 경우, 인간이 위기에 처한 동물을 구해주면 구원받은 동물이 이를 잊지 않고 어떤 식으로든 반드시 자기를 구해 준 인간에게 도움을 주어 보답한다는 것이다. 인간과 동물 어느 한쪽이 일방적으로 돕거나 도움을 받는 것이 아니라 서로 대등하게 도움을 주고받는 것이다. 즉 인간 중심이나 동물 중심이 아니라, 인간과 동물이 자연스럽게 공생적 관계를 이루고 있는 것이다. 여기에는 천지인이 합일된 조화로운 세계관을 바탕을 전제로 한 생태인식이 자리하고 있다.

● 화엄제일 가람 부석사: 의상과 선묘 낭자

영주 부석사浮石寺는 가람배치의 걸작이다. 백두대간 소백산맥 줄기인 봉황산 중턱 높은 곳에 자리 잡은 부석사는 신라 문무왕 16년(676)에 의상대사(625~702)가 창건하여 화엄교학을 펼친 최초의 가람이다. 당나라 유학을 다녀온 의상은 신라 통일기의 사상을 주도하면서 특히 화엄학을 펼치면서 많은 제자들을 양성하였다.

화엄華嚴은 '모든 사물이 어느 하나라도 홀로 존재하거나 일어나는 게 아니라 서로 인연이 되고 상호 의존해 있으며 그로 인해 발생한다—卽

一切, 一切卽一'는 사상으로 무진연기無盡緣起 · 법계무진연기法界無盡緣起를 핵심으로 삼고 있다. 생사와 열반이 서로 대립되는 현상이 아니라 원융무애하고 그러한 뜻에서 연화장세계(청정광명한 이상적인 불국토)라고 한다. 이 화엄의 가르침은 서로 대립하고 항쟁을 거듭하는 국가와 사회를 정화하고, 사람들을 대립이 아닌 마음을 통일하게 하는 것으로, 중국이나 우리나라와 같은 전제왕권 국가의 율령정치체제를 정신적으로 뒷받침하는 데 일익을 담당했다. 신라 문무왕은 삼국통일 후 고구려 · 백제 백성들을 통합하기 위해 삼국의 접경지에 통일국가의 상징물로 화엄종찰을 원했으며, 이에 의상과 그 제자들은 문무왕의 성원에 힘입어 전국 10여 곳에 절을 지으니 이른바 '화엄십찰華嚴十刹'이다.[18] 부석사는 그 화엄십찰 가운데 제1의 가람이다. 특히 공민왕의 친필 편액이 걸린 부석사의 '무량수전'은 봉정사 극락전의 연대가 확인되기 이전까지 현존하는 가장 오래된 목조건축물로 유명하였다. 아울러 부석사 창건에 얽힌 의상과 선묘 아가씨의 애틋한 사랑 설화는 언제나 우리를 감동케 한다.

의상대사가 불교를 배우기 위하여 당나라에 갔을 때 양주에 이르렀을 무렵 병을 얻어 양주성의 수위장으로 불심이 돈독한 유지인劉至仁의 집에 머물러야 했다. 그때 그의 딸 선묘가 의상에게 연정을 갖게 되었다. 의상의 나이 37, 선묘의 나이 17살쯤이다. 상사병을 앓던 선묘는 아버지에게 속내를 털어놓고 선묘의 아버지는 딸의 사정을 의상에게 말해보지만, 그 사랑이 이루어질 수는 없었다. 불법을 배우기 위해 당나라까지 온 의

---

18) 최치원이 찬술한 『법장화상전』을 보면, 중악 공산의 미리사, 남악 지리산의 화엄사, 북악 태백산의 부석사, 강주 가야산의 해인사와 보광사, 웅주 가야협의 보원사, 계룡산의 갑사, 양주 금정산의 범어사, 비슬산의 옥천사, 전주 모악산의 국신사, 한주 부아산의 청담사 등이 기록되어 있다.

상의 마음에 선묘를 담을 공간은 없었기 때문이다. 하지만 의상은 법도로 선묘를 대하여 그녀를 감화시켜 보리심을 일으키게 하여 제자로 삼았다. 그리하여 선묘는 신라에서 온 구법승을 남자로 품는 대신 스님으로 모시는 길을 택한다. "세세생생 스님의 제자가 되어 스님의 공부와 교화, 그리고 불사를 성취하는 데 도움이 되어 드리겠다."는 원을 세웠다.

선묘의 정성으로 몸이 완쾌된 의상은 다시 길을 떠나 종남산 지상사에서 10년을 공부하였다. 그런데 의상은 671년 당나라가 신라를 침공한다는 정보를 입수하고 급거 귀국하는 길에 선묘의 집을 찾았다. 하지만 얄궂은 운명의 장난이었을까? 선묘는 외출하고 집에 없었다. 의상은 발걸음을 돌릴 수밖에 없었다. 결국 의상은 선묘를 만나지 못하고 뱃길로 귀국길에 올랐다. 뒤늦게 선묘는 의상스님에게 전하고자 준비해 두었던 법복을 넣은 상자를 챙겨 산동성 선창으로 달려갔으나 배는 이미 떠나고 있었다. 선묘는 스님에게 공양하려는 지극한 정성으로 멀리 떠나가는 배를 향해 법복을 담은 상자를 던지며, "원컨대 이 비단이 의상대사께 이르도록 해주옵소서."라고 하니 순간 회오리바람이 일더니 상자를 밀고 나아가 배 한가운데 앉아 있는 스님 앞에 떨어졌다. 그리고는 선묘 자신도 용이되게 축원을 하고 바다에 몸을 던졌다. 그런데 얼마만큼 떠내려가던 몸이 갑자기 용으로 변하여 의상스님이 있는 배로 달려갔다. 그리고 사랑하는 임이 무사히 신라에 도착할 수 있도록 호법룡이 되어 스님이 탄 배를 호위하게 된다. 스님이 탄 배는 황해 가운데 이르러 큰 태풍을 만나서 높은 파도에 휩쓸렸다. 하지만 선묘는 용으로 변해 의상의 배를 호위해 무사히 배가 남양 포구에 도착하도록 하였다.

이와 같이 선묘는 의상 곁을 떠나지 않고 지켰다. 의상이 신라로 돌아와 화엄사상을 선양하기 위해 부석사를 창건할 때도 선묘의 사랑은 그 위력을 발휘하게 된다. 의상이 부석사를 지으려고 할 때 그곳에는 약 500

명의 이교도들이 있었다고 한다. 선묘는 다시 의상의 꿈에 나타나 이교도들을 제압할 방법을 일러주었다. 다음 날 아침 의상이 선묘가 시키는 대로 지팡이를 한 번 두들기니 커다란 바위가 공중에 떠올랐다 내려앉았다 하였다. 용으로 화신한 선묘가 신통력을 발휘해 커다란 바위가 공중을 날아다니도록 한 것이다. 이를 두 번, 세 번 이어서 반복하자 겁먹은 이교도들이 일제히 의상에게 무릎을 꿇고 사죄한 후 그곳을 떠났고, 의상은 무사히 절을 지을 수 있었다고 한다.

공중에 세 번 뜬 바위가 무량수전 서쪽 산비탈에 있는 '부석浮石' 바위다. 조선 후기 문인 이중환은 그의 저서 『택리지』에 "아래 위 바위 사이에 약간의 틈이 있어 실을 당기면 걸림 없이 드나들어 뜬 돌浮石임을 알 수 있다."라고 기록하고 있다. 이러한 설화에서 알 수 있듯이 부석사는 선묘라는 한 여인의 승화된 사랑으로 탄생한 사찰이다. 지금도 무량수전 옆에 부석이 남아있어서 이곳을 찾는 이들에게 한 여인의 사랑 이야기를 전해주고 있다. 선묘는 부석사가 창건된 이후에도 석룡石龍이 되어 화엄도량을 수호하였다고 한다. 석룡의 머리는 법당을 향하고 있으며, 꼬리는 석등까지 이어졌다 한다. 크기가 48척이 되었다고 하는데, 실제로 지난 1967년 학술조사단이 무량수전 앞뜰에서 5m가량의 석룡 하반부를 발견하였다. 석룡이 된 선묘는 사랑하는 임이 법당에서 독경을 할 때도, 제자들에게 법문을 할 때도 그를 바라보면서 하염없이 눈물만 흘렸다고 한다. 얼마나 눈물을 많이 흘렸기에 눈물이 고여 우물이 되었을까? 오늘도 사랑이 이루어지기를 바라는 연인들은 이곳 선묘정善妙井을 찾는다고 한다.

다소 황당해 보이는 선묘낭자 이야기는 막연히 지어낸 이야기가 아니다. 988년 송나라 찬영贊寧 등이 편찬한 『송고승전』에 당, 송 350년 동안의 고승 533인의 이야기 속에 의상대사와 선묘낭자 이야기가 기록돼 있는 걸 보면 선묘의 의상스님에 대한 애틋한 사랑과 존경심의 발현으로 절을 지을 수 있었음을 짐작할 수 있다.

산사 입구에서부터 끝의 무량수전까지 많은 계단들로 이루어져 있는 부석사는 그야말로 불국토를 가장 잘 구현한 산지 가람 중의 하나이다. 안양루 입구에 서면 중간중간 사이에 새겨진 부처상을 볼 수 있는데, 이는 착시 효과로 무량수전과 안양루 사이에 빈 공간이 보여주는 묘미이다. 특히 안양루에서 바라보는 소백산의 풍광은 부석사를 더 사랑하게 하는 요인이기도 하다. 이처럼 독특한 가람배치와 무량수전 앞에 펼쳐진 소백산을 바라보면 마음이 탁 트이는 것을 느낄 수 있는데, 여기에서 우리는 심신 힐링의 순간을 맞게 된다.

● 두타산 삼화사: 세 처녀의 유혹

동해시 무릉계곡, 두타산(1,351m)의 북쪽에 위치하고 있는 삼화사는 인근 천은사, 영은사, 지상사 등과 더불어 영동 남부지역의 중심 사찰로 선종의 종풍을 지닌 깊은 역사성을 갖고 있다. 두타頭陀란 산스크리트 'dhūta(버리다·씻다·닦다 등의 뜻)'의 음역으로서 곧 인간의 모든 집착·번뇌를 버리고 청정한 심신을 수련하는 것을 말한다. 삼화사와 관련하여서는 세 가지 창건 설화가 전해지고 있다.

신라 선덕왕 11년(642)에 자장율사가 흑연대를 창건한 것이 그 시초가 되었다고 한다. 한편『동국여지승람』에는 신라 말 흥덕왕 4년(829)에 굴산사의 개창주인 범일국사가 산에 들어와 불사를 지어 삼공암이라고 하였다는 기록이 있다. 이들 기록과 아울러 현존하는 유물들을 감안하면 삼화사는 대체로 신라 말에 창건된 것으로 볼 수 있다.

신라 서라벌에 진골 출신의 아름다운 세 처녀가 있었다. 이들은 집안 어른들끼리 왕래가 잦고 가깝게 지내는 사이였으므로 절친하게 지냈다. 혼기를 맞은 그녀들이 신랑감을 고를 무렵, 신라와 백제 간에 전쟁이 일어났다. 그때 청년 장수 김재량은 전쟁에 나가 큰 공을 세우고 돌아왔다. 왕궁에서는 김재량을 위해 축하연을 열었는데 공교롭게도 세 처녀가 모두 이 자리에 참석했다.

김재량은 눈이 부시도록 아름다운 세 처녀를 본 그 날부터 잠을 이루지 못했다. 처녀들 또한 김재량을 사모하는 마음을 걷잡을 수 없었다. 그녀들은 각자의 시녀를 통해 연정을 전했다. 김재량은 뛸 듯이 기뻐하며, 하나도 아닌 세 처녀를 번갈아가며 만나기 시작했다. 그러나 오래지 않아 이 소문은 파다해졌고 세 처녀는 좋은 친구 사이에서 서로 질투하고 적대시하는 사이로 변했다.

그러던 중 신라는 고구려와 전쟁을 하게 되어 김재량은 다시 전쟁터로 나가 많은 공을 세우고 돌아오다 그만 고구려군 첩자에게 암살되고 말았다. 김재량을 너무도 사랑한 세 처녀는 비통한 마음 금할 길이 없어 모두 산으로 들어가 두타고행을 하여 마침내 여신이 되었다. 그 산이 바로 오늘의 강원도 동해시에 위치한 두타산이다.

나림여신, 혈례여신, 골화여신이 된 그들은 도를 얻고 신력을 갖추고서도 진실을 깨닫지 못하였는지 김재량의 죽음을 서로의 잘못으로 미루며 저주했다. 또 그녀들은 그곳 주민들이 산에 치성을 드리기를 원했고 복종치 않으면 노여움을 사 재앙을 내렸다. 그러던 어느 날, 오대산에 성지를 개산하고 동해안으로 내려오던 자장율사는 두타산의 산세에 감격, 그곳으로 향했다. 이때 자장율사를 본 나림여신은 자신의 도를 시험하는 한편 스님이 산에 오르지 못하게 하기 위해 세상에서 제일 아름다운 여인으로 변신하여 자장율사를 유혹했다.

"스님, 어디로 가십니까?"

"이 산의 산세가 하도 좋아 절을 창건할 인연을 찾으러 왔소"

"참으로 거룩하십니다. 저도 따라가고 싶사오니 허락하여 주십시오."

"산길이 험하고 힘들 것이니 훗날 절이 창건되거든 오시지요."

여인의 동행을 거절한 자장스님은 초가을 달빛이 교교히 흐르는 산길을 삼경이 가깝도록 걸었다. 문득 인기척이 나는 듯싶어 뒤를 돌아본 자장스님은 내심 놀라지 않을 수 없었다. 먼발치에 여인이 뒤따르고 있는 것이 아닌가. 자장율사는 따라오는 여인에게 사연을 듣고 싶었으나 모르는 척 걸음을 재촉했다. 골화전에 이르러 자장율사는 외딴 주막집을 발견, 하룻밤 유숙하기로 했다. 어느새 따라 들어온 여인은 스님이 계신 방에 주안상을 들고 들어왔다.

"목이 컬컬하실 텐데 우선 한 잔 드시지요." 잠시 대답이 없던 스님이 말문을 열었다.

"여인이여, 당신은 지금 신력을 얻어 아름다운 모습으로 나를 유혹하는군요. 자신의 몸뚱이가 더러운 물건을 싸가지고 다니는 것인 줄 모른다면 이는 전도된 인생입니다. 그 정도의 신력을 얻었으면 좀 더 공부하여 열반의 세계에 안주토록 하시지요."

나림은 스님의 법문을 듣고 크게 깨달았다.

"스님! 제 죄를 용서하여 주시고 앞으로 깊은 불법을 일러주십시오."

"나림여신이여! 참으로 장한 발심입니다."

"어떻게 제 이름을…?"

"내가 잠시 선정에 들어 관하여 보았지요."

나림은 그만 감동하여 스님에게 귀의했다. 처소로 돌아와 혈례와 골화여신에게 이 사실을 전하고 함께 귀의할 것을 권했으나 두 여신은 비웃기만 할 뿐이었다.

"그까짓 스님 하나 유혹 못 하고 오히려 매수당하다니 우리 여신들의 체통이 말이 아니다. 우리 둘이 함께 가서 혼을 내주고 이곳에 절을 창건치 못하게 하자. 만약 절을 세우면 주민들이 우리에게 공양을 올리지 않을 테니까."

"그 참 좋은 생각이구나."

혈례와 골화는 즉시 호랑이로 변신하여 자장스님 앞에 나타나 길을 막았다.

"이런 무례한 노릇이 있나. 아무리 축생이기로서니 스님의 길을 막다니, 어서 썩 물러가거라."

"어흐흥…" 호랑이들이 으르렁거리며 달려들 기세를 보이자 스님은 금강 삼매에 들어 몸을 금강석같이 굳혔다. 호랑이들은 그런 줄도 모르고 한 마리는 발톱으로 스님을 내리쳤고, 또 한 마리는 스님의 옆구리를 물었다. 그러나 사납게 달려든 호랑이는 발톱과 이빨만 다치고 말았다. 호랑이는 더욱 화가 나서 맹렬히 달려들다가 결국은 꼬리를 사리면서 도망치고 말았다. 이때 자장율사가 주문을 외우니 큰 칼을 든 금강역사가 나타나 도망치는 호랑이를 한 손으로 잡아 왔다.

"자 이제 너희들의 본색을 드러내거라."

어쩔 수 없이 본 모습으로 돌아간 여신들은 눈물을 흘리며 참으로 잘못을 뉘우치며 자신들의 사연을 털어놓았다.

"잘못을 알았으면 두 번 다시 그런 죄를 범치 말도록 하시오. 미움과 시기, 질투는 모두 욕심에서 비롯되니 오늘부터 욕망의 불을 끄는 공부를 하여 이미 얻은 신력으로 중생을 이익되게 하시오."

이때 언제 왔는지 나림여신이 와 있었다.

"스님, 스님의 원력으로 우리 모두 발심하게 되었음을 깊이 감사드리며 제가 앞장서서 금당 자리를 안내하고 스님을 도와 사찰 창건에 동참하겠습니다."

자장율사가 나림여신이 인도한 장소에 불사를 시작하니 세 여신은 장사로 변하여 무거운 짐을 나르고 마을 주민들이 힘을 모아 절이 쉽게 세워졌다. 그 후 세 여신이 화합 발심하여 창건한 절이라 하여 이 절을 삼화사三和寺라 명했고, 마을 이름도 삼화동三和洞이라 불리고 있다.

고려 말의 동안거사 이승휴(1224~1300)는 이 절 가까이에 객안당客安堂을 짓고 이곳에서 『제왕운기』를 저술하였으며, 10여 년 동안 불경을 독파하다가 객안당을 삼화사에 희사하고 간장암看藏庵이라 하였다고 한다. 삼화사는 본래 동쪽 약 1.3km의 반릉 부근에 있었던 것을 무릉계곡 내에 있는 현재의 위치로 이전하였다. 여러 차례 화재로 인한 소실과 중창을 거듭한 삼화사는 1905년에 삼척지방 의병들의 거점으로 이용되었으며, 1906년에 일본은 의병의 거점 파괴라는 이유를 붙여 대웅전, 선당 등 200여 칸에 이르는 건물을 모두 불태워 버렸다. 그 이듬해인 1908년 대웅전, 요사채, 칠성당 등을 다시 건립하여 유지해오다 1977년 현재의 위치로 옮겼다.

고려 마지막 왕인 공양왕과 두 아들이 삼척에서 교살되어 조선 초기 태조 4년 국가 행사로 왕 씨 일가의 영혼을 달래어 민심을 수습하고 백성과 소통, 화합하기 위해 매년 봄과 가을 두 차례에 걸쳐 왕실주관으로 삼화사에서 '국행수륙대재'를 봉행했다. 민간에서 행한 수륙재가 아닌 국가에서 개최하는 수륙재라는 사실은 매우 의미가 크다. 이 같은 국행수륙대재는 2013년 12월 31일 자로 국가중요무형문화재 제125호에 지정되어 시민통합에서 지역을 넘어선 국민 소통과 통합의 의미를 지향하는 전통문화유산으로 보존·계승되고 상생의 문화축제로 자리매김 되고 있다.

● 연천 원심원사 석대암: 황금 멧돼지와 사냥꾼

신라 진덕여왕 원년(657)에 영원조사가 창건했다는 경기도 연천군의 원심원사는 명산인 보개산寶蓋山 자락에 위치하고 있다. '보개'는 불보살의 머리를 장식하는 화려한 장엄으로 곧 원심원사 자체가 불보살이 되는 셈이다. 선덕왕 19년(720) 보개산 인근의 사냥꾼인 이순석 일행이 지장보살님을 친견하고 출가하여 석대암을 창건했다 하여 '생지장도량'으로 부른다. 원심원사에 봉안했던 지상보살은 현재 철원 동송읍의 심원사 명부전에 모셔져 있다.

보개산 석대암 뒤에는 큰 봉우리가 있는데 사람들은 '환희봉' 또는 '대소라치'라고 불렀다. 대소라치는 큰 봉우리 혹은 큰 고개라는 뜻이다. 그 너머에는 옛날 화전민들이 살고 있었다. 그중 이순석이라는 사람이 있었는데 사냥을 잘해 소문이 자자했다.

그러던 어느 날 대소라치 능선을 따라 사냥을 나선 이순석은 그날따라 일찍이 볼 수 없었던 이상한 멧돼지를 발견했다. 그 멧돼지는 우람할 뿐 아니라 온몸에서 황금빛이 환하게 빛나고 있었다.

"이상한 놈이구나. 저놈을 단번에 잡아야지."라며 그는 힘껏 활시위를 당겼다. 화살은 적중했다. 그러나 황금 멧돼지는 피를 흘리면서도 여유 있게 환희봉을 향해 치닫는 것이 아닌가. 그는 멧돼지가 숨어있을 곳까지 단숨에 달려갔다. 그러나 이상한 일이었다. 황금 돼지는 간 곳이 없고 돼지가 숨어있을 만한 자리에는 현재 철원 심원사에 모셔진 지장보살님 석상이 있었는데, 그 석상은 우물 가운데서 상반신만 나와 있고 하반신은 물속에 감춰져 있었다.

"아니, 이게 무슨 날벼락이야. 저기 지장보살님이 우물에 빠져 있어. 그런데 왜 왼쪽 어깨에 화살이 박혀 있지? 혹시 자네가 쏜 게 아닌가?" 친구의 말에 살펴보니 분명 자기가 쏜 화살이 꽂혀 있었다.

"아이쿠 큰일 났다. 내가 지장보살님을 쏘았어."

이 석불이 멧돼지로 화신한 것일까. 묘한 광경에 그는 고개를 갸우뚱거릴 뿐이었다. 좌측 어깨 중앙에 이순석이 쏜 화살이 꽂혀 있어 화살을 뽑으려 하나 화살은 뽑히지 않았고, 또한 물속에 잠긴 작은 석상을 꺼내려 안간힘을 썼으나 석상은 보기보다 의외로 무거워 끄떡도 하지 않았다. 날이 어두워지자 그는 집으로 돌아왔다.

다음 날 날이 밝자 그 자리를 다시 찾은 그는 또 한 번 놀랐다. 어제 분명히 머리만 밖으로 나와 있던 석불이 어느새 우물 밖으로 나와 옆 돌반석 위에 조용히 앉아 미소를 짓고 있지 않은가. 그는 무릎을 치고 석불 앞에 합장을 했다.

"대원본존 지장보살님이시여! 저희 중생들의 우매함을 용서해 주시고 자비를 베푸소서. 저희들은 내일 다시 와서 당신을 뵈올 테니 부디 우물가에 계셔 주세요. 그러면 저희들은 부처님께 귀의해 출가의 길을 걷겠나이다."

그 길로 이순석은 머리를 깎고 출가하여 부처님의 제자가 되어 3백여 무리를 동원하여 절을 짓고 석불을 모셨다. 이 사찰이 연천 심원사의 부속암자 중 하나인 '석대암'이다. 그리고는 그는 숲속에 돌을 쌓고 그 위에 앉아 정진하여 높은 도력을 얻었다고 한다.

현재 철원 심원사의 명주전에 모셔진 생지장보살상은 그때 황금 멧돼지로 나투신 지장보살이며, 석 자쯤의 키에 왼손에는 구슬을 들고 있고, 왼쪽 어깨에 두 개의 자욱이 있다. 여기에는 한 치가량의 금이 뚜렷이 남아 있는데 그것은 그때 사냥꾼 이순석이 쏜 화살이 박혔던 자리이며, 몸이 약간 불그스레한 것은 그때 흘리던 피가 몸에 묻어서 그리된 것이라고 한다. 그 후 이 이야기는 석대암의 '황금 멧돼지와 사냥꾼'이라는 창건 설화로 전해져 내려오고 있다. 이런 연유로 이곳에서 열심히 기도하면 한 가지 소원이 이뤄진다고 하여 많은 불자들이 순례를 와서 철야 정진 기도함으로써 심신치유를 하고 있다. 우리의 3대 지장기도 도량으로는 이곳 보개산 심원사, 고창의 도솔산 도솔암, 서산의 상왕산 개심사를 들 수 있다.

● 벽송사: 벽송지엄선사와 환의고개

지리산 최고봉인 천왕봉에서 뻗어 내려 마치 청학이 알을 품는 형국으로 역류하는 산세를 이루고 있는 산이 바로 벽송산이다. 벽송산 정봉은 예로부터 주위의 만학천봉萬壑千峰의 형세가 마치 연꽃이 만개한 것과 흡사하다 하여 부용봉이라 전해진다. 벽송산 부용봉 아래에 청학포란, 혹은 부용만개의 정점에 자리한 가람이 벽송사. 벽송사는 조선 중종 1520년 벽송지엄(1464~1534)선사에 의해 중창되었다. 이곳에서 벽계정심과 벽송지엄, 벽송의 제자이자 한국 선불교의 양대 산맥인 청허휴정(1520~1604)과 선수부휴(1543~1615), 부용영관, 환성지안, 서룡상민 등 선교를 겸수한 대종장들이 108분이나 배출되어 '백팔조사 행화도량'이라고도 불린다. 그래서 "벽송사 문고리만 잡아도 성불한다."고 할 정도로, 벽송사는 조선 선불교 최고의 종가로서 선풍을 드날렸다.

1464년(세조 10년) 전북 부안 송 씨 집안에서 태어난 벽송스님의 호는 '야노野老', 당호는 '벽송당', 법명은 '지엄'이다. 어려서부터 기골이 장대하고 힘이 세어 칼 쓰기를 좋아하고 병법을 즐겨 읽었던 스님은 무과에 합격해 1491년 여진족이 침입하자 장수로 출전해 공을 세우기도 했다. 그러나 스님은 당시 전쟁의 참상을 자신의 눈으로 직접 확인하며 크게 괴로워했고, 28세 때 계룡산 상초암上草庵으로 들어가 조징祖澄대사 밑에서 삭발염의하고 출가하였다.

계룡산 조징대사를 찾아가 출가한 벽송은 방장산(현재 지리산) 어디에선가 수도를 하고 있다는 벽계정심대사를 찾아가서 가르침을 받기로 하였다. 그래서 그는 경남 함양군 마천면에 소재하는 방장산에 들어가 수십일 동안 헤매던 중에 드디어 지금의 추성리 광점동에서 벽계정심대사를 만나게 되었다. 벽계정심대사 앞에 무릎을 꿇고 절한 다음 벽송은 지금까지 번뇌 속에서 방황하던 자신이 걸어 온 그동안의 경위를 자세히 말씀드렸다. 그리고 앞으로 나아갈 바를 가르쳐 달라고 간곡히 부탁을 드리자 대사는 쾌히 승낙을 하셨다.

벽송은 벽계정심 등에게 수학한 뒤 1508년(중종 3년) 금강산 묘길상암에서 수행을 하던 중 『대혜어록』을 통해 평소 느끼던 의심을 풀고, 이어 『고봉어록』을 보다가 깨달음을 얻었다. 득도한 뒤 벽송의 행적에 대한 기록은 정확하지 않다. 금강산과 능가산을 두루 참방한 뒤 중종 15년(1520) 3월에 함양 지리산에 들어가 작은 사찰에 머물며 하루 한 끼만을 먹고 수행에 전념하면서 다른 수행자들의 사표가 되었다고 한다. 스님이 수행하던 지리산의 작은 사찰이 바로 현재의 벽송사다. 스님은 1534년 11월 1일, 제자들을 수국암에 모아 놓고 『법화경』을 강설하다 입적했다. 세수는 71세, 법납은 43년이다.

벽계정심선사와 벽송지엄의 인연은 불교 탄압이 가장 극심했던 연산군 때 이루어졌다. 불상을 파괴하고, 승려를 환속시켜 사냥터의 동물 몰이

꾼으로 삼는 등 연산군의 횡포가 불교를 존립 위기의 상황으로 몰고 가자, 황악산 직지사에 있던 벽계정심선사는 속인으로 변복하고 산 너머에 있는 영동 물한리로 들어가서 불법을 전할 시기를 기다리고 있었다. 그때 간절히 도를 구하고자 했던 벽송지엄은 물어 물어서 벽계정심을 찾아간 것이다.

"소승 문안드립니다."

"어디서 온 납자인가?"

"참선의 묘리를 배우고자 왔습니다."

"나는 도道를 갖고 있지 않네. 그리고 보다시피 먹고 살기에 바쁘네. 그리고 자네가 거처할 방도 없고…" 지엄의 간청으로 정심선사는 그를 제자로 받아들였다.

벽송지엄은 그날부터 토굴 하나를 따로 짓고 정심선사와 같이 나무를 해다 팔며 생활하였다. 날마다 두 스님은 나무를 해서 시장에 내다 팔았다. 대사는 매일 지엄을 머슴처럼 부리며 산에 가서 싸리나무를 채취해 와서 광주리 만드는 것만 가르치고 다른 문제는 일체 언급이 없었다. 그리고 벽송은 산에 오를 때마다 정심선사에게 물었다.

"부처는 누구입니까?" 그러면 정심선사는

"오늘은 좀 바빠서 말해줄 수 없다."라고 하면 다시 벽송이

"스님께서 깨쳐서 얻은 도리만 일러주십시오."

그러면 다시 정심선사가

"산에 가서 빨리 나무를 하자. 그것은 내일 말해주겠다."

그러나 정심선사는 선지禪旨를 일러주기는커녕 매일 일만 시켰다. 3년을 함께 지내면서 무수히 "도가 무엇인가?"를 물었으나 법문 한마디 들을 수가 없었다. 이렇게 대답을 3년이나 미루어 왔다. 지엄은 세월이 갈수록 안타까웠다. 이제는 더 이상 이곳에서 머물 필요가 없음을 알고 벽

계정심의 문하에서 떠나기로 결심하였다. 마침내 지엄은 행장을 꾸리고 정심선사에게 하직 인사를 할 날을 기다렸다. 그리하여 정심선사에게 뜻을 전하니 정심선사는 "가고 오는 것은 그대의 자유이니 그대의 마음대로 하라." 하는 대답이었다. 지엄은 어느 날 선사가 없는 사이에 짐을 꾸려서 떠나면서 밥 짓는 공양주 보살에게 말했다.

"저는 오늘 떠나야겠습니다."

"별안간 무슨 소립니까?" 그러자 지엄은 투덜거리는 목소리로, "제가 스님을 찾아온 것은 도를 배우러 온 것이지 고용살이를 하려고 온 것은 아닙니다."

"그야 그렇긴 합니다만…"

"3년이 지나도록 도를 가르쳐 주지 않으니 더 기다릴 필요가 없게 되었습니다."

그러자 공양주 보살이 옷깃을 잡으며 "그래도 정심스님께서 오시면 떠나세요." "지금 떠나겠습니다."

벽송스님은 공양주 보살이 잡는 것도 뿌리치고 서운함과 분노를 안고 발길을 옮겼다. 그때 정심선사가 나무를 해가지고 돌아오자 공양주 보살이 다급하게 말했다.

"벽송스님이 떠났습니다."

"왜 떠났는가?"

"도를 가르쳐 주지 않아 화가 나서 떠났습니다."

그러자 선사는 혀를 차며 안타까운 듯이 "무식한 놈, 내가 가르쳐 주지 않았나? 제 놈이 그 도리를 몰랐지. 자고 나서 인사할 때도 가르쳐 주었고 산에 가서 나무할 때도 가르쳐 주었지."

공양주 보살이 물었다. "그런 것이 도입니까?"

"도가 따로 있나? 따로 있다면 도가 아니고 번뇌지."

그러자 공양주 보살이 되물었다. "그럼 저에게도 가르쳐 주었겠습니다."

"암, 가르쳐 주었지."

"그런데 벽송스님은 왜 몰랐을까요?"

이때 정심선사가 토굴 밖으로 뛰어나가 멀어지는 벽송스님을 소리쳐 불렀다. 이에 스님이 걸음을 멈추고 돌아보자 정심선사가 또 한 번 크게 소리쳤다.

"지엄아, 지엄아, 나를 보아라." 정심선사는 발길을 멈추고 뒤를 돌아보는 지엄에게 말하였다. "내가 매일 밥을 지으라고 할 때 설법하였고, 차를 달여오라고 할 때 설법하였고, 나무하라고 할 때 설법하였고, 밭을 매라고 할 때 설법하였는데, 네가 몰랐으니 오늘은 내 법을 받아라." 그리고는 불끈 쥔 주먹을 내밀어 보였다. 그리고 대사는 눈을 감고 한참 동안 묵상을 하더니 갑자기 두 손을 높이 하늘로 치켜들더니 "이제 도를 받았느냐?" 하고 물으니 지엄은 얼떨결에 자기도 모르게 서슴없이 받았다고 대답을 하였다. 대사는 "지엄은 이제 도를 받으라."고 다시 소리치며 손을 내렸다고 한다.

그리고 "중생이 어리석어 스스로 자기에게 있는 광명을 찾지 못하고 오랜 윤회를 하므로 부처님께서 이처럼 말씀으로 열어 보이신 것이다. 그러나 종법宗法은 아니다. 실법實法이란 적멸허곽寂滅虛廓하여 마음의 근본 바탕을 보일 수가 없는 것이니 이제 너희들도 정말 부처님과 같이 되려면 바로 자기의 심지心地를 깨쳐 들어가라. 분명히 여래의 보장寶藏이 너희들 마음속에 있을 것이다."라고 말하였다. 그 순간 지엄은 확철 대오하였다.

그러자 이상하게도 그 시각부터 지엄은 물욕과 정욕이 사라지고 만물의 원리를 터득하게 되어 벽송대사 칭호를 받게 되었다. 이곳에서 대사가 광주리를 만들었다고 하여 광주리점이라고 하여 곧 이름이 지어

내려오면서 변하여 지금의 광점으로 부르게 되었고, 의탄리의 속칭 살바탕에서 광주리점으로 되돌아가 도를 받고 벽송대사가 되었다고 하여 이곳을 벽송정이라고 부르게 되었다 한다.

전북 부안에는 벽송대사에 관한 두 편의 설화가 전해 내려오고 있다. 하나는 '환의換衣고개'이고, 다른 하나는 '자손이 없어도 천년 동안 향불이 꺼지지 않는다無子孫香火千年之地'는 설화이다.

> 일명 지응대사紙鷹大師라고도 불리는 벽송은 출가하여 내소사에서 청련암 가는 중간쯤에 벽송암碧松庵을 짓고 수도에 정진하고 있었다. 하나뿐인 아들이 출가해 버리자 어머니는 벽송에게 귀가할 것을 권하지만 이미 불도에 깊이 귀의한 벽송의 마음을 돌이킬 수는 없었다. 하는 수 없이 작별하면서 한 가지 굳은 약속을 하였다. 비가 오나 눈이 오나 초하루와 보름, 오늘 작별하는 이 고개에서 만나기로…. 아무리 어머니이지만 수도승이 지켜야 하는 청계淸戒의 영역 안에는 부녀자가 들어갈 수 없으므로 암자로부터 십 리가 넘는 이 고갯마루에서 만나 모자의 정도 나누고 새 옷과 헌 옷을 바꾸기로 한 것이다. 그 이후로 이 고개는 옷을 바꾸는 고개라 하여 환의재換衣峙라 불리게 되었다.[19]

'환의고개'에서 아들과 헤어질 때마다 그의 어머니는 벽송에게 "나는 너 하나만을 믿고 살아왔는데 네가 이렇게 수도하는 스님이 되어 출가하였으니, 네 한 몸은 수도하여 도를 이룬다 한들 너의 후손은 끊어지고 말 것이니 그것이 한스럽구나!" 하는 것이었다. 그럴 때마다 벽송은 "어머니 염려 마세요. 어머니께서 천수를 다하고 가신 후에 '자손이 없어도 향불이 천년을 계속하는 곳無子孫香火千年之地'에 모시겠습니다." 하며 어머니를

---

19) 『한국구비문학대계 5-3』, 「벽송대사와 어머니 묘」, pp.530-31.

위로하였다고 한다. '無子孫香火千年之地'란 문자 그대로 돌볼 자손이 없어도 천년 동안 향불이 꺼지지 않는 명당자리라는 뜻이다. 이는 출가한 스님으로서 자손을 둘 수 없는 운명이니 불가능한 일이다.

그러나 후에 벽송은 크게 깨달아 고승이 되었으며, 돌아가신 그의 어머니를 지금의 동진면 장등리 장기등에 모셨는데, 이 묘에 명절날 치성을 드리면 가족이 일 년 내내 무병하고 재수가 좋다 하여 서로 다투어 제사를 지내고 있다. 또 이 무덤의 풀은 학질에 특효가 있다고 하여 다투어 뜯어가므로 저절로 벌초가 된다고 한다. 호남의 명혈名穴이라는 벽송대사의 어머니 묘는 벽송대사의 예언대로 자손이 없어도 향불이 꺼지지 않는 명당으로 오늘날에도 많은 사람들이 벌초도 하고, 치성도 드리고 있다. 이 벽송대사 모친 묘에 얽힌 설화도 역시 스님으로 자손을 둘 수 없는 운명을 풍수사상으로 극복한 좋은 예라고 할 수 있다.

지리산 칠선계곡은 험하기로 유명하지만, 이곳 길게 이어지는 계곡의 아름다움은 지리산에서도 으뜸이다. 일곱 개의 폭포가 연달아 있는 이 계곡은 가을 단풍이 들면 가히 선경이다. 이 빼어난 산속의 제법 널찍한 터에 벽송사가 있다. 옛사람들이 벽송사를 두고 '구름 위 하늘 세계가 있으니, 이는 인간 세상 밖에 따로 있는 곳이네. 도를 구하는 수행자가 사는 그곳이 곧 정토이니, 도를 구하는 수행자가 대대로 끊어지지 않으리'(雲居天上 別有天地 芙蓉淨土 祖印萬代)라고 표현했듯이, 벽송사는 수려한 풍광 속에 위치하고 있다. 조선 선불교의 종가로 선풍을 날리던 이 도량에는 미인송과 도인송이 있는데, '기울어져 있는 게 미인송'이다. 즉 호리호리하게 요염한 자태를 하고 있는 것이 미인송(왼쪽)이고, 정자세로 수도하는 도인처럼 떡하니 서 있는 것이 도인송이다. 벽송지엄, 부용영관의 맥을 잇는 청허휴정(서산대사)은 벽송대사의 높은 공덕을 찬탄하는 다음과 같은 시를 지어 기렸다.

어두운 세상 홀로 밝히는 등불이요　　昏衢一燭
진리의 바다를 건너는 외로운 작은 배　　法海孤舟
아! 스님의 덕은 영원히 없어지지 않아　　嗚呼不泯
천추만세토록 이어지리　　　　　　　　萬世千秋

● 진관사: 땅굴에서 나온 임금

　　고려 제5대 임금 경종이 승하하자 자매 왕비였던 헌애왕후와 헌정왕후는 20대의 꽃 같은 젊은 나이에 눈물로 세월을 보냈다. 뛰어난 미모와 정결한 성격으로 왕의 총애를 독차지하던 헌정왕후는 성안(개경) 10대 사찰의 하나인 왕륜사 별궁으로 거처를 옮겨 관음기도를 하면서 허전한 마음을 달랬다. 부처님께 의지하여 살아오기 어느덧 10년의 세월이 흘렀다. 헌정왕후는 어느 날 불현듯 자신의 분신인 아들이나 딸이 하나 있었으면 얼마나 좋을까 하는 생각이 들었다.

　　"내 이 무슨 망상인가. 아니야, 양자라도 하나들일까."

　　이런저런 생각이 꼬리를 물고 맴돌던 어느 날 밤, 헌정왕후는 송악산에 올라가 소변을 보는데 온 장안이 소변으로 인해 홍수가 지는 꿈을 꾸었다. 너무나도 이상하여 복술가를 찾아가 물었다. 왕비의 말을 다 들은 복술가는 얼른 일어나 아홉 번 절을 하더니 말했다.

　　"매우 길몽입니다. 아기를 낳으면 나라를 통치할 큰 인물이 될 것입니다."

　　"나는 홀로 사는 몸인데 그 무슨 망발인가."

　　"아니옵니다. 이는 천지신명의 뜻이오니 거룩한 아드님을 낳을 징조입니다."

"그런 말 두 번 다시 입 밖에 내지도 말게나."

그 무렵, 경종의 숙부이자 헌정왕후의 숙부(고려왕실의 친족혼 풍습 때문임)인 안종은 집 가까이 절에서 홀로 지내는 헌정왕후에게 간혹 선물을 보내는가 하면 집으로 초대하여 위로하곤 했다. 숙부의 친절에 감사하던 헌정왕후도 존경하는 마음에 호의를 품게 되어 손수 수놓은 비단병풍을 답례 선물로 보냈다. 이러는 동안 두 사람은 정을 나누게 됐고 헌정왕후는 홀몸이 아니었다.

헌정왕후는 걱정 끝에 안종을 찾아가 송악산에서 소변보던 꿈과 아기를 가질 무렵 관세음보살께서 맑은 구슬을 주시던 꿈 이야기를 하면서 멀리 섬으로 도망가 아기를 낳겠다고 상의했다.

"내 어찌 왕후를 멀리 보내고 살 수 있겠소. 더욱이 아기는 어떻게 하고…."

이런 이야기를 엿들은 안종의 부인은 두 사람을 괘씸히 생각하여 안종의 방 앞에 섶나무를 쌓고 불을 질렀다. 이로 인해 소문이 퍼지게 되고 이 사실을 안 성종(헌정·헌애왕후의 친오빠)은 안종을 제주도로 귀양을 보냈다. 이 소식을 들은 헌정왕후는 그 자리에서 실신하여 가마에 실려오다 산기가 있어 그날 밤 옥동자를 분만하니 그가 바로 후일의 현종이다. 헌정왕후는 아기를 분만하고 다시는 일어나지 못했다.

한편 헌애왕후는 두 살 된 왕자 송을 기르면서 별궁에서 쓸쓸한 나날을 보냈다. 본래 성품이 포악하고 음탕하여 동생 헌정왕후를 시기 질투하던 그녀는 외간 남자들에게 눈을 돌리던 차 간교하기로 소문난 외사촌 김치양과 정을 통하게 되었다. 왕자 송이 18세 되던 해에 성종은 갑자기 병을 얻어 세상을 떠났다. 그 뒤를 송이 이으니 그가 바로 목종이다. 목종이 왕위에 오르자 헌애왕후는 정사를 돌보면서 천추전에 거처하니 '천추태후'라 불리었다. 태후와 놀아나던 김치양은 하늘 높은 줄 모르고 호화로움을 누리면서 부정을 저질렀다. 목종은 김치양을 내쫓고 싶었으나 어머니의 마음이 상할까 염려하여 실행치 못했다.

어느 날 태후는 거리낌 없이 김치양의 아기를 낳고는 장차 왕위를 잇게 하려는 음모를 꾸몄다. 태후는 김치양과 모의하여 헌정왕후가 낳은 대량원군 순을 궁중에서 내쫓기로 했다. 이때 순은 나이 12세였다. 순은 백모 태후가 시기하는 눈치를 채고 번화로운 궁중을 떠나 절에 가서 수도하기로 결심했다. 결국 순은 궁중에 들어와 설법하는 스님을 따라 개경 남쪽에 있는 숭교사에 가서 머리를 깎고 입산, 출가했다.

대량군 스님이 남달리 총명하여 10년 공부를 3년에 마쳤다는 소문이 나돌자 태후는 늘 감시를 늦추지 않고 자객을 보내기도 했다. 그러나 직감 있는 스님의 경계로 여러 차례 화를 면한 대량군은 그곳을 떠나 삼각산의 조그만 암자로 들어갔다. 암자의 노스님 진관대사는 대량군이 읊은 시 한 수를 듣는 순간 그가 용상에 오를 큰 인물임을 알았다. 대량군의 행방을 뒤쫓던 태후는 마침내 삼각산 암자에 있다는 소문을 들었다. 대량군의 신변이 위험함을 느낀 진관대사는 산문 밖에 망보는 사람을 배치하는가 하면 수미단 밑에 땅굴을 파고는 그 안에 침대를 놓아 대량군을 기거케 했다.

대량군이 3년간의 땅굴생활을 하는 동안 조정은 어지러울 대로 어지러웠다. 왕은 궁중이 어수선하여 심장병에 걸렸고, 이 틈을 타서 김치양은 역적을 모의했다. 그러나 강조가 먼저 변란을 일으켰다. 그는 목종을 폐위시키고 대량군을 새 임금으로 모시기로 결심했다.

대량군 나이 18세 되던 어느 날이었다.

"새 임금 맞이하니 신천지 열리고 새 일월이 밝아오네."

3현 6각의 풍악 소리가 울리면서 오색 깃발이 하늘을 뒤덮는 가운데 금·은·칠보로 장식된 8인교 가마가 산문 밖에 멈췄다. 스님들은 정중하게 행차를 맞이했다.

"대량군 마마님을 모시러 왔습니다."

특명대사 김응인과 황보유의는 진관대사에게 예를 올리고 찾아온 뜻을 말한 후 대군의 별당 앞에 국궁 재배했다.

"대군마마! 대위를 이으시라는 어명을 받잡고 모시러 왔사옵니다."

"내 운명 기박하여 세상을 등진 몸, 일생을 조용히 보낼 것이니 어서 물러들 가시오."

하지만 대량군은 거듭 간청하는 특사의 뜻과 진관대사의 권유에 따라 땅굴에서 나와 대궐로 향했다. 대군은 진관대사와 눈물로 작별하면서 자신이 거처하던 땅굴을 신혈이라 하고 절 이름을 신혈사라 바꾸기를 청했다. 그 후 왕위에 오른 현종은 자신의 심기를 달래며 거닐던 신혈사 인근의 평탄한 터에 진관대사의 만년을 위해 크게 절을 세우게 하고 진관대사의 이름을 따서 '진관사'라 명했다. 그 후 마을 이름도 진관동이라 부르게 되었다고 한다.

태조 이성계는 조선을 건국하는 과정에서 죽어간 고려 왕족의 영혼을 기리고, 불안정한 국민 정서의 동요를 막아 조선 왕실의 안정을 꾀할 목적으로 태조 6년(1397)에 진관사에 59칸의 수륙사를 건립하고 매년 수륙재를 거행토록 했다. 그래서 진관사에서는 물과 육지에서 헤매는 외로운 영혼과 아귀 등의 혼령들에게 불법을 강설하고 음식을 베풀어 그들을 구제하는 것을 목적으로 하는 수륙재가 매 윤년·윤달에 크게 열린다.

한편, 항일 운동의 거점이었던 이곳 진관사에서는 2009년 칠성각 해체 및 보수 공사를 진행하던 중 불단과 기둥 사이에서 낡은 태극기 한 점이 발견됐다. 3.1운동의 상징으로 여겨지는 이 태극기는 일제 강점기에 불교계 독립운동을 이끌다 옥중 순국한 백초월스님이 만든 태극기로 추정되며, 국가행사에 등장하는 태극기로는 가장 오래된 것이다.

아울러 산세가 푸른 학이 알을 품고 있는 형세의 길지에 터를 잡은 진관사는 방송 매체 '힐링 캠프'의 장소로 세인의 주목을 받았을 뿐만 아니라 국내·외인을 대상으로 템플스테이와 사찰음식 체험을 실시함으로써 사찰문화에 대한 이해를 높이고 심신을 치유하는 공간으로 거듭나고 있다.

● 봉원사: 찬즙대사와 관음바위

불교를 배척했던 조선 왕조는 날로 횡포가 심해 사찰을 몰수해 행정관청으로 사용하기도 하였다. 서울 서대문구 봉원동 산 1번지에 위치한 봉원사가 그 한 예이다. 조선 영조 24년(1748) 초봄 어느 날 아침, 현재 연세대학교 안에 위치해 있었던 반야사(봉원사의 조선조 당시 사찰 이름)에도 난데없는 어명이 떨어졌다.

"이보시오 스님들! 이 절을 나라에서 사용할 것이니 빠른 시일에 비우라는 어명이 있었소. 그러니 다른 곳으로 절을 옮기시오." 궁으로 돌아가는 사신의 뒷모습을 바라보며 망연해하던 주지 찬즙贊汁스님은 기가 막혀 아무 말도 할 수가 없었다. '도량을 옮기라니. 이런 낭패가 있나. 그렇다고 임금의 명이니 안 따를 수도 없으니 장차 이 일을 어떻게 해야 하나!'라고 한숨을 쉬며 걱정을 하였다.

찬즙스님은 선대스님들이 조선을 개국한 태조 이성계의 초상화御眞를 모셔놓고 제사를 지내와 별 탈 없이 지내왔는데 이런 일이 벌어지니 그저 황망할 따름이었다.

"무슨 방법이 없을까. 그리고 도량을 옮긴다면 어디로 가야 할까. 나무관세음보살!"

지척에 궁궐이 있어 가끔씩 상궁들이나 나인들도 개인적으로 기도를 하러 오는 터라 그들에게 왜 절을 옮기라는 것인지 알아보았으나 시원한 대답을 들을 수 없었다. '이유가 뭐 그리 중요할까. 문제는 절을 옮겨야 한다는 사실이지. 별다른 방법이 없으니 관음전에서 100일 기도를 하면 좋은 방법이 떠오를 거야.' 이렇게 생각한 찬즙스님은 묵언정진으로 100일 기도를 입재했다. 또 스님은 하루 한 끼만의 식사를 하는 일종식도 병행했다. 스님의 각오는 대단했다.

"반드시 관세음보살님의 가피를 받게 될 것이야. 그래서 여기보다 더 훌륭한 도량을 점지받아 세세생생 큰 도량을 유지할 수 있는 초석을 놓으리라."라고 서원을 세웠다.

때는 2월, 꽃샘추위의 바람은 얇은 승복을 파고들었다. 새벽 3시에 일어나 부처님께 예불을 올리는 것을 시작으로, 일체 외부인과 교류를 끊고 관음전에 가부좌를 틀고 선정에 들었다. 스님은 새 도량에 대한 간절한 염원으로 기도를 시작하게 되었다.

"불교가 탄압을 받고 있는 어려운 시기에 어떻게 불사금을 마련할 수 있을까. 아니야. 이름 모를 시주자가 나타나 불사를 도와줄 거야. 관세음보살님께 기도만 열심히 할 수밖에 없지…."라고 다짐하며 기도에 들어갔다. 하루하루가 그야말로 번개처럼 지나갔다. 날짜 가는 줄도 모르고 선정에 든 찬즙스님의 모습은 흡사 부처님의 현현顯顯 같았다. 신도들은 스님이 관음전을 드나들 때 서기가 돈다고들 말했다. 그러면서 무슨 상서로운 일이 생길 것이라고 수군거렸다. 그들의 예상은 적중했다. 100일 기도 회향이 가까워지던 어느 날 스님은 꿈을 통해 여인으로 화현한 관세음보살을 친견할 수 있었다.

"이보시오. 찬즙스님. 이곳은 내가 머물기에는 적합하지가 않은 것

같소. 그러니 스님께서 어서 내가 편안하게 앉을 수 있는 다른 장소를 물색해 보시오."

찬즙스님이 고개를 들어보니 기암괴석 옆에 물병을 든 한 여인이 동자와 함께 서 있었다. "아! 관세음보살님!" 외마디 비명이 입에서 흘러나왔다.

"소납은 아직 정진력이 부족해 어디에 도량 터를 잡아야 할지 알지를 못했으니 관세음보살님께서 새로 들어설 곳을 점지해 주십시오."

"아니요. 스님의 큰 신심이 분명 내가 서 있는 곳과 같은 좋은 도량 자리를 찾아낼 수 있을 것이니 하루빨리 길을 떠나시오."

꿈에서 깨어나서도 찬즙스님은 현실과 꿈을 분간하지 못했다. 금방 눈앞에 펼쳐진 듯한 생생한 꿈이 그저 신비롭기만 했다. '그래. 100일 기도 회향도 다가오니 내일이라도 새 도량을 찾아 떠나야겠다.' 기도 회향날이 되어 찬즙스님은 상좌 도원스님을 동행시키기로 마음먹었다.

"도원아, 이제 새 도량을 찾아 떠난다. 너도 나와 함께 가야 하겠다."

짚신을 삼아 바랑에 넣고 찬즙스님은 꿈에 보았던 장소를 찾아 경기-충청-영남 지역으로 길을 떠났다. 이천, 여주를 지나고 충주를 지나 조령을 넘었다. 한 달이 꼬박 걸리는 길이었고, 틈틈이 도량 터를 살피느라 상당한 시간이 지체됐다. 노잣돈이 떨어질 무렵이 되자 하는 수 없이 스님은 반야사로 돌아왔다. 그리고 다시 호남으로 길머리를 돌려 한 달 넘게 새 절터를 물색하였으나 별 소득이 없었다. 지칠 대로 지친 찬즙스님 일행은 다시 한양으로 돌아오다 시장을 지나게 됐다. 잔뜩 굶은 상좌 도원스님이 떡장수 앞에 서서 발길을 떼지 못했다.

"배가 고픈 모양이구나. 여기 마지막 엽전이 있으니 이것으로 떡을 사먹어라."

찬즙스님은 자리에 앉아 기다리고 있는데 떡을 담던 할머니가 말을 건넸다. "스님, 금방 제가 시장 저쪽 끝에 다녀왔는데요. 거기에 한 노파가 개한테 눈을 가려놓고 먹을 것을 코에 갖다 대며 희롱을 하는데 이상한 말을 해요."

스님이 되물었다. "무슨 말을 하던데요."

떡장수 할머니는 "아, 예. 그 노파는 '이놈의 개는 눈 풀 생각 않고 먹을 것만 생각하는데 꼭 반야사주지 찬즙 같단 말이야.'라고 했어요." 찬즙스님은 깜짝 놀라 그곳으로 황급히 가 보았으나 아무것도 없었다. 다시 노파가 있던 곳으로 돌아와 보니 노파의 흔적도 찾아볼 수 없었다. "거참, 이상하다."

찬즙스님 일행은 길을 재촉했다. 한참 가다가 맑은 물이 흐르는 곳에 이르러 상좌인 도원스님이 말했다. "스님, 더운데 잠시 쉬었다가 가시지요." 산등성이에 걸터앉은 찬즙스님은 목이 말랐다.

"도원아, 어디 가서 물 좀 떠 오너라."

"예, 스님!" 잠시 후 도원스님이 바가지에 물을 떠 오자 찬즙스님은 단숨에 마셔버렸다.

"아이구, 시원하다. 좀 더 먹어야겠는데 어디서 물을 떠 온 거냐. 한번 가보자." "네, 스님."

도원의 안내를 받은 찬즙스님은 맑고 시원한 샘물이 나오는 곳에 도착하자 깜짝 놀라고 말았다.

"아니. 이곳은 꿈에서 봤던 그곳이 아닌가!" 찬즙스님은 그곳이 관세음보살님이 꿈속에 점지해준 가람 터임을 알았다. 바위 전체가 관세음보살님의 모습을 한 것이며, 그 아래 맑은 샘물이 흐르는 모습은 꿈에서 본 장소와 일치했다. 그리고 시장에서 기이한 말을 건네준 노파도 관세음보살님의 화현이었음을 깨달았다.

"그래. 가까이에 새로운 절터를 두고 전국을 돌아다닌 나의 어리석음을 관세음보살님이 경책해 주신 거야." 찬즙스님은 샘물이 솟아 나오는 바위 위에 반야암이라는 암자가 있음을 발견하고 들어갔다. 그곳에는 증암스님이 주석하고 있었다.

"아, 스님이셨구만요." 증암스님이 말했다. 이어 증암스님은 새벽에 일어났던 일을 찬찬히 이야기했다. "동자 2명이 내가 있는 암자에 와서 '오늘 귀한 손님이 와서 스님의 불사를 도와줄 것이니 잘 맞이하라.'는 말을 전하고 사라졌어요. 그래서 지금껏 사람을 기다렸는데 스님이 이렇게 도착하셨어요." 그리하여 찬즙스님과 증암스님은 반야암을 크게 중창했다. 관세음보살님을 친견한 사찰이라는 소문이 퍼지면서 불사는 원만하게 진행됐고, 영조 임금은 처음 사찰을 몰수할 때와는 달리 직접 '奉元寺'라는 편액을 내려주기도 했다. 그런데 영조가 내렸다는 편액은 잘 전해 내려오다 1950년 한국전쟁 당시에 병화兵火로 소실되고 말았다. 이후로 사람들은 봉원사를 '새로 지은 절'이라는 뜻에서 '새절'이라는 별칭으로 불렀다. 봉원사가 위치한 마을도 '새말'로 불러 신촌新村의 연원이 되었다고 한다.

지금도 봉원사 뒤쪽 안산 정상으로 가는 중턱에 자리해 봉원사를 바라보고 있는 관음바위는 우리 중생들에게 구고구난하시는 관음의 묘지력을 일깨워 주고 있다. 그런데 맑고 시원했다는 우물은 찾을 길이 없다. 하지만 봉원사 경내에 세 개의 수곽을 비치해 절을 찾는 많은 사람들이 신선한 생수를 마시고 있다.

무엇보다도 봉원사는 불교의례의 요람이다. 부처님이 인도 영축산에서 『법화경』을 설하는 장면을 오늘 재현하고 있는 '영산재'는 음악과 무용, 미술을 아우르는 종합예술로서 대한민국 중요무형문화제 제50호로 지정되었고, 특히 2009년 유네스코 세계무형문화유산으로 등재되어 세계 속에 한류문화를 선양하는 원동력이 되고 있다. 옛날에는 '영산재'가 사흘 낮과 밤에 걸쳐 이루어졌으나 근래에는 규모가 축소되어 매년 6월 6일에 아침부터 저녁까지 하루 동안 봉원사에서 봉행되고 있다. 살아있는 사람과 죽은 사람 모두 부처님의 참 진리를 깨달아 번뇌와 괴로움에서 벗어나고 소통할 수 있는 장을 마련한다는 측면에서 '영산재'에는 다분히 치유적인 면이 있다.

또한 봉원사는 2003년부터 매년 한여름에 연꽃축제를 1주 동안 펼쳐 보이며 다양한 볼거리를 선사한다. 이름하여 '서울연꽃문화대축제'라 부른다. 그 짧은 기간 동안 대웅전 뜨락을 비롯해 절 전체가 연꽃 향연의 장으로 화려하게 변신하는데, 다른 연꽃축제와 달리 연꽃을 연못이나 논두렁에 가꾸지 않고 커다란 수조水槽에 심어 경내에 배치하는 것이 특징이다. 붉은색과 흰색이 적절하게 조화를 이룬 연분홍 연꽃부터 한참 물이 오른 홍련까지 다양하다. 예쁜 꽃잎을 펼쳐 보이며 진흙 속에 있되 진흙에 물들지 않는 불성을 표현하는 연꽃들은 오탁악세를 살아가는 중생들의 마음을 한결 청정하게 해준다. 불교의례의 백미인 영산재와 연꽃축제를 통해 봉원사는 단연 심신치유의 문화공간으로서 기능과 역할을 충실히 해오고 있다 할 수 있다.

● 상원사: 문수동자와 고양이

오대산 상원사는 신라 성덕왕 4년(705)에 보천과 효명의 두 왕자가 창건한 진여원眞如院이라는 절에서 시작된 사찰로, 세조가 이곳에서 문수동자를 만나 질병을 치료했다는 설화가 전해져 오고 있다. 이와 같이 상원사는 문수신앙과 밀접한 관계가 있는 절로, 청량선원에 문수동자상이 봉안되어 있다. 문수동자상의 머리는 양쪽으로 묶어 올린 동자머리를 하고 있으며, 얼굴은 볼을 도톰하게 하여 어린아이 같은 천진스러움을 잘 나타내주고 있다. 세조의 둘째 딸 의숙공주 부부의 발원에 의해 조성되어 봉안된 것으로 알려진 문수동자상은 예배의 대상으로서 만들어진 국내 유일의 동자상이라는 점에서 주목할 만하다. 이는 세조가 문수동자를 만나 등창이 나았다는 설화와 연관되어 있다.

세조(수양대군)는 세종의 둘째 아들로 1425년 문종이 어린 조카 단종에게 왕위를 넘기고 죽자, 1455년 김종서·황보인 등을 죽이고 단종을 몰아낸 후 왕위에 오른다. 그 후 성삼문 등 사육신을 무참하게 죽이고 단종마저 사약을 내려 죽이고 말았다. 이른바 계유정란이다.

"마마, 정신 차리십시오"

잠자리에 든 세조는 악몽을 꾸는지 온몸이 땀에 흥건히 젖은 채 신음 소리를 내고 있었다. 옆에 누웠던 왕비가 잠결에 임금의 신음 소리를 듣고 일어나 정신 차릴 것을 권하니 잠에서 깨어난 세조는 크게 한숨을 내쉬었다.

"마마, 신열이 있사옵니다. 옥체 미령하옵신지요?" 세조는 대답 대신 혼자 입속말을 했다. "음, 업이로구나, 업이야."

"마마, 무슨 일이세요? 혹시 나쁜 꿈이라도 꾸셨는지요"

"중전, 심기가 몹시 불편하구려. 방금 꿈에 현덕왕후(단종의 모친·세조의 형수) 혼백이 나타나 내 몸에 침을 뱉지 않겠소"

"원, 저런…"

꿈 이야기를 하며 다시 잠자리에 들었으나 세조는 잠을 이룰 수가 없었다. 어린 조카 단종을 업어주던 모습이며, 생각하기조차 꺼려지는 기억들이 자꾸만 뇌리를 맴돌았다. 이튿날 아침이었다. 이게 웬일인가. 꿈에 현덕왕후가 뱉은 침 자리마다 종기가 돋아나고 있다니, 세조는 아연실색 했다. 종기는 차츰 온몸으로 퍼지더니 고름이 나는 등 점점 악화되었다. 명의와 신약이 모두 효험이 없었다. 임금은 중전에게 말했다. "백약이 무 효이니 내 아무래도 대찰을 찾아 부처님께 기도를 올려야겠소." 중전은 "그렇게 하시지요. 문수도량인 오대산 상원사가 기도처로는 적합할 듯하 옵니다."라고 말했다.

왕은 오대산으로 발길을 옮겼다. 월정사에서 참배를 마치고 상원사로 가던 중 장엄한 산세와 맑은 계곡물 등 절경에 취한 세조는 불현듯 산간 벽수에 목욕을 하고 싶었다. 자신의 추한 모습을 신하들에게 보이고 싶지 않아 늘 어의를 풀지 않았던 세조는 그날도 주위를 물린 채 혼자 계곡물 에 몸을 담그고 목욕을 즐겼다. 그때였다. 숲속에서 놀고 있는 조그마한 한 동자승이 세조의 눈에 띄었다. "이리 와서 내 등 좀 밀어주지 않으 련?"

동자승이 내려와 등을 다 밀자 임금은 고맙다는 인사와 함께 단단히 부탁의 말을 일렀다.

"애야, 어디 가서든지 임금의 옥체를 씻었다고 말하지 말라." 그러자 동자가 대답을 하였다. "예. 그러지요. 대왕께서도 문수동자가 등을 밀어 주었다는 이야기는 하지 마십시오." 하고는 홀연히 어디론가 사라져 버렸 다. 왕은 놀라 주위를 살피다 자신의 몸을 보니 몸의 종기가 씻은 듯 나 은 것을 알게 됐다. 세조는 동자를 찾기 위해 상원사뿐 아니라 오대산 전 암자를 뒤졌지만 끝내 그 동자를 찾을 수 없었다. 세조는 환궁하자마자 화공을 불러 자신이 본 문수동자를 그리게 했다. 이름난 화공을 불러 자 신이 보았던 문수동자를 설명하여 동자상을 그렸는데 모두 마음에 들지 않았다. 하루는 어느 허름한 스님이 그리겠노라 하여 설명을 하니 들은 척도 않고 그림을 그렸다. 그런데 다 그린 그림을 보니 목욕할 때 보았던 그 동자가 틀림없었다. 치하를 하려고 다시 스님을 보니 이미 사라지고 없었다. 그래서 세조는 문수동자를 두 번씩이나 친견하는 혜택을 누린 사람이라 한다. 동자상이 완성되자 세조는 상원사에 봉안토록 했다. 현재 상원사에는 문수동자 화상畵像은 없고, 얼마 전 다량의 국보가 쏟아져 나온 목각문수동자상이 모셔져 있다. 또 세조가 문수동자상을 친견했던 월정사에서 상원사로 갈라지는 큰 길목 10km 지점은 임금이 그곳 나무에 의관을 걸었다 하여 '갓걸이' 또는 '관대걸이'라고 부른다.

병을 고친 이듬해 봄, 세조는 다시 그 이적의 성지를 찾았다. 상원사에 도착한 왕은 어느 날 어의를 차려입고 기도를 드리려 막 법당 안으로 들어가려는 참이었다. 순간, 갑자기 머리가 쭈뼛해지며 야릇한 느낌이 자신을 감쌌다. 공포와도 같은 기분이었다. 그래서 얼른 법당 안으로 들어서지 못하고 주춤거리고 있는데 난데없이 어디선가 고양이 한 마리가 나타나서 그의 곤룡포 자락을 물고 늘어지는 것이었다. 처음에는 아무 생각 없이 옷자락을 떨치면서 고양이를 쫓았다. 하지만 고양이는 도망가기는커녕 더욱 악착스레 달려들며 옷자락을 물어 잡아당겼다.

세조는 문득 불길한 예감이 들었다. 고양이가 자기 옷을 물고 늘어지는 데에는 분명히 무슨 까닭이 있다고 생각한 그는 고양이를 쫓지 않고 대신 피하여 물러섰다. 그리고는 군사들에게 법당 안을 샅샅이 뒤져보라는 명령을 내렸다. 법당 안을 살펴보던 군사들은 시퍼런 칼을 들고 법당 불상을 모신 탁자 밑에 숨어 있던 세 명의 자객을 발견하게 되었고, 단숨에 그들을 붙잡았다. 그런 다음 그들을 문초해 보니 그들은 단종을 위하여 세조를 암살하려는 사람들이었다. 그들을 끌어내 참하는 동안 고양이는 벌써 어디론가 사라지고 없었다.

하마터면 죽을 목숨을 구해준 고양이를 위해 세조는 강릉에서 가장 기름진 논 5백 섬지기를 상원사에 내렸다. 그리고는 매년 고양이를 위해 제사를 지내주도록 명했다. 이때부터 절에는 묘답 또는 묘전猫田이란 명칭이 생겼다. 고양이 논, 또는 고양이 밭이란 뜻이다. 궁으로 돌아온 세조는 서울 근교의 여러 사찰에 묘전을 설치하여 고양이를 키웠고, 왕명으로 전국에 고양이를 잡아 죽이는 일이 없도록 했다.

또 지금도 상원사에 가보면 마치 이 전설을 입증하는 듯 문수동자상이 모셔진 청량선원 입구 계단의 좌우에는 돌로 조각한 고양이 석상이 서 있다. 속설에 의하면 '공양미'란 말도 고양이를 위한 쌀이란 말이 변하여 생겼다는 일설도 있다. 고양이 사건이 있은 지 얼마 후 세조는 다시 상원사를 찾았다. 자신에게 영험을 베풀어준 도량을 중창하여 성지로서 그 뜻을 오래오래 기리기 위해서였다.

대중 스님들과 자리를 같이한 왕은 상원사 중수를 의논하고 있었다. 그때 마침 공양 시간을 알리는 목탁이 올렸다. 소탈한 세조는 스님들과 둘러앉아 공양 채비를 했다.

"마마, 자리를 옮기시지요."

"아니오. 대중 스님들과 함께 공양하는 것이 과인은 오히려 흡족하오."

그때 맨 말석에 앉아 있던 어린 사미승이 발우를 들더니, 세조의 면전을 향해 불쑥 말을 던졌다.

"이거사, 공양하시오."

놀란 대중은 모두 얼굴이 새파랗게 질려 몸 둘 바를 몰랐다. 그러나 어찌 된 일인가. 정작 놀라야 할 세조는 껄껄 웃고 있는 것이 아닌가.

"과연 도인 될 그릇이로다."

왕은 그 사미승에게 3품의 직을 내렸다. 그리고는 그 표시로 친히 전홍대(붉은 천을 감은 허리띠)를 하사하였다. 아마 세조는 지난날 자신의 병을 고쳐준 문수동자를 연상했던 모양이다. 그 후 세간에서는 어린아이들이 귀하게 되라는 징표로 붉은 허리를 졸라매 주는 풍속이 생겼다 한다. 문수는 지혜를 상징하는 대승보살이다. 여느 사찰의 대웅전에 들어서면 석가모니불을 가운데 두고 왼편에 문수보살이 있는 것만 보아도 한국불교에 문수신앙이 얼마나 큰 영향을 드리웠는지를 알 수 있다.

오대산(해발 1,563m) 자락에 위치한 월정사 일주문을 지나 반듯하게 뻗은 전나무가 빽빽하게 들어선 '월정사 숲길'은 천년 세월 동안 월정사를 지키고 있어 '천년의 숲길'이라 불린다. 400살 가까운 아름드리 전나무의 모진 세월을 이겨낸 꼿꼿한 자태가 경이롭다. 몇 해 전 500살을 훌쩍 넘긴 터줏대감 전나무는 태풍에 밑동만 남았지만 여전히 위풍당당하다. 청량한 숲길을 걷는 내내 세속의 찌든 때가 한 줌 바람에 쓸려가는 느낌을 얻을 수 있다. 이 길 끝나는 곳에 '선재길'이 잘 닦여 있는데, 월정사와 상원사, 두 천년고찰을 이어주는 옛길이다.

선재는 『화엄경』에 등장하는 동자의 이름이다. 동자가 53선지식을 찾아 나선 길에서 깨달음을 얻었듯, 이 길을 걷는 이들도 득도하라는 뜻에서 이름을 따왔다. 계곡과 나란히 이어지는 선재길은 청량한 물소리를 들으며 걷는 길이다. 물푸레나무, 거제수나무, 참나무, 떡갈나무, 상수리나무, 박달나무가 빽곡하게 들어서 한여름 땡볕도 쉽사리 범하지 못하는 우거진 숲길이다. 이 길을 걷는 내내 오솔길과 나무데크, 출렁다리, 섶다리, 올빼미정원, 화전민 터 등을 심심찮게 만난다. 그래서 월정사 전나무 숲길과 선재길은 숲 명상의 길이요, 비우고 내려놓으며 걷는 최적의 힐링 공간이 되고 있다.

● 강화 전등사: 못다 이룬 도편수의 사랑

'불법의 등불을 전한다.'는 의미를 지닌 강화 전등사傳燈寺는 수도권의 명찰이다. 대개의 사찰이 일주문으로부터 시작되는 것과는 달리, 전등사는 성문(남문)이나 동굴처럼 생긴 아치형의 문(동문)을 통과해야 한다. 이 두 개의 문이 전등사의 출입구로, 독특하게 다른 절의 일주문 역할을 하고 있다. 전등사 전체를 둘러싸고 있는 이 산성은 단군이 세 아들(부루, 부소, 부여)에게 봉우리 하나씩 성을 쌓게 하여 만들었다는 정족산성이다. 고대에 흙으로 만든 토성이었던 이 산성은 삼국시대와 고려, 조선을 거치면서 더욱 튼튼하게 보강되었다. 이 삼랑산성 안에 자리 잡은 절집의 위치도 특이하지만, 조선왕조실록을 보관한 '정족산사고'를 지킨 조선왕조 종찰宗刹로서의 사격도 이채롭다. 사고수호사찰史庫守護寺刹은 전등사와 함께 월정사(오대산사고), 안국사(적성산사고), 각화사(태백산사고)뿐이기 때문이다.

전등사 대웅전으로 가기 위해서 남문이나 동문으로 올라와 두 길이 합치는 지점에 이르면 2층 건물이 보이고 1층 전면에는 '전등사'라는 편액이 걸려 있다. 이 건물이 바로 전등사의 불이문 구실을 하는 대조루이다. 이곳을 지나려면 천장이 유난히 낮아 허리를 굽히지 않으면 들어갈 수 없는 곳이기도 하다. 이곳을 통과하면 바로 대웅전이 나타나며 법당의 부처님이 한눈에 들어오는 곳이기도 하다. 겸손한 마음으로 절에 들라는 뜻이다. 대조루에는 1726년 영조 임금이 직접 전등사를 방문해서 썼다는 '취향당'이라는 편액을 비롯해 추사가 쓴 '다로경권' 등 많은 편액이 보관되어 있다.

익살과 풍자 그리고 자비의 전설을 간직한 전등사의 대표적인 건물 대웅보전은 조선 중기의 건축 양식을 보여주는 아름다운 건축물이다. 이 건축물이 세상에 더욱 유명하게 된 것은 대웅보전 지붕을 떠받치고 있는 나부상裸婦像 관련 설화이다. 전등사를 창건할 때의 이야기다. 아침저녁으로 목욕을 재계하고 톱질 한 번에도 온 정성을 다하던 도편수는 어느 날 일을 마치고 피곤을 풀기 위해 마을로 내려와 주막을 찾았다. 텁텁한 막걸리로 목이나 축이려던 도편수는 그만 주막집 작부와 눈이 마주쳤다.

"너 참 예쁘게 생겼구나. 자 이리 가까이 와서 너도 한 잔 마셔라." 작부는 간드러진 웃음과 함께 술잔을 비우고는 다시 도편수에게 권했다.

"암 들고 말고. 잔이 철철 넘치도록 따라라." 술이 거나해진 도편수의 눈엔 작부가 더없이 예쁘고 아름다워 보였다.

"너 그 손 참 곱기도 하구나. 이 억센 손과는 비교가 안 되는구나."

"나으리의 이 손이야말로 보배 손이 아니 옵니까?"

"보배라니? 거 별소릴 다 듣겠구나."

"이 손으로 성스러운 대웅전을 짓고 계시니 보배스럽지 않습니까?" 작부가 입이 마르도록 극찬을 아끼지 않으면서 거친 손을 만져주자 도편수는 그만 꿈인지 생시인지 분간을 못 할 정도로 기분이 들떴다. 작부는 이때다 싶어 도편수 곁으로 더욱 가까이 다가앉으며 갖은 애교를 다 부렸다.

"정말 나으리의 솜씨는 오묘하옵니다. 나무기둥 조각 하나하나가 어찌 그토록 섬세하고 정교할 수가 있는지요."

"그래 고맙다. 천하에서 둘째가라면 섭섭할 이 솜씨를 네가 볼 줄 알다니, 오늘 밤 내 흠뻑 취할 것이니라. 자 어서 따르거라."

"나으리, 그 공사는 몇 해나 걸리나요?"

"음, 앞으로 대여섯 해는 족히 걸릴 것이다. 한데 그건 왜 묻느냐?"

"소녀가 나으리를 얼마간 모실 수 있나 알고 싶어서지요."

"오, 거참 영특하구나. 네가 원한다면 내 매일 밤 너를 찾아와서 술을 마실 것이니라."

"소녀 더 이상 아뢸 말씀이 없사옵니다."

"네 말 한마디가 그저 이쁘기만 하구나. 이리 더 가까이 오너라."

"나으리 이러시면 안 돼요. 이 손 놓으시고 오늘 밤은 늦으셨으니 그만 돌아가세요. 나으리 모실 날이 오늘만은 아니잖아요."

"허긴 네 말이 맞다."

만취하여 주막을 나선 도편수는 다음 날도 그다음 날도 거르지 않고 주막을 찾아 곤드레가 되도록 술을 마셨다. 그러나 작부는 매일 밤 도편수의 애간장만 타게 할 뿐 쉽게 정을 주지 않았다.

"히히 목수 녀석, 오늘 밤도 돈만 뿌리고 돌아갔구나." 주막집 노파는 매일 밤 돈을 물 쓰듯 하는 도편수가 마치 큰 봉인 듯 작부에게 단단히 일렀다.

"얘야, 절대로 정을 줘서는 안 된다. 정을 주는 날이면 그날로 돈 벌기는 틀린 게야."

이와 같은 계략을 알지 못하는 도편수는 대웅전 불사가 더디어지는 것도 생각 못 하고 매일 술에 취했다. 도편수의 얼굴은 날이 갈수록 초췌해졌다. 작부는 일말의 가책을 느꼈는지, 아니면 연민의 정을 느꼈는지 마음이 달라지기 시작했다.

"아무래도 이제 도편수하고 살림을 차려야 할까 봐요."

"얘, 그 무슨 소리냐. 네 덕분에 내 팔자도 좀 고쳐 볼 참인데…."

"팔자고 뭐고 더 이상 그 순진한 어른을 괴롭힐 수가 없을 것 같아요."

"쯧쯧, 큰 소리 탕탕 치더니 어느새 정이 든 모양이구나."

"아닌 게 아니라 정도 들만치 들었어요."

"허나 안 된다. 돈도 돈이지만, 돌쇠가 알면 널 그냥 둘 것 같으냐?"

작부는 그 말에 그만 흠칫했다. 돌쇠와는 오래전부터 정을 통해온 사이로 돈만 벌면 육지로 나가 잘살아 보자고 약속한 터였다. 세월은 흘러 대웅전 불사도 어느덧 마무리 단계에 이르렀다. 공사비로 많은 돈을 받았건만 목수에겐 동전 한 닢 없었다. 그러던 어느 날 뉘엿뉘엿 지는 해를 바라보며 도편수는 마음속으로 다짐했다.

'오늘은 약속을 받아내야지. 곧 새살림을 내자고.' 주막에 이르러 막걸리를 마시며 색시를 찾았으나 보이질 않았다.

"할멈, 색시는 어디 갔기에 이렇게 늦도록 오지를 않소"

"도편수 어른 뵈러 간다고 나갔는데 웬일일까?"

"나를 만나러요?"

"아니 그럼, 이년이 혹시 그 돌쇠 녀석하고 줄행랑을 친 게 아닌가?"

이미 나룻배를 마련하여 돌쇠와 육지로 도망간 줄 뻔히 알면서 노파는 딴전을 펴고 있었다.

"아니 줄행랑이라뇨? 나를 두고요."

"글쎄 고것이 사나흘 전부터 어째 수상쩍다 싶더니, 아마 돌쇠 녀석하고…."

"이런 빌어먹을…."

도편수는 술상을 박차고 밖으로 뛰어나갔다. 하늘엔 별들이 어제와 다름없이 여전히 반짝였고, 바닷바람 역시 무심히 스쳐 갔다. 오직 도편수의 마음만 천 갈래 만 갈래로 찢어질 듯했다. 몇 날 몇 밤을 지새운 도편수는 다시 일을 시작했다. 지난날의 사랑이 증오로 변하면서 그는 복수를 생각했다. 어느 날 무슨 묘책이 떠올랐는지 목수는 여인상을 깎기 시작했다. 여자의 형체 4개를 조성한 도편수는 법당 네 귀퉁이 추녀 밑에 여인상을 넣고는 무거운 지붕을 받들게 했다. "나를 배신하다니…. 어디 세세

생생 고통을 받아 보거라."

　　장식수법이 화려한 전등사 대웅전(보물 제178호) 네 귀퉁이 용마루 밑에는 지금도 4개의 여인상이 벌거벗은 모습으로 마치 벌을 서는 형상으로 무거운 추녀를 이고 있다. 그런데 네 여인의 나부상은 사랑을 배신한 여인을 원망해 형벌을 주기보다는 부처님의 말씀을 듣고 잘못을 참회하고 새로운 사람으로 거듭나길 소망하는 도편수의 마음이 형상화된 조각이라 할 수 있다. 더욱 흥미로운 것은 3곳의 처마 밑은 두 손으로 처마를 받치며 벌을 받고 있는 모습인 데 비해, 한 귀퉁이의 것은 한 손으로만 처마를 받치고 있다는 점이다. 마치 벌을 받으면서도 꾀를 부리고 있는 듯한 모습으로 우리 선조들의 재치와 익살을 느낄 수 있는 대목이다. 혹자는 나부상이 아니라 사찰을 수호하는 원숭이로 간주하기도 한다. 그것은 한글대장경 『육도집경』에 나오는 석가모니 부처님의 전생 이야기에서 비롯된다. 전생에 석가모니는 원숭이 500마리를 거느린 원숭이 왕이었는데 무리를 안전하게 지키고자 자신을 희생한 일이 있었다. 그 이야기에서 착안하여 원숭이들의 석가모니 부처님에 대한 끝없는 존경심을 표현하기 위해 네 마리 원숭이들이 처마를 받들어 지붕을 들고 있게 배치했다는 것이다. 나부상이든 원숭이든 그것은 그리 중요하지 않다. 부처님 말씀을 듣고 성불하기를 바라는 마음은 과거나 현재나 미래에도 변하지 않는 진실이기 때문이다.

● 수종사: 동방 사찰 중 제일의 경관

경기도 남양주시 운길산 정상 가까운 곳에 자리한 수종사의 창건 연대는 정확하지 않다. 하지만 폐사됐던 절이 세조 5년(1459)에 중창되어 법등이 지금까지 이어지고 있다. 수종사는 북한강과 남한강이 합류하는 두물머리(양수리)를 바라볼 수 있는 그야말로 뷰view가 아름답고 빼어나 가히 선경仙境에 버금간다. 조선시대 명문장가 서거정은 "동방 사찰 가운데 제일의 전망"이라 격찬했다. 이토록 빼어난 절경을 간직한 나한기도 도량 수종사 중창 설화는 세조와 깊은 관계가 있다.

보위에 오른 어린 조카(단종)의 치국 원년, 세조는 엄청난 피를 뿌리고 옥좌에 오른 후 단종을 노산군으로 강등시켜 영월로 유배를 보냈다가 기어코 죽여 시신을 영월 서강에 던져버렸다. 단종의 생모이자 형수인 현덕왕후(문종의 비)가 자신의 얼굴에 침을 뱉는 꿈을 꾸자 그 무덤을 파헤쳐 부관참시를 한 포악한 세조였다. 그러한 피의 대가인지 세조는 51세로 죽을 때까지 심한 부스럼에 시달렸다. 그런데 세조가 오대산에서 문수동자를 만나 피부병이 나았다는 설화가 상원사 입구의 '관대걸이'에서 확인되고 있다.

세조가 1458년(세조 4년)에 지병인 피부병을 치료하기 위하여 강원도 오대산에 갔다가 환궁하는 도중이었다. 임금의 행렬이 지금의 수종사 근방인 양수리에 도착한 것은 해거름이었다. 금강산에서 발원하여 백두대간의 등줄기를 타고 내리는 북한강과 삼척 대덕산에서 첫 물길을 일으켜 조선땅의 허리를 씻어 온 남한강, 그 두 강의 위세가 한곳으로 모여드는 이곳에 임금의 행렬이 하룻밤을 쉬어가게 되었다.

그런데 침상에서 곤히 잠들었던 세조는 청아한 종소리에 잠을 깼다. "참으로 좋은 종소리로다. 이 근처에 큰 절이 있음이야. 그런데 어찌하여 대신들은 절이 있다는 얘기는 하지 않았을꼬?" 세조는 그 청아하고 아름다운 소리를 감상하며 잠이 들었다.

"이 근처에 큰 절이 있는 듯한데 어떤 절이 있더냐?"

이른 아침 임금이 기침하여 물었으되 대답하는 신하는 없었다.

"참으로 답답한 노릇이다. 근처에 절이 있는 것을 모른다면 어젯밤에 들린 종소리는 어디서 나온 것이냐." 신하들은 눈을 휘둥그레 뜨고 안절부절못하며 서로를 바라보았다.

"전하, 이곳 인근에 종소리가 들릴만한 절은 없고 지난밤에 종소리는 들리지 않았나이다."

"내가 헛것을 들었을까. 그럴 리가 없다. 이는 분명 부처님이 어떤 계시를 내리심이로다." 여기에까지 생각이 다다른 세조는 바로 신하들에게 강 건넛산을 조사하도록 했다.

"분명 절이 있거나 절터라도 있을 것이다. 특별히 종이나 파편이 있으면 반드시 보고하라. 어떤 기이한 형상이 있으면 손대지 말고 그대로 두도록 하라."는 엄명을 내렸다.

한나절 만에 돌아온 군사들과 대신들은 이미 강을 건너 자리를 잡고 기다리는 왕에게 뜻밖의 소식을 가져왔다. 그 산은 운길산이란 이름으로 불리고 있었고, 산 정상 가까이에서 그리 깊지 않은 암굴을 발견했다는 것이었다. 암굴 앞은 절터의 흔적이 완연하나 폐허가 되어 이렇다 할 유물이 없었다. 다만 암굴에 열여덟 분의 나한님들이 정연하게 잘 조성되어 있는데 그 모습이 예사롭지 않았다는 것이었다. 무엇보다 신하들이 군사를 데리고 암굴 앞에 이르니 18나한상 앞쪽의 암굴 천정에서 물방울이 일정한 간격으로 떨어지는데, 그 소리가 큰 절에서 듣는 아름다운 범종

소리와 비슷하다는 보고가 있었다.

"바로 그곳이다. 그 소리가 내 귀에만 들렸음이니 분명 나한님들의 조화라 할 것이다. 내 그곳에 친히 참배하지 않을 수 없으니 길을 안내하도록 하라."

한양 궁궐행을 하루 미루고 임금과 신하들을 운길산으로 오르게 한 산 정상 가까이 위치한 암굴에 도착한 임금은 그곳에 조성된 나한님들을 보고 경탄을 금할 수 없었다. 삼명(천안명·숙명명·누진명)과 육신통(천안통·천이통·타심통·신족통·숙명통·누진통)을 갖추어 인간과 천상인의 소원을 두루 성취시켜 준다는 나한의 위신력과 반겨주는 듯한 미소에 감복하며 지극정성으로 절을 올렸다. 빙그레 웃으시는 듯한 나한님들을 우러러보며 임금은 자신의 죄업이 무너져 내리는 듯한 청량한 마음을 얻을 수 있었다. 나한을 살적殺賊이라 부르는 것은 수행의 적이 되는 모든 번뇌를 물리치고 항복 받은 것을 뜻하며, 응공應供이라 부르는 것은 모든 인간과 천상의 공양을 받을 위치에 올랐음을 뜻하는 것이다. 또한 나한은 진리에 상응하는 분이라는 뜻에서 응진應眞이라 불리기도 한다.

"이곳에 절의 흔적이 있으니 지난날 절이 피폐하여 나한님들이 당堂을 잃고 암굴에 드신 것이 안타깝도다. 아마 짐의 귀에 들린 종소리는 절을 다시 일으켜 세우라는 나한님들의 계시가 분명하니 팔도방백들은 속히 의논하여 이곳에 절을 지으라. 그리고 절 이름은 물방울 소리가 종소리로 울려 퍼진 뜻을 새겨 수종사水鍾寺라 함이 좋을 듯하다. 절 이름에는 나한님의 신묘한 위신력이 담겨 있음을 알고 속히 불사를 진행하도록 하여라."

참배를 마치고 암굴 앞에 서서 산 아래를 둘러본 세조는 다시 한 번 놀라움을 금치 못했다. 앞에 펼쳐진 정경이 가히 조선 제일의 풍광이었다. 남한수와 북한수가 만나는 저 아래의 양수리는 한 폭의 커다란 그림과 같았다. 세조는 한나절을 암굴 앞에 서서 산세와 양수리의 풍광을 즐기다가 두 그루의 은행나무를 심고 하산했다. 세조가 심은 은행나무는 쑥쑥 자라났고 중창된 절에는 많은 사람들이 찾아와 기도를 했다. 이와 같이 세조는 이곳에 절을 다시 지을 것을 명하고, 이듬해인 1459년 중창불사가 끝나자 손수 '물방울 소리가 종소리로 울려 퍼진다.'는 뜻을 새겨 수종사水鐘寺라 지었다.

예부터 많은 시인묵객들이 이곳의 풍광을 시·서·화로 남겼다.[20] 서거정(1420~1488)은 수종사를 '동방에서 제일의 전망을 가진 사찰'이라 하였으며, 수종사 부근 마현이 고향인 다산 정약용은 고향 마을에 머무르던 약관 20세 때 '봄날 수종사를 유람하다'春日遊水鐘寺를 짓기도 하였다. 또한 다성茶聖 초의선사는 해남 대흥사에서 천 리나 되는 이곳까지 좋은 차를 가져와 스승 다산을 뵙고 다산의 아들 학연, 학유와 시연詩宴을 즐기며 교류를 하기도 하였다. 다산이 이처럼 시를 짓고 했던 것도 일생을 통해 수종사에서 지낸 즐거움을 '군자유삼락'에 비교할 만큼 좋아했음을 말해 준다. 팔당호가 생기면서 논이며 밭이며 마을이 물에 떠 있는 듯이 보이고 있음을 조망하면, 다산이 200여 년 전 "엷은 (산)그늘에 멀리 밭이 떠있네輕陰汎遠田" 하고 노래한 것은 그의 미래 풍광을 꿰뚫은 탁월한 문학적 상상력을 엿보게 한다.

또한 수종사는 물맛 좋기로 유명하여, 예로부터 시인묵객이 이곳에 찾아와 차를 달여 마셨다. 초의선사가 해남 대흥사에서 이곳 양수리까지 스승 다산을 찾아와 한강의 아름다운 풍광을 즐기며 차를 마셨듯이, 시

---

20) 겸재 정선(1676~1759)의 경교명승첩(한강의 북한강·남한강 주변 경관과 한강과 서울의 인왕산, 북악산 등의 경관을 그린 화첩으로 총 33점으로 이뤄짐) 중 독백탄獨栢灘은 현재의 남한강과 북한강이 만나는 '양수리'의 경관을 보여주는 고서화로서 그 시대의 명승지 경관과 현재의 경관을 비교 감상할 수 있어 회화 가치가 높다.

詩·선禪·다茶가 한 곳에 어우러져 있다고 하여 명명한 '삼정헌三鼎軒'에 들려 발아래 펼쳐진 천하제일의 절경 내려다보며 한 잔 차를 마시게 되면 선다일여, 시선일여의 경지에 들게 되고, 심신이 그대로 치유됨을 느낄 수 있다. 아울러 수종사 입구에 조성된 '명상의 길'은 오가는 사람들의 번다하고 지친 신심을 치유하는 힐링의 숲길이다.

● 관음봉과 길지의 각황사

북한산에서 가장 남서쪽에 있는 족두리봉(해발 370m)은 멀리서 보면 봉우리의 모양이 족두리를 쓴 것처럼 보이는 데서 유래하고 있다. 각황사는 이와 같이 수려한 암릉미를 자랑하는 족두리봉 바로 아래의 길지에 위치하고 있다. 길지의 각황사가 있게 된 연유는 다음과 같은 설화에서 확인되고 있다.

조선건국 초기에 이성계와 무학대사가 새로운 도읍지를 물색하던 중에 북한산 관음봉(족두리봉)에 이르렀을 때였다. 이성계가 "대사! 이곳의 모습이 관세음보살이 관을 쓰고 있는 형국으로 신령스러운 기운이 있으니, 필경 옛날부터 전해 내려오던 바대로 관음보살이 상주하는 길지인 듯하오!" 하였다. 무학대사도 이미 이곳이 관음보살 상주의 길지임을 알고 놀라면서도 내심 부처님의 광명을 지키기 위해 "전하의 눈에는 이 봉우리가 관음보살이 관을 쓰고 있는 모습으로 보일지 모르오나 소승의 눈에는 족두리를 쓰고 시집가는 여인네의 모습으로 보입니다. 이미 친정을 떠나시집을 가고 있는 형국이니 여기의 신령스러운 기운 또한 머지않아 사라질 것입니다."라고 거짓말을 하였다.

　무학대사는 이곳이 관음보살이 상주하는 길지임을 세상에 감추기 위해 '관음봉'을 '족두리봉'으로 이름을 바꾸어 불렀다. 그리고 '관음봉' 아래 관음보살의 길지가 있음을 눈으로 직접 확인한 후, 오늘날 각황사 터에 토굴을 지어 단을 차려 놓고 시간이 있을 때마다 아무도 몰래 찾아가 '관음봉'을 바라보면서 이 땅에서 부처님의 광명이 다시 살아나길 기원하였다고 한다.

　그 후, 현종(1641~1674) 대에 이르러 좌의정을 역임한 충익공 원두표 장군(1593~1664)은 무학대사가 기도했던 이곳 각황사 토굴에서 수련을 하여 광해군의 폭정에서 나라를 구한 이른바 인조반정(1623)의 일등공신이 되었다. 또한 이괄의 난(1624)을 평정하고, 병자호란(1636~1637) 때 어영부사로 인조 임금을 모시고 남한산성을 지켰다. 원두표 장군이 은거하면서 공부했던 곳을 기리어 그의 덕이 밝다 하여 '덕밝골'이라고 했으며, 나중에 '덕바위골'로 불리다가 현재는 '독박골'이라 부르고 있다. 이성계가 군사 훈련장으로 삼으려 했던 이곳을 무학대사는 부처님의 혜명이 이어지는 기도처로서 삼고자 간절히 기도했으며, 또한 원두표 장군이 이곳에 은거하여 수련하고 기도한 공덕으로 당시의 폭정과 전란에서 백성과 나라를 구했다는 설화는 각황사 터가 관음보살이 상주하는 길지의 청정도량임을 말해 준다.

　오늘날 각황사는 근대 한영 - 명봉 대강백의 맥을 잇고 직지사 강주를 지냈던 능허 의룡凌虛 義龍(1936~2012)선사께서 1964년에 창건하였다. 부처님 광명이 끊이지 않고 면면히 이어지길 간절히 바랐던 무학대사의 소망이 헛되지 않아 400여 년이 지난 1960년 어느 날, 의룡선사께서 서울에 오셔 부처님의 서광이 서려 있다는 불광동으로 가는 도중, 세검정에 들러 인조반정으로 목숨을 잃은 원혼들을 위한 기도를 마치고 구기동 고개를 넘어오는데 관음봉(족두리봉)으로부터 서광이 환하게 비치고 각황사 터에서는 새벽의 여명처럼 은은한 기운이 솟아오르고 있는 것을 보았다고 한다.

오랜 여정과 전날 점심부터 아무것도 먹지 못했던 의룡스님께서는 하룻밤을 꼬박 새운 선정으로 기운이 탈진하여 주변의 샘물을 마시고 그 자리에서 잠이 들었다. 그런데 비몽사몽 간에 갑옷을 차려입은 장군이 나타나 큰절을 올리고 "제가 나라를 위해 일을 했지만 그간에 사람의 목숨을 너무 많이 해쳐 이곳에서 관세음보살님께 참회를 했으나, 업장이 두터워 헤어나지 못했는데 오늘 스님을 만나 편안히 갈 곳으로 갑니다." 하고는 사라졌다고 한다. 또한 얼마 후에 깨끗한 도복을 차려입은 노인이 꿈속에 나타나 "이곳에서 각황覺皇이 세상을 걱정하고 떠났는데 이제야 새로운 주인이 오셔 다행입니다." 하면서 인사를 드리고 사라졌다고 한다. 이러한 현몽을 깊이 성찰한 의룡스님은 이곳 길지에 각황사를 창건하면서 그때의 상황을 다음과 같은 상량문의 한 구절로 표현하였다.

부처님의 밝은 광명이 이 땅에서 나와
태양과 같은 밝은 빛으로 온 우주에 가득케 하리라.

佛之光明 出於此地
普照於 三千大天世界

각황사 개산조사인 의룡스님은 1936년 경기도 안성 일죽면 신흥리에서 유학자인 부친 호봉湖峰 철호喆頀 공과 안동 백白 씨 사이에서 태어났다. 10세 때 사서오경에 통달하였으며, 12세 때에는 "유교에는 사람이 만든 사람의 도리만 있을 뿐 세상 만물의 이치가 부족함을 탄식하고, 사람의 도리가 오히려 사람을 잡아매는 올가미가 되어 대자유 대해탈의 깊은 경지에 이를 수 없음"을 알고 출가하였다고 한다. 1948년 용주사에서 사미계를 받았고, 2년 뒤인 1950년 일해스님을 은사로 비구계를 수지하고, 용주사·월정사·해인사 등지에서 관응스님, 탄허스님, 명봉스님으로부터 경전을 배웠다.

1966년 안성 봉덕사에서 명봉明峰스님으로부터 전강傳講을 받은 의룡스님은 서울 불광동에 삼매정수선원과 각황사를 창건하여 후학을 양성하고 제접하며 수행정진을 계속해왔다. 스님에게 강맥을 전해준 명봉스님은 선과 교학을 두루 섭렵한 선사이자 대강백으로 당시 불교정화운동으로 불교가 정체성을 잃고 혼란에 빠질 위기에 처했을 때 청담, 성철스님 등이 세 번씩 찾아가서 어렵게 해인사 강주로 모실 만큼 철저한 수행으로 학덕이 높았던 분이다.

"선禪은 부처님의 마음이고, 교敎는 부처님의 말씀이며, 율律은 부처님의 행동이다."라는 선사어록의 말씀을 무엇보다도 소중하게 여긴 의룡스님은 교학을 바탕으로 철저한 계율을 지키며, 참선 공부에 매진하여 27세 때 부처님의 진실한 마음을 온전히 알 수 있었다고 한다. 그 무렵, 스님은 3일 동안 선정에 들었다가 깨어나셨는데, 그때 법열의 환희심을 이렇게 노래하고 있다.

홀연히 중도삼매에 앉으니
그곳이 열반세계요 여기가 화장세계로다.
달이 천 강에 도장을 찍어 강마다 달이요,
부처가 만 가지로 나투시니 모양마다 부처로다.

홀좌중도삼마지(忽坐中道三摩地) 하니

당처열반시화장(當處涅槃示華藏)이로다.
월인천강강강월(月印千江江江月)이요
불현만상상상불(佛現萬像像像佛)이라.

이성계의 왕사로 쇠퇴해 가는 고려불교의 맥을 조선으로 이어지게 하는 데 일생을 바쳤던 각황覺皇 무학대사의 원력으로 관음성지 각황사 터가 마련되었고, 그로부터 600여 년이 지난 1964년 의룡스님이 이곳 길지에 각황사를 창건하여 부처님의 광명을 이었다. 이러한 불사는 결코 헛되지 않고 계속되고 있다. 의룡스님의 법맥을 이어받고 서울 강동구 동명불원의 주지로 강동구 사암연합회 회장을 20여 년 동안 역임한 영산 덕천靈山德泉스님의 원력에 의해 각황사는 전통과 현대가 조화를 이룬 청정도량으로 거듭나는 전기를 맞이하고 있다.

선과 교학에 해박할 뿐만 아니라 범음범패에 능통한 어장魚丈으로서 덕천스님은 '상구보리 하화중생'의 큰 원력으로 각황사 중창불사를 차질 없이 진행하고 있다. 중생의 아픔을 내 아픔처럼 여기면서 각황사를 관음보살의 현세구원의 원력을 실천하는 도량으로, 생활불교를 실천하는 문화공간으로, 그리고 전법의 전통과 스승의 법이 살아있는 수행도량으로 가꾸기 위한 큰 원력으로 불사를 진행하고 있다. "덕이 밝아서 세상 속에 밝게 빛난다."는 '덕밝골'의 의미에 걸맞게 이곳 관음성지에 새천년 가람 중창불사는 스님과 많은 불자들의 동참으로 순조롭게 계속되고 있다.

특히 현재 법당에 모셔진 관세음보살상은 고려시대에 조성된 고불古佛로 문화재로서의 가치가 매우 높다. 아울러 각황사 가는 길은 천혜의 '명상 오솔길'이다. 이 길은 차가 없이 걸어야 하는 서울 유일의 사유와 걷기의 숲길이다. 산사에 오르는 길 옆의 코끼리바위는 암묵적으로 보현보살의 실천행을 강조하는 메시지를 전한다. 그래서 전통과 현대를 아우르는 각황사는 탐욕으로 지치고 번다하게 살아가는 현대인에게 내려놓기와 비움을 알게 하고, 자아를 성찰함으로써 아픔과 상처를 치유하는 '힐링'의 관음성지라 할 수 있다.

월정사 동대 관음암: 구정선사의 설화

오대산 월정사月精寺는 신라 선덕여왕 12년(643) 자장율사가 세운 사찰이다. '월정'이란 이름은 동대산 만월봉에 떠오른 보름달이 유난히 밝아서 붙여진 것이라 한다. 당나라 유학에서 돌아온 자장율사는 홀로 오대산을 찾아 초암草庵을 짓고 7일 동안 머물렀다. 그러나 날씨가 음산하여 당나라에서 한 노승으로부터 전해 받은 부처님 진신사리를 은밀히 모시고 하산하였다. 이것이 바로 월정사의 시작이다.

동관음암은 동대산 만월봉 팔부능선에 관음보살을 모신 암자이다. 오대산에 있는 사찰 대부분이 자장율사와 관련되지만 본격적인 출발은 그로부터 160년이 지난 성덕왕 때 보천寶川스님으로부터 시작되는데 동관음암도 마찬가지다. 그 후 역사에 알려진 바가 없고 신라 말 무염(801~888)선사가 머물 때 구정선사와 관련된 설화가 전해 오고 있다.

아주 옛날, 비단 행상으로 하루하루를 살아가는 청년이 있었다. 홀어머니를 모시고 사는 그는 효심이 아주 지극했다. 어느 날 비단 짐을 짊어지고 강원도 대관령 고개를 넘어가다가 고갯마루에서 잠시 쉬고 있던 그는 이상한 노스님을 한 분을 발견했다. 누더기를 입은 노스님은 길옆 풀섶에 서서 한참이 지나도록 꼼짝을 않는 것이었다. 청년은 궁금했다.

"왜 저렇게 서 있을까? 소변을 보는 것도 아니고 거참 이상한 노릇이네."

한참을 바라보던 청년은 궁금증을 견디지 못해 노스님 곁으로 다가갔다. "스님! 아까부터 여기서 무엇을 하고 계십니까?" 눈을 지그시 감고 서 있는 스님은 아무 말이 없었다. 청년은 다시 물었다. 여전히 눈을 감고 서 있는 노스님은 청년이 재차 묻자 얼굴에 자비로운 미소를 띠며 입을 열었다.

"잠시 중생들에게 공양을 시키고 있는 중이라네."

저렇게 꼼짝도 하지 않고 서 있기만 한데 중생에게 공양을 시키다니, 그 말이 무슨 뜻인지 알 수가 없어 다시 무슨 중생들이냐고 물었다. 청년은 궁금증이 더 커졌다.

"어떤 중생들에게 무슨 공양을 베푸십니까?"

"옷 속에 있는 이와 벼룩에게 피를 먹이고 있네."라고 말했다. 그가 무염선사였다. "그런데 왜 그렇게 꼼짝도 하지 않고 서 계십니까?"

"내가 움직이면 이나 벼룩이 피를 빨아 먹는 데 불편할 것이 아닌가."

스님의 말을 들은 청년은 큰 감동을 받았다. 청년은 비단장수를 그만두고 스님을 따라가 제자가 되고 싶은 생각이 들었다. 순간, 청년의 뇌리에는 집에 계신 홀어머니가 떠올랐다. 청년이 잠시 망설이는 동안에 노스님은 발길을 옮겼다. 생각에 잠겼던 청년은 눈앞에 스님이 안 보이자 비단 보퉁이를 팽개치고 어느새 산길을 오르고 있는 노스님의 뒤를 따르기 시작했다. 스님은 청년이 다가오는 것을 아는지 모르는지 뒤도 돌아보지 않고 걸었다. 이윽고 오대산 동대 관음암에 도착하자 스님은 청년을 돌아보며 말했다.

"그대는 어인 일로 날 따라왔는고?"

"저는 비단을 팔아 하루하루를 살아가는 비단장수입니다. 오늘 스님의 인자하신 용모와 자비행을 보고 문득 저도 수도하고 싶은 생각이 들어 이렇게 쫓아왔습니다. 부디 제자로 받아주십시오." 청년은 간곡히 청했다.

"네가 수도승이 되겠단 말이지. 그렇다면 시키는 대로 무슨 일이든지 다할 수 있겠느냐?"

"예, 스님! 무슨 일이든지 시키기만 하십시오. 이 몸 힘닿는 대로 다할 것입니다."

청년의 결심이 굳은 것을 확인한 노스님은 그의 출가를 허락했다. 그리하여 그때부터 매일같이 물 긷고 나무하고 밥하며 스님 시봉하면서 3년이 흘렀다. 그러나 법에 대해서는 일언반구의 가르침도 얻지 못했다. 법문한 구절 가르쳐 주지 않자 초조하고 답답해진 구정은 용기를 내서 무염선사에게 "무엇이 부처입니까?" 하고 물었다. 스승은 "즉심시불卽心是佛이니라." 한 마디하고 입을 닫았다. 그러나 구정은 일자무식이라 이를 잘못 알아들어 '짚신이 짚세기(부처)'라고 알아들었다.

짚신이란 짚을 꼬아 만든 신발이다. 부처를 물었는데 어째서 짚신이라고 대답했는가? 도저히 납득할 수 없었지만 구정은 무조건 스승의 말을 믿었다. 그러나 아무리 궁리해도 생각으로는 알 수가 없었다. '짚신이 부처라고?' 자신이 생각해도 이상했지만 스승을 지극히 존경하고 있었기에 그 말을 그대로 믿었다. 그러고는 자기 짚신을 머리에 이고 다니며 늘 생각했다. '어째서 스승님은 짚신이 부처라고 하셨을까?' '짚신아, 어째서 네가 부처냐? 짚신아, 어째서…' 구정은 짚신이 부처라는 화두를 가지고 참선을 행한 것이다. 시간이 나면 좌선대에서 참선을 하며, 짚신이 부처라는 화두로 생각에 빠졌다. 그도 모르는 사이 참선을 하고 있었다. 그렇게 3년이 지난 어느 날 나무를 한 짐 지고 험한 산길을 내려오다가 시간 가는 줄 모르고 그 질문만 반복하던 그는 짚신 끈이 뚝 끊어지는 순간 마침내 크게 깨달았다. 깨닫고 보니 짚신이 부처가 아니라 '즉심시불卽心是佛'이었던 것이었다. 너무나 기쁜 나머지 한걸음에 달려가 스승께 말씀드렸다.

'즉심시불'이라고 말하자 무염선사는 아무 말 없이 "오늘 중으로 부엌에 저 큰 가마솥을 옮겨 새로 걸도록 해라."라고 말했다. 청년은 흙을 파다 짚을 섞어 반죽한 후 솥을 새로 걸었다. 한낮이 기울어서야 일이 끝났다.

"스님, 솥 거는 일을 다 마쳤습니다."

"오냐, 알았다." 스님은 점검을 하시려는 듯 부엌으로 들어가셨다. 이리저리 살펴보신 스님은 "걸긴 잘 걸었다만 이 아궁이엔 이 솥이 너무 커서 별로 필요치 않을 것 같으니 저쪽 아궁이로 옮겨 걸도록 해라."라고 이르고는 나갔다.

구정은 영문을 알 수 없었지만 스승의 뜻을 어길 수 없었다. 다음 날 한마디 불평도 없이 스님이 시킨 대로 솥을 떼어 옆 아궁이에 다시 걸기 시작했다. 솥을 다 걸고 부뚜막을 곱게 맥질하고 있는데 노스님이 기척도 없이 불쑥 부엌에 나타나셨다.

"이놈아, 이걸 솥이라고 걸어 놓은 거야. 한쪽으로 틀어졌으니 다시 걸도록 하여라." 노스님은 짚고 있던 석장으로 솥을 밀어 내려 앉혀 버렸다. 구정이 보기엔 전혀 틀어진 곳이 없었지만 스님의 다시 하라는 분부를 받았으므로 불평 한마디 없이 새로 솥을 걸었다. 그렇게 솥을 옮겨 걸고 허물어 다시 걸기를 아홉 번 반복했다. 드디어 노스님은 솥을 아홉 번이나 걸고 나서야 구정의 구도심과 깨달음을 인가했다. 그리고는 솥을 아홉 번 고쳐 걸었다는 뜻에서 구정九鼎이란 법명을 내렸다. 그리고 자신은 무염선사라고 밝혔다고 한다. 무염선사는 통일신라 말 구산선문 중 하나인 성주산문(충남 보령시 성주사에서 개창한 산문)을 일으켰다. 동관음에서는 구정선사를 일명 '짚신 부처'라고 부르고 있다.

동관음암 뒷산인 만월봉 옆에는 구정선사가 나무하던 구정봉이 있다. 구정봉을 오르다 보면 솥을 걸기 위해 흙을 팠던 '흙구덩이 터'가 있고 조금 위에는 도를 깨쳤다는 '좌선대'가 있다. 무염선사는 제자가 득도한 것을 보고 그 자리에서 인정해주지 않은 것은 득도하여 기분이 들떠 있는 상황에서 자칫하면 정신이 나갈 수 있어 진정시키기 위해서 솥을 걸으라고 한 것이고, 또한 다시 한 번 인내를 시험하고 역량을 검증하고자 했던 것이다. '인욕보살'로 불리는 구정선사의 수행정신은 오늘날 출가 수행자들의 귀감이 되고 있다.

구정선사의 설화가 주는 메시지는 '불법에 대한 굳은 믿음'과 '깨달음에 대한 간절한 발심', 그리고 인욕바라밀의 실천이다. 만일 스승이 제자를 딱하게 여겨 '부처는 이런 것이다.' 하며 온정을 베풀었다면 구정선사는 큰 깨달음을 얻지 못했을 것이다. 그리고 아홉 번이나 솥을 옮겨 걸게 한 스승의 참뜻은 '나'라고 하는 집착에서 벗어나도록 하는 방편이었다. 세상살이에서 갈등의 주된 원인은 모두 나, 나의 것, 나의 생각에 집착하여 이기심을 일으키는 것이다. 그래서 구정선사의 설화는 '나'라는 집착을 내려놓고 하심과 인욕심으로 소통하고 갈등을 극복하며 지혜로운 삶을 살아가게 하는 치유의 설화로 다가온다.

● 안성 칠장사: 어사 박문수와 나한전

설화 속 인물은 과거의 인물이지만 또한 현재 인물과 같다. 설화는 다름 아닌 인간의 이야기이기 때문이다. 따라서 설화문학은 과거의 이야기가 아닌, 현재와 미래에 '사람답게 사는 길과 그 길에 대한 방향'을 제시하는 것이라 할 수 있다. 우리가 '암행어사' 하면 떠오르는 인물이 박문수다. 그렇다면 실존 인물 박문수와 만화로, 드라마로, 소설로 알고 있는 암행어사 박문수는 과연 일치하는 삶을 살았을까? 암행어사 박문수라는 설화 속 인물은 단순히 백성의 실태를 파악하는 직무 수행 업적보다는, 서민의 애환을 진심으로 걱정하고 이를 해결해주기 위해 노력했다는 점에서 그 이야기가 오늘날까지 회자되고 있다.

조선시대 때 암행어사로 유명했던 박문수는 태어날 때부터 불교와 인연이 있었다. 부친인 박문수의 아버지는 늦게까지 자식이 없자 아들을 낳겠다는 일념으로 100일 기도를 발원했다. 때마침 어떤 스님이 찾아와 말하기를 기도는 절에서 하지 말고 집에서 문수보살을 생각하며 하라고 했다. 그래서 99일 동안을 날마다 하인을 시장에 내보내 스님 한 분씩을 모셔오게 해서 공양을 올리며 기도를 했다. 100일째 되는 날은 정성스럽게 공양을 준비했는데 스님을 모시러 간 하인이 혼자 돌아왔다.

"어째서 스님을 안 모시고 너만 왔느냐?"

"스님이 한 분도 안 보입니다."

"스님이 안 계시다는 게 말이 되는 소리냐? 좀 더 찾아볼 일이지."

"한 분이 계시긴 했는데 좀 거북했습니다."

이유를 물으니 그 스님이 문둥병 환자였다는 것이다. "병이 너무 깊어 몸 전체에서 고름이 뚝뚝 떨어지고, 턱이 거의 없다시피 해서 침이 줄줄 흐르는 스님이었습니다." 그러자 박 어사의 아버지는 단호하게 말했다. "스님을 모셔오라고 했지 누가 문둥이를 보라고 했느냐?" 결국 하인은 스님을 모셔왔고 정성껏 공양을 올렸다. 스님은 아무 말 없이 공양을 받아 먹었다. 박 어사 부부는 "이렇게 저희들이 마련한 공양을 받아 주셔서 감사합니다."라며 인사를 올렸다. 문둥병을 앓고 있던 스님은 고름을 뚝뚝 흘리며 밖으로 나갔다. 대문을 넘어서자 스님의 고름은 연꽃으로 변하여 문수보살의 모습을 띄며 하늘로 올라갔다. 박 어사 부부는 곧 새 생명을 잉태하게 되었고, 이름을 '박문수'로 지었다.

과거 때가 되자 박문수는 짐을 꾸려 한양으로 향했다. 이곳저곳에서 숙식을 하던 중 하루는 안성 칠장사에 하룻밤을 머물게 됐다. 이미 칠장사 나한전은 과거를 준비하는 선비들이 기도를 많이 해 급제했다는 영험이 전해지던 유명 기도처였다. 박문수는 조심스럽게 어머니가 만들어 준 조청유과를 나한전에 올리며 간절한 기도를 올렸다. "이번 과거시험에 출사할 수 있도록 도와주소서!"

　　기도를 마친 박문수는 잠자리에 들었다. "나는 칠장사의 나한인데 당신의 기도를 들어주기 위해 왔소" 깜짝 놀란 박문수는 그저 고개를 조아릴 뿐이었다. "어떻게 저의 소원을 들어주시려는지요?" "며칠 후 그대가 한양에 도착해 과거시험을 볼 때 시제가 있을 것이오. 그 시제를 보여줄 터이니 잘 기억하시오." 나한은 하얀 종이와 붓을 꺼내 시제를 명문장 7행으로 써 내려 갔다. 그리고는 마지막 행은 네 스스로 완성하라고 말하고 사라졌다. 깜짝 놀란 박문수는 잠에서 깨어났다. 꿈에서 본 시제가 또렷이 뇌리에 남아 있었다.

　　그리고 며칠 후 박문수는 한양에 도착했다. 드디어 과거 날, 시험이 치러지는 성균관 과장科場에서 시작을 알리는 북 소리와 함께 시제가 내걸렸다. 시제 내용을 확인한 박문수는 깜짝 놀라지 않을 수 없었다. "아니, 이럴 수가? 며칠 전 칠장사 나한님이 꿈속에 일러준 시제가 그대로 나온 것이 아닌가?" 나한이 일러준 대로 일곱 문장을 적어 내려갔으나, 나머지 한 문장이 남았다. 고심 끝에 마지막 문장을 지어 제출한 박문수는, 결국 병과 진사과에서 영예의 장원 급제를 하게 되었다. 그것이 그 유명한 칠장사 '몽중등과시夢中登科詩'이다.

　　지는 해는 푸른 산에 걸려 붉은 빛을 토하고(落照吐紅掛碧山)
　　찬 하늘에 까마귀는 흰 구름 사이로 사라지네(寒鴉尺盡白雲間)

나루터를 묻는 길손은 말 채찍이 급하고(問津行客鞭應急)
절로 돌아가는 스님도 지팡이가 바쁘구나(尋寺歸僧杖不閒)
초원에서 풀 뜯는 소는 그림자 길게 드리우고(放牧園中牛帶影)
망부대 위엔 아내의 쪽 그림자가 나지막하네(望夫臺上妾低鬟)
개울 남쪽 길 고목은 푸른 연기가 서려 있고(蒼煙古木溪南里)
더벅머리 초동은 풀피리를 불며 돌아오누나(短髮樵童弄苗還)

　이미 25세, 28세에 과거에 응시했으나 낙방을 한 박문수의 나이 32
세 때였다. 물론 '몽중등과시'는 팩트라기보다 민간설화에 가깝다. 극심한
기근과 탐관오리의 횡포로부터 자신들을 구제해 줄 목민관을 찾던 민초들
의 열망이, 암행어사 박문수에 관한 숱한 설화들을 만들어냈을 수도 있다.
당당히 장원급제한 박문수가, 이 설화 때문에 요행수의 덕을 본 것으로
오해받을 수도 있지만 '진인사대천명盡人事待天命'의 자세와 두 차례의 실패
를 딛고 일어난 불굴의 정신을 간과할 수 없다. 혹여 꿈에서 시험문제를
미리 보았다 할지라도, 박문수는 급제할 만한 충분한 자격을 갖추었던 것
으로 진단된다. 왜냐하면 나한이 일곱 행을 알려주었다고는 하나, 박문수
가 장원을 차지할 수 있었던 것은 스스로 적어낸 마지막 행 때문이었다고
전해지기 때문이다. 해 저무는 들녘 풍경을 묘사한 시의 마지막 대목에서
'나무하는 더벅머리 초동이 풀피리를 불며 돌아간다.'며 시구를 매듭짓고
있는데, 피리 적笛이 아닌 풀피리 적䈁을 씀으로써 시골의 운치를 살리는
동시에 시의 품격을 한층 높여 묘사하고 있다. 이 점이 장원을 하게 했다
는 말이 있을 정도로 마지막 문장은 압권으로 평가받고 있다. 두 차례 낙
방을 딛고 절치부심하며 시문을 갈고 닦았기에 자신의 명문장으로 당당히
장원을 차지할 수 있었던 것이다.
　돌아오는 길에도 박문수는 칠장사에 들러 유과공양을 올렸다고 한다.

이후 박문수는 암행어사를 시작으로 병조정랑, 경상도 관찰사, 병조판서, 어영대장, 호조판서, 우참찬 등의 요직을 두루 거치며 목민관으로서의 명성을 날렸다. 300여 년이 지난 지금도 유과공양을 올린 박문수의 설화로 안성의 칠장사 나한전은 입시를 앞둔 수험생 부모들로 북적인다. 또한 2009년부터 매년 가을 칠장사 앞마당에서는 '어사 박문수 전국 백일장'과 '희망 나눔 산사음악회'가 열려 지역 주민들과의 소통과 화합의 장이 되고 있다.

제4장

관음설화와 마음치유

● 관세음보살의 묘지력과 관음설화 유형

1. 관세음보살의 의미와 묘지력

관세음보살은 불교의 보살 가운데 가장 자비로운 보살 중 한 분으로, 석가모니 부처님 열반 이후 미륵불이 출현할 때까지 중생들의 괴로움과 어려움을 극복해주는 대자대비의 보살이다. 관음觀音은 관세음보살의 줄인 말로, 고대 인도의 아리아 민족이 사용하여 후세에 전한 범어 아바로키데스바라Avalokitesvara가 원래 명칭이다. 구역(구마라집 이전)에는 관세음, 관음이 있고, 신역(구마라집-현장 이전)에는 관자재가 있으며, 이 외에 관세자재, 관세음자재, 광세음, 현음성 등이 있다. 이 중에서 '보살피는 음'이라는 의미를 가지고 있는 '관음'과 '보살피는 자재'라는 의미를 지닌 '관자재'가 가장 정확한 의미를 담아내는 번역이라 할 수 있다.

관음의 어의에 관해서는 觀其音聲說이 일반적이다. 즉 「보문품」의 문자 의미에 근거를 두고 "만약 무량 백 천 만 억의 중생이 있어 여러 가지 고뇌를 가지고 이 관세음보살 이름을 듣고 한마음으로 그 이름을 부른다면 관세음보살은 즉시 그 음성을 듣고 모두 해탈하도록 도와준다."라는 내용에 있는 "그 소리를 관하여"라는 구절의 觀其音聲에 기초한 것이라 할 수 있다. 다시 말해, 괴로움으로 고민하고 있는 중생이 관세음보살의 음성을 듣고 그 이름을 부른다면, 이 보살은 자신의 이름을 부르는 소리를 듣고 중생들의 고뇌를 해탈시켜 주기 때문에 '관세음'이라고 한다. 인간의 괴로움과 고뇌하는 세간의 목소리에 응해 구제하는 보살이기 때문에 관세음이 아니면 안 되는 것으로 세간 중생의 음성을 주체로 하여 이것을 살펴보는 객관적 실재가 세상의 소리를 살피는 '관세음보살'이라는 것이다.

관세음은 理로서 법신이며 진리임과 동시에 법의 구현자로서 응신이며 형이상적 실재자이다. 또한 관기음성의 당체로서 중생 앞에 항상 시현示現하는 절대적 자존신이다. 관음보살은 현실적인 존재일 뿐만 아니라 타방인 극락세계에서도 중요한 존재임을 보여 무애 자재하는 원통교주圓通教主이다. 따라서 관음신앙은 현세에 이로움을 주는 성격을 띠기 때문에 현실고의 해탈과 보다 나은 삶에 대한 희원기구希願祈求의 특징이 강조되어 드러난다.

관음신앙은 특정 계층에만 한정된 신앙이 아니라 귀족이나 상민층 등 계층을 초월하여 저마다 지닌 현실의 고통을 해결해 줌으로써 평화로운 사회구현을 위한 매개 역할을 하였다. 관음보살을 설하고 있는 여러 경전을 중심으로 관음을 크게 두 가지 측면으로 나누어 생각할 수 있다. 하나는 구고이생救苦利生의 현세적인 대비보살이며 또 다른 하나는 극락세

계에서 아미타불을 모시고 불국장엄과 군생교화群生敎化를 돕는 서방정토의
보살이다.

사바세계에 살다 보면 모든 것을 놓고 싶을 정도로 힘들거나 쉬고
싶을 때가 있다. 그럴 경우 어머니를 부르듯 '관세음보살'을 불러 보면 관
세음보살은 분명 그 소리를 듣고 헤아려 나투시어 우리의 고통을 덜어주
신다. 그래서 관세음보살의 묘지력은 능히 세간의 고통을 구하시니, 신통
력을 다 갖추고 널리 지혜 방편을 닦으며 시방 모든 국토에 그 모습 나투
지 않는 곳이 없다. 그러니 단순히 입을 통해 쏟아지는 한낱 울림의 관세
음보살이 아니라 간절한 마음이 담기고 돈독한 믿음에서 우러나는 '관세
음보살'이라면 분명 어떤 형태로든 구원을 해주신다. 그래서 관음보살은
미래의 험로에서 든든한 보호자요, 그 위신력은 중생을 위한 절대적인 귀
의의 큰 품이다. '두렵고 두려운 가운데 두려움을 없애 주시는 분'이니 경
전의 말씀 그대로 '시무외자施無畏者'이다.

눈이 마음의 창이라면, 손은 마음의 실천이다. 우리의 행동 대부분은
손을 통해 이루어진다. '손을 내민다.', '손을 잡는다.'는 것은 서로의 일
을 덜고 힘겨움을 함께 나눈다는 뜻이다. 누구에겐가 손을 내미는 것은
대상을 마음에 담는 행동이기에 손은 마음과 몸이 하나 되는 실천행의 상
징이다. 어릴 적에 '내 손이 약손'이라며 어머니, 할머니께서 아픈 곳을
어루만져주면 신기하게도 편안해지고 아픔이 줄어들었던 경험들이 있다.
그것은 아마도 나를 사랑해주는 이가 내 아픔을 함께한다는 심리적 위안
이 아픈 부위에 집중되어 있는 마음을 이완시키기 때문일 것이다.

이렇듯 아픔을 함께하고 치유해주는 궁극의 손을 우리는 천수관음보
살千手觀音菩薩에서 만나게 된다. 천 개의 손을 지닌 관음보살은 중생을 향
한 대자대비한 힘이 그만큼 한량없이 크고 많음을 나타낸다. 그런데 천수
관음보살의 도상을 자세히 보면 하나하나의 손바닥마다 눈이 있다는 사실

에 놀라게 된다. 결국 천수천안千手千眼의 보살인 것이다. 천수천안보살은 천 개의 눈으로 모든 중생의 괴로움을 낱낱이 살피고, 천 개의 손으로 모든 중생에게 두루 자비를 베푼다는 염원을 상징하는 존재이다. 천千은 광대무변廣大無邊의 뜻이며, 수없이 많은 중생의 고통 소리를 보아야 하므로 그렇게 많은 눈이 필요하고, 수많은 중생에게 손을 내밀어 구제해야 하므로 그렇게 많은 손이 필요하다는 것을 상징한다. 중생의 고통이 '눈이 먼 괴로움'이기에, 고통의 치유가 관음보살이 지닌 천 개의 손과 눈과 직접 연결됨으로써 천수천안보살의 상징성이 부각되고 있다.

천수천안보살의 눈이 자비의 마음慈悲心이라면 관음보살의 손은 자비의 실천慈悲行이듯이, 마음을 행동으로 실천하는 '눈과 손의 등식관계'에 우리 삶의 질이 가늠된다. 눈이 달린 손은 맹목盲目이 아니다. 생각이 있는 손, 마음이 있는 손이다. 손에 어떠한 마음을 담을 것인지 생각하며 살아간다면 이는 곧 보살의 삶일 것이다. 천 개의 손에 천 개의 눈을 그려 넣은 것이 중생을 위한 부처의 마음이라면, 내 손에 어떠한 눈을 그려 어떠한 마음을 담을지 성찰하는 삶이 부처를 향한 중생의 마음일 것이다.

2. 관음설화의 유형

관음보살이 상주하는 근본도량은 어느 나라를 막론하고 바닷가에 위치하고 있다고 한다. 인도에서는 남쪽 해안의 보타낙가산이 관세음보살의 상주처이며, 중국은 주산열도舟山列島 경치 좋은 섬, 보타도의 조음동潮音洞이 관음성지이다. 심지어 바다가 없는 티벳에서는 키추Kichu 강을 바다로 가정하고 강 유역에 있는 라사Lhasa를 보타낙가로 정하고 있다고 한다. 삼면이 바다인 우리나라도 예외는 아니다. 우리의 대표적인 관음도량 역시 대부분 바닷가에 위치하고 있고, 저마다 기도도량에 얽힌 다양한 설화와 영험설화들을 간직하고 있다. 동해의 낙산사 홍련암, 서해 강화 보문사, 남해 보리암, 여수 향일암 등이 모두 바다에 면해 있고, 그래서 관음신앙을 대표하는 대표적인 사찰로 손꼽힌다.

관음설화는 불교문학의 꽃으로서 중요한 가치와 문학사적 위상을 가지고 있다. 관음설화의 장점은 관음신앙의 현실적이며 실천적인 면을 적극적으로 반영하면서도 어려운 교리를 내세우지 않으며, 그 대신 수순중생隨順衆生하는 자세를 보여주는 데 있다. 따라서 관음설화는 중생들에게 현세의 이익과 고난해결을 가져다주는 자비보살인 관음을 독실하게 믿고 의지한 내용이 대부분이다. 관음설화는 설화에 드러난 관음의 기능에 따라 (1) 고난구제형 (2) 치병구고형 (3) 성불유도형 (4) 불사보조형 등으로 나누어 볼 수 있다.

(1) 고난구제형 설화

고난구제형 설화들은 관음에게 빌기만 하면 각 개인의 소원이 성취될 수 있다는 믿음에 근거한 내용들로 구성되어 있다. 즉 고통에 처한 사람이 일심으로 관음을 부르면 관음이 그 소리를 듣고 부름에 응하여 고난으로부터 구제하여 준다는 내용이다. 고난구제형 설화는 결핍된 요소나 고난의 부정적 요인들이 관음에 의해 소거되어 긍정적, 행복한 결말로 끝나는 낙관적 전망을 제시하고 있는 특징을 갖는다. 기능적 차원에서 각 개인이 처한 문제 상황을 관음의 대자대비한 위덕으로 일시에 해결하여 줌으로써 수용자에게는 불심을 고취시키는 효과를 가져오게 한다. 발단―고난―발원―관음의 호응―고난 극복이라는 기본 구조를 갖는다.

(2) 치병구고의 설화

　치병구고의 설화는 관음이 질병을 치유하여 인간에게 새로운 삶의 의미를 부여하는 적극적인 기능을 실천하는 내용으로 되어 있다. 앞이 보이지 않는 이에게 눈을 뜨게 하여 주는 매우 사실적인 내용의 이야기와 모든 병의 근원이 마음에 있음을 깨닫도록 일러주는 상징적인 내용의 것이 그 경우이다. 인간의 눈은 세계를 보는 창이므로 시력의 상실은 세계의 존재 의미 상실이다. 세계와 단절된 나를 화해하게 만들며 세상을 바라보는 물리적인 눈뿐만 아니라 정신적인 눈을 구비하게 해주는 것이 관음의 위신력이다. 가령, 『삼국유사』의 '경흥우성'의 이야기를 들 수 있다.

　경흥이 국사가 되어 지위 높은 사람만 상대하다 보니 자기도 모르는 사이에 마음에 근심이 쌓여 웃음을 잃게 되었고 고답적인 자세가 되어 버린 것이다. 경흥이 병이 들어 한 달쯤 되었을 때, 한 비구니가 와서 문안하고 우스운 춤을 추었다. 치병을 위해 비구니는 여러 가지 우스꽝스러운 모습을 만들어 춤을 춘 것이다. 다만 마음의 병이 근심으로 인해 깊어진 것을 알았기 때문에 한바탕 크게 웃을 수 있는 기회를 제공한 것뿐이었다. 경흥의 병이 까다로운 격식과 위엄을 부리고자 하는 귀족적 불교에 집착한 것이었다면 관음의 화현 비구니는 자기를 낮추고 중생을 제도하는 민중불교 입장에서 자비를 베푸는 승려가 되도록 경흥에게 보여주고 있다. 이처럼 자신의 허물을 깨닫도록 유도하여 진정한 깨달음에 도달하는 방편을 제시하는 것이 관음이다. 다시 말해, 관음보살의 예지는 근본적으로 인간 존재의 본질을 통찰하는 능력을 가졌으며 속박으로부터 자유로운 길을 향하는 길을 가르쳐 줄 따름이다.

(3) 성불유도형 설화

성불유도형 설화는 도를 추구해가는 사람들에 얽힌 수행담이 주축을 이룬다. 불도에 정진하는 수행자가 관음의 화신으로 등장한 여인에 의해 크게 깨닫게 된다는 내용이다. 노힐부득과 달달박박이 낭자의 도움에 힘입어 현신 성불하는 이야기, 그리고 미륵과 미타가 함께 나타나는 것은 신라 관음신앙의 특징이라 할 수 있다. 『열반경』에서도 언급하고 있듯이 불성은 누구에게나 있다. 때문에 불성은 신분의 귀천에 관계없이 누구나 무명을 밝히고자 꾸준히 노력한다면 그 참뜻을 이룰 수 있음을 강조한다. 가령, 세규사 스님 조신이 귀족의 딸을 사모하여 낙산사 대비전에 인연을 맺어 주도록 기도를 했다. 세속과 거리를 두어야 할 스님의 소망을 관음불은 무시하지 않는다. 오히려 관음불은 그의 간절한 소망을 꿈속에서나마 성취시켜 주고 욕망의 헛됨과 삶의 고통을 깨닫게 한다. 관음은 원하는 것이 정당하지 않을 때는 그것을 전면적으로 부정하기보다는 발원자 스스로가 자신의 어리석음을 깨달을 기회를 제공하여 준다. 그로 인해 자각하고 커다란 깨우침의 길에 들어서게 되는 것이다. 이는 곧 성불유도형 설화로 나타난다.

(4) 불사보조 관음설화

불사보조 관음설화는 관음의 화신이 나타나 사찰을 지을 수 있도록 조력한다는 내용을 담고 있다. 관음은 설화 속 인물의 불교수행 경지의 차원을 시험하거나 깨닫지 못한 상황을 깨닫도록 이끌어준다. 불교의 최고 경지인 깨달음에 이르도록 도와준다는 점에서 관음의 자리이타의 또다른 실천유형이라 할 수 있다. 노부인이나 빨래를 하는 여인, 벼를 베는 여인 등 다양한 모습으로 나타나 수행자를 시험한다(낙산 이대성, 즉 원효와 의상에 관련된 설화). 이는 세간에서 중생과 함께하는 관음을 보여주고 이것을 통하여 깨우침에 들도록 한다. 그리하여 변화관음이 관음의 진신이라는 실체를 깨닫고 진리에 대해 깨달은 자에 한하여 불사를 이룰 수 있도록 조력한다. '월정사 신효거사 불사이야기'는 진정한 효심, 그로 인한 깨달음, 관음화신의 도움을 받아 도량을 세우고 진리의 각성에 이른 내용이다.

● 관음도량 관련 설화와 깨침의 미학

1. 낙산사 홍련암

낙산이란 관음보살이 살고 있다는 보타라카의 음역으로, 낙가산, 낙가 등도 같은 뜻의 단어들이다. 우리나라 3대 관음도량 중 하나인 낙산사 홍련암은 해변에 자리 잡은 특이한 구조를 갖춘 절이다. 홍련암은 671년 (신라 문무왕 11년), 신라 화엄종의 초조인 의상대사가 관세음보살을 친견한 곳인 관음굴 위에 지은 암자이다. 의상대사는 당나라에 들어가 종남산 지상사 지엄화상으로부터 화엄학을 수학하고 귀국하여 수정염주와 여의주를 얻었다는 바로 이곳 관음굴 위에 홍련암을 지었다. 암자의 법당 나무 마루 중앙에 나 있는 작은 구멍으로 출렁이는 바다를 볼 수 있도록 만들어 놓은 점이 특이하다. 일연스님이 지은 『삼국유사』에 따르면 의상 스님이 이곳에서 밤낮없이 7일 동안 기도를 하자 바다 위에서 한 떨기 붉은 연꽃이 솟아났고, 꽃 속에서 관세음보살이 현신하였기에 암자 이름을 홍련암이라 하였다.

(1) 원효와 관음보살

원효스님이 관음보살을 만나는 설화는 낙산이 관음성지임을 증명한다. 원효스님이 관세음보살을 친견하기 위해 낙산사를 찾았다. 낙산사의 남쪽 교외에 이르렀을 때 흰옷을 입은 여인이 벼를 베고 있었다. 원효가 희롱 삼아 그 벼를 달라고 하였더니, 여인은 벼가 아직 열매를 맺지 않았다며 희롱 섞어 대답했다. 원효가 다시 길을 가다가 다리 밑에 이르렀을 때 한 여인이 월수백月水帛을 빨고 있었다. 스님은 장난기가 발동하여 여인에게 말을 걸었다.

"이보오, 물을 좀 주시오"

그러자 여인이 그것을 빨던 물을 떠서 주었다. 하지만 스님은 더러운 그 물을 마실 수 없었다. 원효는 그 물을 쏟아버리고 손수 깨끗한 물을 떠서 마셨다. 그때 들판에 있던 소나무 위에서 한 마리 파랑새가, "훌륭한 화상이시여. 제호(궁극적으로 佛性)와 같은 물맛을 마다한 사람!"이라고 말을 하고는 홀연히 사라져 버리는 것이었다. 스님이 놀라 다가가 보니 그곳에는 짚신 한 짝이 놓여 있을 뿐이었다. 이윽고 낙산사에 도착하여 관음상이 안치된 절벽 밑에서 또 그 나머지 짚신을 보게 되었는데, 그제야 비로소 스님은 개천에서 만났던 여인이 낙산의 관음보살의 응신임을 깨달았다는 이야기다. 이 때문에 당시의 사람들은 그 소나무를 관음송觀音松이라고 불렀다. 원효는 관음성굴에 들어가 그 진용眞容을 보려했지만 파도가 크게 일어 들어가지 못하고 떠났다고 한다.

(2) 의상과 관음보살

당나라에서 귀국한 의상대사는 곧바로 낙산의 해변을 찾는다. 관세음보살의 진신이 해변의 굴 안에 상주한다는 말을 들었기 때문이었다. 의상대사가 붉은 연꽃 위에 나타난 관음보살을 친견하고 대나무가 솟은 자리에 홍련암을 지었다는 설화가 전해 내려오고 있다.

신라 문무왕 12년 동해에 간 의상스님이 입산을 하는 도중에 돌다리 위에서 색깔이 파란 이상한 새를 보고 이를 쫓아갔다. 그러자 새는 석굴 속으로 들어가 자취를 감추고 보이지 않았다. 의상스님은 이를 더욱 이상하게 여기고 석굴 앞바다 가운데 있는 바위 위에 정좌하여 지성으로 기도를 드렸다. 굴속에서 공중을 향해 예배하자 천룡야차, 건달바 등 8부 신중이 수정염주 한 꾸러미를 건네주어 받아 가지고 물러 나왔다. 동해의 용으로부터 여의주 한 알을 받았지만 관세음보살의 진신은 끝내 나타나지 않았다. 다시 7일 동안 지극한 마음으로 염불정진하자 마침내 깊은 바다에서 붉은 연꽃紅蓮이 솟아나고, 그 꽃 속에서 관세음보살이 현신하여 말했다.

"좌상座上의 꼭대기에 한 쌍의 대가 솟아날 것이다. 그 땅에 불전을 짓는 것이 마땅하리라."

스님이 그 말을 듣고 나오니 과연 대가 땅에서 솟아 나왔다. 스님은 대가 솟은 곳에 낙산사를 짓고 관음상을 만들어 모시고 수정염주와 여의주를 봉안했다고 한다.

낙산사를 가로질러 바다 쪽으로 천천히 걷다 보면 동해를 조망하는 의상대가 보이고, 이어 홍련암에 이른다. 법당 바닥에 있는 비밀 구멍으로 더 자세히 보면 암자는 15미터쯤 되는 두 개의 거대한 바위 위에 누각처럼 얹어져 있고, 두 바위기둥 사이로는 바닷물이 용의 비늘 같은 파도를 곤추세운 채 들락거리고 있다. 법당 마루에 구멍을 뚫은 것은 구멍 밑 동굴에 상주한다는 관음보살을 친견하기 위해서라고 한다. 또한 의상대사에게 여의주를 바쳤다는 동해에 살고 있는 용이 불법을 들을 수 있도록 배려하기 위해 구멍을 뚫었다는 설도 있다. 이는 海潮音파도 소리을 관觀함으로 깨달음을 얻는 이근원통耳根圓通 수행을 위한 장치라 할 수 있다. 즉 수행을 돕기 위한 장치다. 법당의 작은 구멍 하나조차도 염불삼매에 들기 위한 도구며 환경인 셈이다.

(3) 범일국사와 낙산사 정취보살

범일국사(810~889)는 통일신라 말 고려 초에 성립된 구산선문의 하나인 사굴산문闍崛山門의 개창주이다. 국사는 831년(흥덕왕 9년)에 당나라로 유학하여 마조도일의 문하인 염관제안에게 가르침을 받았다. 국사는 847년에 신라로 귀국해 신라에 처음으로 '교외별전'의 선을 전했다. 백달산에 머물다가 명주(현 강릉)도독의 청으로 851년부터 강릉 굴산사에 머물며 40여 년간 후학을 양성하였고 굴산사를 비롯해 강릉 신복사, 동해 삼화사 등 강원도 영동 일대의 사찰을 창건하였다. 국사는 굴산조사라는 명칭 외에 도불산에 주석하면서 후학들을 제접하였기에 그의 문하를 일컬어 '도불산문'이라고도 했다. 범일국사의 탄생설화를 살펴보면 다음과 같다.

통일신라시대에 학산 마을에 살았던 한 처녀가 하루는 석천이란 우물에 물을 길러 갔다. 목이 말라 바가지로 물을 떴더니 그 속에 해가 떠 있었다. 해가 뜬 물을 버리고 다시 물을 뜨자 또다시 그 속에 해가 있었다. 할 수 없이 그 물을 마셨더니 그때부터 태기가 있어서 13개월 만에 낳은 아이가 바로 범일국사였다.

양갓집 처녀가 아이를 낳았으니 마을 전체가 시끄러울 수밖에 없었고, 이를 견디지 못한 범일국사의 어머니는 아이를 보자기에 싸서 뒷산의 학바위에 버렸다. 그러나 모정을 이기지 못하여 며칠 뒤 그 바위에 찾아가 보니 짐승에게 물려갔거나 변고를 당했을 거라고 생각했던 아이가 짐승이 주는 젖을 먹으며 살아 있었다. 이를 본 어머니는 아이를 버리지 말라는 하늘의 계시로 받아들이고 다시 데려다 길렀는데, 여덟 살에 이미 글을 읽을 정도로 총명하였으며, 15세가 되어 출가하여 승려가 되었다.

범일국사는 21세 되던 홍덕왕 6년(831) 2월에 왕자 김의종과 함께 당으로 구법을 떠났다. 선지식을 찾아 중국 전역을 다니던 스님은 제안스님을 만나 6년간 함께 머물렀다. '성불하는 법'을 물은 스님에게 제안스님은 "도는 닦는 것이 아니라 더럽히지 않는 것이며, 부처나 보살에 대한 소견을 내지 않는 평상의 마음이 곧 도"라고 답을 했다. 범일스님은 제안스님의 이 말을 듣고 크게 깨달았으며, 이후 유엄스님을 찾아가 선문답을 나눈 후 인가를 받았다고 한다.

중국의 무종이 즉위 4년에 일으킨 회창법난會昌法難 때 탄압을 피해 상산商山에 은거했던 범일국사는 6조 혜능스님의 탑을 참배하고 문성왕 9년(847)에 귀국하였다. 이후 4년간 백달산에 머물며 정진하던 스님은 명주도독의 청으로 굴산사로 옮겨 40여 년간 머물며 경문왕, 헌강왕, 정강왕으로부터 국사가 되어달라는 요청도 사양한 채 평생 후학을 양성하는 데 전념하였다.

범일스님은 당나라 유학 중 왼쪽 귀가 떨어져 나간 한 스님을 만나 크게 깨달은 바가 있다. 굴산사는 그 스님이 고향에 지어달라는 청으로 지은 사찰이라고 한다. 범일스님은 그 스님이 일러준 대로 고향 학산에 돌아와 굴산사를 창건하고 강릉지역에 크게 선풍을 일으켰다. 이에 관련 설화는 이러하다.

당나라 명주의 개국사 낙성법회에는 중국은 물론 신라의 많은 고승 대덕들이 참석했다. 이날 법회가 끝날 무렵 맨 말석에 앉아 있던 한 스님이 범일스님 곁으로 다가왔다.

"대사님께선 혹시 해동에서 오시지 않으셨는지요?"

"예, 신라 땅에서 왔습니다."

"그럼 부탁 말씀을 드려도 되는지요?"

"무슨 말씀이신지요?"

"소승은 신라와 접경지대인 명주 익령현 덕기방에서 살고 있습니다. 부탁이란 스님께서 귀국하시면 저를 꼭 좀 찾아 주십사 하는 말씀입니다."

"그렇게 하시지요. 그게 뭐 그리 대단한 부탁이라고…"

"감사합니다. 그곳에 오시면 좋은 불연이 있어 말세 중생의 복전이 되실 것입니다."

"그렇다면 꼭 들르겠습니다."

범일스님은 그 스님이 비록 왼쪽 귀가 없을망정 자비스런 보살의 모습인 데다 이국땅에서 고향 스님을 만나니 한층 더 기뻤다. '귀국하면 꼭 찾아가 봐야지.' 하고 범일스님은 재회를 굳게 다짐했다. 스님은 중국의 여러 조사와 스승을 찾아 공부하다가 제안선사에게서 법을 얻고 회장 7년(847) 신라로 돌아왔다. 그러나 귀국 후 굴산사를 창건하고 중생교화에 여념이 없었던 범일스님은 당나라에서 만난 왼쪽 귀가 없는 스님과의 약속을 까맣게 잊고 있었다. 그렇게 10여 년이 지난 후 858년 2월 보름날 밤이었다. 범일스님은 이상한 꿈을 꾸었다. 중국에서 만난 왼쪽 귀가 없는 스님이 창문 앞에 와서 말하는 것이었다.

"스님, 저를 잊으셨습니까?"

"아, 중국에서 만난 스님이시군요. 찾아뵙지 못해 정말 죄송하옵니다."

"절을 창건하시고 중생을 제도하시느라 지난날 중국 개국사에서 다짐한 소승과의 약속을 잊으신 것 같아 이렇게 다시 찾아왔습니다. 덕기방에서 꼭 뵈올 수 있는 인연을 지어 주십시오."

"스님, 죄송하옵니다. 불사에 쫓기다 보니 그만…"

"불사도 중요하겠지만 승려와 승려의 약속이 어떤 인과인지 스님께서 더 잘 알고 계시리라 믿습니다."

"죄송할 뿐입니다. 빠른 시일 내에 찾아뵙도록 하지요."

"그럼 조속한 시일 내에 뵙길 바라면서 소승 이만 물러가옵니다."

범일스님은 꿈을 깨고도 마치 현실인 양 어리둥절했다. 그리고는 약속을 지키지 못한 자신의 허물을 참회하면서 그날로 시자와 함께 덕기방으로 향했다. 일행이 낙산 밑 어느 마을에 이르러 마을 사람들에게 덕기방의 위치를 묻기 위해 잠시 쉬고 있을 때였다. 한 여인이 일행 앞을 지나가니 그들은 여인에게 물었다.

"부인, 말 좀 물읍시다."

지나던 여인은 걸음을 멈추고 합장한 채 공손히 스님들 앞에 섰다.

"여기서 덕기방으로 가려면 어디로 가야 합니까?"

"덕기방이라는 마을은 없는데요. 그런데 참 이상한 마을 이름도 다 있네요?"

"이상하다니요?"

"우리 딸아이의 이름이 덕기인데 스님들이 찾고 계신 마을 이름과 꼭 같으니 말입니다." 범일스님은 참으로 기이한 일도 있구나 싶어 여인에게 이 고장의 지리, 풍속, 생활 환경과 이름이 같다는 딸아이에 대해 자세히 물었다.

"저의 딸은 올해 여덟 살이옵니다. 그 애는 이상하게도 동네 아이들과는 전혀 어울려 놀지를 않고 항상 남촌에 있는 시냇가에서 혼자 놀다 돌아오곤 해요. 시냇가에서 무얼 하고 놀았느냐고 물으면 늘 이상한 이야기만 늘어놓아요."

"이상한 얘기라니요?"

"예, 참으로 이상한 일이지요. 혼자 시냇가에 가서 무슨 재미로 뭘 하고 노느냐고 물으면 금색동자하고 논다고 대답해요. 그 금색동자는 몸이 황금으로 된 남자래요."

"허一."

범일스님은 신기한 이야기를 듣고 뭔가 깊은 생각에 잠긴 듯했고 여인은 말을 계속했다.

"우리 딸아이는 매일 그 금색동자와 놀면서 글을 배운다고 합니다."

"부인, 부인의 딸을 좀 만나게 해주십시오."

범일스님은 뭔가 감지한 듯 걸음을 재촉했다. 부인의 딸은 아주 귀엽게 생겼다. 범일스님이 다시 자세히 물어보니 소녀는 자기와 함께 노는 아이는 금빛 나는 남자아이라고 답했다. 범일스님은 기뻐하며 그녀를 앞세워 남촌 시냇가로 갔다. 시냇가에 가서 돌다리 밑을 찾아보니 물속에 황금빛이 나는 부처님이 계셨다. 일행이 부처님을 물속에서 모셔 내어 보니 황옥 속의 돌부처였다. 자세히 살펴보던 범일스님은 크게 놀랐다. 그 돌부처님은 왼쪽 귀가 떨어져 나갔을 뿐만 아니라 중국 당나라 개국사 낙성식에서 만난 스님 얼굴과 꼭 닮은 것이 아닌가. 일행은 부처님께 수없이 절을 하고, 어디로 모셔야 할지 몰라 걱정을 하고 있는데 물속에서 말소리가 들렸다.

"나는 정취보살21)이다. 낙산사로 가면 내가 안치될 수 있는 자리가 마련되어 있느니라. 오늘에야 인연을 만나 거처할 장소로 가는구나."

---

21) 정취보살은 깨달음을 향해 한눈팔지 않고 정진한다고 해서 무이행無異行 보살이라고도 한다. 화엄경에서 선재동자가 53선지식을 만날 때 29번째 만나는 보살이 정취보살이다. 대세지보살이 지혜의 힘으로 염불 수행자들을 극락정토로 향하게 하는 흔들림 없는 힘을 상징한다면, 정취보살은 극락, 또는 해탈의 길로 빨리 들어서는 길을, 그 방법을 일러주는 보살이다.

이 소리에 일행은 또 한 번 놀라면서 정취보살의 원력에 감격하고 찬미했다. 범일스님이 돌부처님을 모시고 낙산사에 이르니 관세음보살님 옆에 자리가 비어 있었다. 그 빈 대좌에 안치시키니 미리 만들어 놓은 듯 조금도 어긋남 없이 정확하게 들어맞았다. 보살상이 안치되자 법당 안에는 오색 서기가 어리면서 성스러운 향기가 가득하였다. 의상대사가 관음굴에서 들은 관음보살의 말씀대로 정취보살이 오신 것이다.

범일스님은 120여 년이나 앞서 살다 간 의상대사의 말씀을 되새기면서 부처님의 인연이 얼마나 소중한가를 새삼 느꼈다. 당시 처음으로 '교외별전 현극지지敎外別傳 玄極之旨'의 선취를 신라에 전했던 스님은 수차례에 걸친 '국사'의 청을 거절하고 평생 굴산사를 지키며 선종 확산에 크게 기여해 조계종 성립에 초석을 다졌다. 입적 후에는 역사의 흐름 속에서 강원 영동 지역을 수호하는 대관령국사성황신으로 추앙받고 있다.

정취보살과 관음성지는 『화엄경』「입법계품」에 그 비밀이 있다. 선재동자가 도를 구하기 위해 길을 떠나 스물여덟 번째로 만난 분이 관세음보살이고, 스물아홉 번째로 만나는 분이 정취보살이다. 다른 선지식들은 선재동자가 찾아가서 만났는데 정취보살은 금강산에서 관세음보살이 계신 보타낙가산까지 일부러 와서 선재동자에게 보살행을 가르쳐 주었다. 낙산사를 찾는 이들을 선재동자라고 생각하면 설화의 의미를 쉽게 이해할 수 있다. 관세음보살에게 지극한 정성으로 기도한 그들에게 정취보살은 새로운 확신과 구도의 길을 열어준다는 것을 상징적으로 일깨워 주고 있는 것이다.

홍련암에는 신비로운 창건설화를 면면히 계승하듯 이적들이 계속 나타났다. 1185년(고려 명종 5년) 독실한 불교신자인 병마사 유자량庾資諒(1150~1229)이 관음굴 앞에서 분향하고 배례했을 때 청조靑鳥가 꽃을 물고 날아와 갓 위에 떨어뜨렸다. 관음굴 앞에서 지극한 정성으로 예배하면 청조가 나타난다는 전설이 있는데 실제로 그러한 일이 일어난 것이다. 홍련암의 이적은 이후에도 계속되었다. 1683년(조선 숙종 9년) 관음굴의 불상을 개금할 때는 공중에서 한 알의 명주明珠가 내려오는 이적이 있기도 했다. 이를 목격하고 환희에 찬 석겸釋兼스님은 곧 사리탑을 건립하고 탑의 이름을 공중사리탑空中舍利塔이라 했다.

1694년에는 사리탑을 세우게 된 유래를 적은 공중사리탑비를 세웠다. 현대에 들어서는 1930년 2월 25일, 현대 고승 경봉鏡峯스님이 이곳에서 관음기도를 시작했는데 13일째 되던 날 참선 중에 바다 위를 걸어 다가오는 관세음보살을 친견하고 큰 정진력을 얻었다 한다. 스님은 이러한 인연으로 낙산사 원통보전과 홍련암 편액을 쓰기도 하였다.

낙산사 하면 빼놓을 수 없는 것이 원통보전을 둘러싸고 있는 담이다. 돌과 기와 흙을 함께 이용한 낙산사의 담은 소박하면서도 미적 감각이 뛰어나 우리나라에서 가장 아름다운 것으로 손꼽힌다. 그 밖에도 세조 12년(1466)에 세운 홍예문, 최근에 다시 중수한 의상대, 1972년에 착수해 5년 만에 완공한 해수관음상 등도 관음도량 낙산사를 돋보이게 하는 문화재들이다. 그런데 2005년 4월, 양양 일대 산불이 나 대부분의 전각이 화재로 소실되었다. 대부분 전각이 2007년 복원되었지만 보물 479호로 지정되어 있던 낙산사 동종은 다시 보물로 지정되지는 않았다. 하지만 2005년 당시의 화마를 피한 홍련암은 세월을 뛰어 넘어 아프고 상처받으며 힘겹게 살아가는 중생들의 마음을 보듬고 치유해주는 최고의 관음기도 도량으로 남아 있다.

2. 오세암과 관음보살 화현

오세암은 강원도 인제 설악산 만경대 아래 백담사의 사내 암자로 설악산에서 가장 깊고 온안한 곳에 위치하고 있다. 신라 선덕여왕 13년 (647) 자장율사(590~658)가 관음조의 인도를 받아 관음봉 아래에서 관음보살의 진신을 친견하고 도량을 세우고 '관음암'이라 하고 오세암을 일러 '해동 설산 관음보궁'이라 하였다 한다. 조선 명종 3년(서기 1547) 금강산에서 수도하던 허응당 보우스님이 이곳에서 기도수행 중 문정왕후에 의해서 선종판사로 발탁되면서 암자를 크게 중건하였다. 그 후 인조 21년 (서기 1643)에 설정雪淨스님이 중수한 이후 암자 이름을 오세암으로 고쳤는데 5세 동자와 관련된 설화가 전해지면서 더욱 영험 있는 관음도량으로 알려졌다.

오세암에 대한 다른 설화로 다섯 살 때 사서삼경을 읽어 신동이라는 소리를 들은 설잠선사(매월당 김시습)가 이곳에서 출가하였기 때문이라는 이야기도 있다. 근대의 만해 한용운 스님 등 고승대덕 스님들이 큰 깨달음을 얻은 곳이기도 하다. 오세암에 관련된 관음보살과 5세 동자의 설화는 언제나 들어도 참으로 감동적이다.

지금의 충북 제천 부근에서 얼마 전부터 알 수 없는 괴질이 온 마을을 휩쓸더니 마을 사람들의 생명을 하나하나 앗아가고 있었다. 이때 오세암을 중수했던 설정스님은 30여 년 만에 고향을 찾는 길이었다. 그런데 찾아간 고향이란 게 어머니의 품속마냥 따스하기는커녕 썰렁하기 그지없었다. 스님은 이상하다 싶어 어릴 적 살던 집을 찾았다. 논둑이며 밭 가에 난 길을 찾아 접어들었다. 가을걷이를 하고 난 밭에는 옥수수 그루터기만 황량하게 남아 있었고 밭 여기저기에 겨울 여물용으로 세워 놓은 옥수수 짚 다발만이 낟가리로 서 있었다. 옥수수 짚을 보며 설정스님은 어릴 적 생각이 나 빙그레 웃었다.

"어머니, 저도 크면 수염이 나나요?"

"왜, 벌써 어른이 되고 싶은 게냐?"

"예, 저도 얼른 커서 옥수수수염 같은 수염을 턱에 달고 싶어요."

"원, 녀석두."

어릴 때 설정스님은 옥수수수염을 따서 콧수염으로 붙이고 뛰놀던 일이 재미있었다. 어머니는 그때 환하게 웃으시곤 했다. 금방이라도 '오근아' 하고 아들 이름을 부르며 뛰어나올 것 같은 고향 집이었다. 그런데 아무런 인기척이 없었다.

"어머니, 제가 왔습니다. 설정이 왔습니다. 아니, 오근이가 왔습니다."

설정스님은 대문을 세차게 흔들었다. 대문 한 쪽에는 새 봉 자가 큼지막하게 쓰여 있었다. 스님은 문득 옛 일이 떠올랐다.

"이건 새 봉 자라는 거란다. 새 봉."

"새 봉, 새 봉."

아버지는 곧잘 외워 대는 어린 아들이 대견하기만 했다. 문 위에 여덟 팔 자로 '立春大吉 建陽多慶'이란 글씨를 비롯해 입춘부를 손수 써 붙이셨던 아버지는 꽤나 유식한 분이었다. 어느 날 아버지가 새 봉 자를 가리키면서 물으셨다.

"오근아, 이게 무슨 자라고 했더냐?"

"예, 새 조 자입니다."

자신 있게 대답했다가 아버지께 알밤 한 대를 맞은 기억이 새로웠다. 설정은 문을 열고 들어가 마루에 걸터앉았다. 따스한 햇볕을 받으며 마루 밑과 뜰 아래에 밀과 보리 싹만이 푸르게 자라고 있었다. 스님은 조용히 눈을 감았다. '관세음보살님은 어째서 이런 고향엘 가보라고 하셨을까?' 설정스님은 3일 전 밤에 설악산 대청봉 아래 위치한 관음암에서 꿈꾼 일을 생각해 냈다.

"스님, 어서 일어나세요, 고향에 속히 다녀오십시오, 어서요."

"고향에는 왜요? 무슨 일이 있습니까? 꼭 가야 합니까?"

설정스님은 자리에서 일어나 기름 등잔에 불을 붙였다. 꿈이었다. 너무나 선명한 꿈이었다. 오색구름을 타고 나타난 한 여인의 부름에 꿈에서 깨어난 것이다. 그녀는 분명 관세음보살이었다. 관음암 법당에 모셔진 모습 그대로였다. 아직도 방안에는 향내가 그득했다.

"그런데 이처럼 황폐한 고향엘 관세음보살은 왜 가보라고 했을까?"

설정은 혼잣말로 중얼거렸다. 그때였다. 아랫마을에 산다는 한 노인이 나타났다. 노인이 말했다.

"허허, 시주를 오신 모양인데, 아무래도 잘못 오셨소이다."

"아닙니다. 시주를 온 게 아니라, 제가 자란 옛집을 찾아온 것입니다. 그리고 잘못이라니, 무슨 일이라도 있습니까?"

"예, 이 마을은 얼마 전 괴질이 돌아 모조리 떼죽음을 당하고 말았소. 다만 서너 살 박이 어린애가 하나 살았을 뿐이외다. 허, 그것참. 쯧쯧."

설정스님은 노인을 따라 아랫마을로 내려갔다. 거기서 아이를 만났다. 가족 관계를 따져 보니 설정스님의 조카였다. 위로 큰형님이 계셨는데 늦게 취처하여 딸 하나 아들 하나를 두었으니, 이 아이가 바로 그 아들이었다. 설정스님은 조카 아이를 업고 설악산 관음암으로 돌아왔다. 잘 키워 스님을 만들려는 것이 아니라 다시 속가로 내보내 가문의 대를 잇게 하려는 마음이었다. 설정스님은 그게 바로 부처님의 뜻이고 자기를 고향으로 보낸 관세음보살의 뜻일 거라고 생각했던 것이다.

아이는 아주 야무졌고 또 영리했으며, 순진하였다. 산짐승이나 새들과 함께 얘기도 나누고 다람쥐나 원숭이들과도 잘 어울렸다. 스님이 산에 나무하러 갈 때는 말벗이 되어 주곤 했다. 아이는 잘 자랐다. 설정스님은 아이의 법명을 지어주었다. 선두라 했다. '두' 자는 어조사이고 그냥 '착한 아이'란 뜻이었다. 속가의 이름이 '선돌이'였는데, 그 이름을 따서 그대로 지은 것이었다.

선두는 어느새 다섯 살이 되었다. 스님을 따라 조석 예불에 참여하여 '반야심경'을 곧잘 외워 대곤 했다. 잔심부름도 너끈히 해냈다. 스님이 밥을 짓노라면 부엌에 따라와 부지깽이로 장작더미를 두들기며 목탁 치는 흉내를 내면서 '관세음보살'을 염송하곤 했다. 스님이 대견해서 물었다.

"애, 선두야."

"예, 스님."

"관세음보살은 어떤 분이라 했지?"

"관세음보살은 어머니 같은 분이고, 자비로운 분이십니다."

"그래, 잘했다. 아이구, 우리 선두 영리하기도 하지."

선두는 맑은 눈망울을 굴리면서 삼촌인 설정스님에게 와락 안겼다. 스님은 선두에게서 전해져 오는 아련한 핏줄의 정을 느꼈다. 볼이 참으로 따스했다.

'무럭무럭 자라서 가문의 대를 이어야 할 텐데.' 설정스님은 선두를 내려놓고 돌아서서 눈물을 훔쳤다. 선두가 스님의 눈물을 보고 침울해져 물었다.

"스님, 울고 계세요?"

"아니다. 울긴 내가 왜?"

설정스님은 짐짓 환한 웃음을 지어 보였다. 그러나 마음속은 쓰리고 아팠다. '불쌍한 녀석, 아버지 어머니 얼굴도 모르고…. 너무 가엾고 외로운 녀석이야.'

그해 초겨울이었다. 겨우살이 준비를 하던 설정스님은 양식이 떨어진 것을 보고 시주를 해 와야겠다고 생각했다. 설악산 대청봉 아래 관음암은 겨울 양식이 떨어지면 찾아오는 신도도 없고 큰일이었다. 그래서 설정스

님은 시주를 하러 가기 위해 신발이 벗겨지지 않도록 끈으로 잘 동여맸
다. 선두를 돌아봤다. 워낙 길이 험하니 데리고 갈 수도 없었고 그냥 놔두
고 가자니 마음에 걸렸다. 적어도 닷새는 혼자 있어야 하는데 정말 큰일
이 아닐 수 없었다. 스님은 선두를 앉혀 놓고 말했다.

"내가 양식을 구해 오려면 아무리 빨라도 닷새는 걸릴 듯싶구나. 그
동안 너 혼자 있을 수 있겠느냐?"

선두의 맑은 눈망울을 바라보던 스님은 차라리 말없이 그냥 다녀올
걸 그랬다는 후회도 했다. 그런데 선두는 오히려 의젓했다.

"네, 스님. 혼자가 아니고 관세음보살님하고 둘입니다."

설정스님은 깜짝 놀랐다. 선두의 대답에서 어떤 어른보다도 엄청난
대답을 들었기 때문이었다.

"아, 그랬구나. 관세음보살님이 계시는구나. 그럼, 관세음보살님하고
절 좀 지키고 있거라. 내 속히 다녀오마."

사립문을 나서던 설정스님은 선두를 돌아보며 다시 한 번 다짐을 했
다.

"어떤 경우라도 멀리 나가지는 말아라. 그리고 무섭거나 심심하면 관
세음보살을 열심히 불러야 한다. 그러면 어머니가 오셔서 널 돌봐줄 것이
다."

선두는 알았다는 듯 고개를 끄덕였다. 그리고는 곧장 법당에 들어가
목탁을 치켜들며 스님에게 내보였다. 설정스님이 산문 밖을 나서서 멀리
떨어졌을 때도 선두의 목탁 두드리는 소리는 산길을 따라 아련히 들려오
고 있었다. 설정스님은 걸음을 재촉하여 해가 질 무렵에 양양에 도착하였
다. 양식은 넉넉히 구했지만 큰 일이 생겼다.

산으로 돌아가려는데 갑자기 바람이 세차게 불어 닥쳤고 눈발이 내
리기 시작했다. 어린 선두 생각 때문에 급히 떠나려는 스님을 마을 사람

들은 한사코 말렸다. 이 눈보라 치는 밤에 어떻게 가겠느냐는 것이었다. 설정스님은 어쩔 수 없이 하룻밤을 양양에서 묵었다.

다음 날 아침, 일어나 보니 밤새 눈이 내려 지붕 처마 밑까지 쌓여 있었다. 양양도 그러한데 설악산은 엄청날 것이 분명했다. 눈이 왔다 하면 설악산은 열 자 스무 자씩 쌓이는 게 보통이었다. 하는 수 없이 설정스님은 그 눈이 녹기를 기다렸다. 그해 겨울 따라 유난히 추위가 심해서 좀처럼 눈이 녹지 않았다. 스님은 겨울 눈이 원망스러웠다.

이듬해 봄이 왔다. 그동안 몇 번이고 길을 떠났다가는 실신해 쓰러져 있는 설정스님을 사람들이 발견해 데려오곤 했었다. 여러 번의 사고로 인해 몸은 쇠약할 대로 쇠약해졌다. 그러나 이젠 봄이었다. 스님은 동네 사람들의 부축을 받으며 설악산을 향했다.

대청봉에 오르니 저 아래 골짜기에 관음암이 오롯하게 자리 잡고 있었다. 설정스님은 바람 소리에 실려 오는 은은한 목탁 소리를 들었다. 선두의 목탁 소리라는 것을 직감으로 알아챘다. 그러나 스님은 믿지 않았다. 양식도 떨어진 데다 어린것이 몇 달 동안 살아 있을 리 없다고 생각했기 때문이었다.

설정스님은 미친 듯이 선두를 부르면서 달려 내려갔다. 단숨에 암자에 이른 스님은 법당 밖에서 숨을 돌렸다. 법당 안에서는 관세음보살을 염송하는 어린 선두의 목소리가 목탁 소리에 겹쳐 들려 왔다.

그때였다. 웬 젊은 여인이 오색 치맛자락을 끌며 법당을 나오더니 아름다운 채색 구름을 타고 멀리 사라져 버렸다. 스님은 두근거리는 가슴을 부여안고 법당문을 조용히 열었다. 죽은 줄만 알았던 선두가 목탁을 치면서 가늘게 '관세음보살'을 부르고 있었고, 방 안은 훈훈한 기운과 함께 향기가 감돌고 있었다.

"선두야!"

"스님!"

둘은 누가 먼저랄 것도 없이 얼싸안았다.

"스님!"

"아이구, 네가 살아 있었구나!"

"아니, 그럼 제가 살아 있지요. 스님이 오시기만을 얼마나 기다렸다고요."

"그래, 별다른 일은 없었느냐?"

선두가 관음상을 가리키며

"예, 스님 말씀대로 관세음보살을 불렀더니, 저 관세음보살이 오셔서 같이 놀아 주고 밥도 같이 먹고 잠도 같이 자고 했어요. 돌아가신 어머니의 얼굴하고 너무나 똑같은 분이었어요."

설정스님은 너무나도 감격하여 선두를 끌어안고 한없이 울었다. 설정스님은 어린 동자가 관세음보살의 묘능력妙能力으로 살아난 것을 후세에 길이 전하기 위해 '관음암'을 '오세암'으로 바꾸었다고 한다.

그 후 오세암은 여러 차례의 중창을 거쳤다. 6.25 때 전소하였으나 중건하여 오늘에 이르고 있다. 오세암에는 상징적인 5세 동자를 봉안한 동자전, 천진관음전과 그곳에 백의관음보살이 봉안되어 있다. 고 정채봉 작가는 오세암에 관한 설화를 소재로 동화도 썼고, 후에 이를 원작으로 맹인 소녀 감이와 말썽꾸러기 착한 남동생 길손이를 주인공으로 하여 애니메이션 영화도 만들었다. 이 암자는 참선도량이자 기도도량으로서 사람들의 발길이 끊이지 않는다. 매월당 김시습과 만해 한용운 선사가 시대는 다르지만 이곳에 머물며 『십현담』의 주해를 썼다. 『십현담』은 당나라 동안상찰同安常察(?~961) 선사의 게송을 담은 것으로, 여기에 매월당이 직접 주석을 붙인 것이 『십현담 주해』이다.

3. 소요산 자재암의 관음설화

경기도의 소금강이라고 할 만큼 산세가 수려하여 단풍으로 유명한 소요산 중턱에 자리한 자재암自在庵은 원효대사가 요석공주와 인연을 맺은 후 이곳을 찾아와 수행하다가 도를 깨우친 곳이라고 하며, 수행 도중 관세음보살님을 친견하여 자재무애自在無碍의 수행을 하였다 하여 자재암이라 했다 한다. 관자재보살은 관음보살의 다른 이름이다. 관음보살은 달리 광음보살光音菩薩이라고도 한다. 소리를 보고 빛을 듣는 보살이라는 뜻이다. 소요산이란 이름은 서경덕, 매월당 김시습이 자주 소요했다고 해 붙인 이름이라 한다. 관음보살이 여인으로 변신하여 원효대사를 유혹했다는 다음의 '裸女의 유혹' 설화는 색심色心을 마음에 두지 않으면 걸림이 없는 자재로움에 이를 수 있다는 깨달음의 미학을 일러준다.

원효대사가 요석공주와 인연을 맺은 후 수행을 하던 중, 비가 내리는 어느 날이었다. 늦은 밤, 약초를 캐다가 길을 잃은 아녀자로 화현한 관세음보살이 원효대사에게 하룻밤 쉬어가기를 원했고, 중생구제의 구실을 붙여 수도일념에 있는 원효대사의 심지를 시험하였다.

'이토록 깊은 밤, 폭풍우 속에 여자가 찾아올 리가 없는데…' 거센 비바람 속에서 얼핏 여자의 음성을 들었던 원효스님은 자신의 공부를 탓하며 다시 마음을 굳게 다졌다. '아직도 여인에 대한 동경이 나를 유혹하는구나. 도를 이루기 전에는 결코 자리를 뜨지 않으리라.'고 다짐했다.

자세를 고쳐 다시 선정에 든 원효스님은 휘몰아치는 바람과 거센 빗소리를 분명히 듣는가 하면 자신의 존재에 대해 깊이 생각을 하였다. "마음, 마음은 무엇일까?" 원효스님은 둘이 아닌 분명한 본래 모습을 찾기 위해 내면의 갈등에 휘말리고 있었다.

그때였다. '바지직'하고 등잔불이 기름을 튕기며 탔다. 순간 원효스님은 눈을 번쩍 떴다. 비바람이 토굴 안으로 확 몰려들었다. 몰려오는 폭풍우 소리에 섞여 여자의 음성이 들렸다. 스님은 귀를 기울였다.

"원효스님, 원효스님, 문 좀 열어주세요."

스님은 벌떡 일어났다. 그러나 다음 순간 망설였다. 여인은 황급하게 문을 두드리며 스님을 불렀다. 스님은 문을 열었다. 그 순간 비바람이 방 안으로 밀려들면서 방안의 등잔불이 꺼졌다.

"스님, 죄송합니다. 이렇게 어두운 밤에 찾아와서…"

칠흑 같은 어둠 속에 비를 맞고 서 있는 여인을 보고도 스님은 선뜻 들어오란 말을 하지 못했다.

"스님, 하룻밤만 지내고 가도록 해주세요."

여인의 간곡한 애원에 스님은 문 한쪽으로 비켜섰다. 여인이 토굴로 들어섰다.

"스님, 불 좀 켜 주세요. 너무 컴컴해요."

스님은 묵묵히 화롯불을 찾아 등잔에 불을 댕겼다. 방 안이 밝아지자 비에 젖은 여인의 육체가 눈에 선명히 들어왔다. 와들와들 떨고 있는 여인의 모습은 참으로 아름다웠다.

"스님, 추워서 견딜 수가 없어요. 제 몸 좀 비벼 주세요."

여인의 아름다움에 잠시 취해 있던 스님은 얼른 정신을 차렸다. 공연히 여인을 들여놨나 싶어 후회했다. 떨며 신음하는 여인을 보지 않으려고 스님은 눈을 감았다. 하지만 비에 젖어 속살이 훤히 들여다보이는 여인의 모습이 더욱 뚜렷하게 나타났다.

'모든 것은 마음에 따라 일어나고 마음에 따라 멸하는 것心生卽種種法生 心滅卽啊重種法滅. 내 마음에 색심이 없다면 이 여인이 목석과 다를 바 있으랴.' 라며 스님은 부지중에 중얼거렸다. 그리고는 여인을 안아 침상에 눕히고 는 언 몸을 주물러 녹여 주기 시작했다. 풍만한 여체를 대하자 스님은 묘한 느낌이 일기 시작했다. 스님은 순간 여인을 침상에서 밀어냈다. '나의 오랜 수도를 하룻밤 사이에 허물 수야 없다.'는 생각이 들었기 때문이다.

이미 해골 물을 달게 마시고 '일체유심조'의 도리를 깨달은 스님은 다시 마음을 가다듬기 시작했다. '해골을 물그릇으로 알았을 때는 그 물이 맛있더니, 해골을 해골로 볼 때는 그 물이 더럽고 구역질이 나지 않았던가. 일체만물이 마음에서 비롯된다 하였으니 내 어찌 더 이상 속으랴.'라고 자신을 채찍질했다.

이 여인을 목석으로 볼 것이 아니라 있는 그대로의 여인으로 보면서도 마음속에 색심이 일지 않으면 자신의 공부는 온전하다고 생각했다. 스님은 다시 여인에게 다가갔다. 그리고는 여인의 몸을 비비면서 염불을 했다. 여인의 풍만한 육체는 여인의 육체가 아니라 한 생명일 뿐이었다. 스님은 여인의 혈맥을 찾아 한 생명에게 살림의 기운을 부어주고 있었다. 남을 돕는 것은 기쁜 일이다. 더욱이 남과 나를 가리지 않고 자비로써 도울 때 그것은 남을 돕는 것이 아니라 바로 자기 삶이 넉넉하게 되는 것이다.

즉 도움을 주는 자와 받는 자의 구별이 없을 때 진정한 베풂의 미덕이 있게 된다. 여인과 자신과의 분별을 떠나 한 생명을 위해 정성을 다하는 원효스님은 마치 자기 마음을 찾듯 부동심을 잃지 않았다. 여인의 몸이 서서히 따뜻해지기 시작했다. 정신을 차린 여인은 배시시 웃음을 지으며 스님 앞에 일어나 앉았다. 여인과 자신 사이의 경계를 느낀 스님은 순간 밖으로 뛰쳐나왔다.

폭풍우가 지난 후의 아침 해는 더욱 찬란하고 장엄했다. 간밤의 폭우로 물이 많아진 옥류폭포玉流瀑布의 물기둥이 폭음을 내며 떨어지고 있었다. 스님은 훨훨 옷을 벗고 옥류천 맑은 물에 몸을 담갔다. 뼛속까지 시원한 물속에서 무한한 희열을 느끼는데 여인이 다가왔다. "스님, 저도 목욕

좀 해야겠어요."

여인은 옷을 벗어 던지고는 물속으로 들어와 스님 곁으로 다가왔다. 아침 햇살을 받은 여인의 몸매는 눈이 부셨다. 스님은 여인에게서 하나의 생명체 이상으로 느껴지는 감정을 억제하고 있었다. 결국 스님은 눈을 부릅뜨고 외쳤다.

"너는 나를 유혹해서 어쩌자는 거냐?"

"호호호, 스님도 어디 제가 스님을 유혹합니까? 스님이 저를 색안色眼으로 보시면서."

큰 방망이로 얻어맞은 듯한 순간 스님의 머릿속에는 무한한 혼돈이 일었다. '색안으로 보는 원효의 마음'이란 여인의 목소리가 계속 스님의 귓전을 때렸다. 거센 폭포 소리도 들리지 않았다. 계속하여 여인의 음성이 혼돈으로 가득 찬 머릿속을 후비고 들어올 뿐이었다. '색안으로 보는 원효의 마음'을 거듭거듭 되뇌면서 원효스님은 서서히 정신을 차렸다. 그러자 폭포 소리가 들렸고 캄캄했던 눈앞의 사물이 제 빛을 찾고 제 모습을 드러냈다. 이렇게 의식되는 눈앞의 경계를 놓치지 않고 원효스님은 갑자기 눈을 떴다. 처음으로 빛을 발견한 듯 모든 것을 명징하게 보았다.

'옳거니, 바로 그거로구나. 모든 것이 마음으로 인하여 생기는 법, 그 마음까지도 버려야 하는 것!' 스님은 물을 차고 일어섰다. 발가벗은 몸을 여인 앞에 그대로 드러내며 유유히 걸어 나왔다. 주변의 산과 물, 여인과 나무 등 일체의 모습이 생동하고 있는 듯했다. "마음이 생기면 갖가지 법이 생기고, 마음이 멸하면 상대적 시비의 가지가지 법이 없어지는 법心生卽種種法生이요, 心滅卽 種種法滅이라 나 원효에게는 무애자재의 참된 수행의 힘이 있노라." 하는 법문에 그 여인은 미소를 지으며 금빛 찬란한 후광을 띤 보살이 되어 폭포를 거슬러 사라졌다. 원효스님은 그곳에 암자를 세웠다. 자기의 몸과 마음을 뜻대로 한 곳이라 하여 절 이름을 '자재암'이라 했다.

4. 관음의 성지 남해 보리암의 설화

'보물섬' 남해의 금산(681m)은 빼어난 암릉미岩陵美를 자랑한다. 금산의 원래 이름은 보광산이었다. 온 산이 마치 방광放光하듯 빛나는 모습에 이끌려 이곳을 찾아온 원효스님이 이 절을 짓고 정진하여 관세음보살을 친견했다. 『화엄경』에 관세음보살이 상주하는 곳을 보광궁寶光宮이라 한 것에 착안하여, 산 이름을 보광산, 절 이름을 보광사 했다. 이러한 절 이름을 지닌 남해 보리암에는 두 가지 사찰연기 설화가 전한다.

첫째는 가락국의 김수로왕이 왕비로 맞아들인 인도 중부 아유타국의 허황옥 공주와 함께 배를 타고 온 장유선사(본명은 허보옥)가 세웠다고 하는 설화다. 장유선사는 허황옥 공주의 오빠이다. 그런데 중인도의 아유타국 공주가 허 씨 성을 가지게 된 것은 아유타국이 멸망하여 인도와 인접해 있는 중국으로 옮겨와 있을 때, 중국 땅에서 태어났기 때문일 것으로 여겨진다. 장유선사가 인도의 이름을 쓰지 않은 것 역시 이 때문일 것이다.

김수로왕과 허황옥 공주 사이에서 열 왕자를 낳았는데 그중 일곱 왕자를 장유선사가 데리고 출가를 했다. 일곱 왕자를 데리고 출가한 장유선사가 거쳐 간 곳은 영남 일대에 많이 있다고 하는데 김해의 장유암은 그 확실한 사적지이고, 가야산과 지리산의 일곱 부처가 모두 장유선사의 유적으로 전해지고 있다. 이런 스토리를 간직한 칠불암은 일곱 왕자가 성불하여 황금 가사를 걸치고 공중으로 올라가는 모습을 허 황후가 보았던 연못, 영지가 사찰 입구에 있다.

칠불암은 한 번 불을 때면 49일간 따뜻했다는 아자방으로 유명하다. 그런데 장유선사가 처음 찾아든 곳이 가락국이 자리 잡고 있는 김해에서 멀지 않은 금산 보리암이다. 장유선사는 금산의 절경에 매혹되어 보리암에 터를 잡아 아유타국에서 모시고 온 관세음보살을 모셨는데, 지금의 관세음보살이 바로 그때의 관세음보살이다.

두 번째는 원효대사 창건설이다. 의상과 함께 신라불교를 대표하는 원효대사가 전국의 강산을 유행하다가 이 산의 빼어난 경치에 매혹되어 왔는데, 온 산이 마치 방광하는 듯 빛났다고 한다. 초옥에서 기도를 하던 원효는 이곳에 보광사를 세웠다. 보리암에서 가장 주목할 곳이 3층 석탑이다. 이 석탑은 가락국 김수로왕 부인 허 황후가 인도에서 가져온 파사석이란 돌로 세웠다고 하는데 이곳은 불가사의한 현상이 일어나는 곳으로도 유명하다. 신기하게도 이 탑 앞에서는 나침반이 제구실을 못한다는 사실이다. 석탑의 첫 번째 기단에 나침반을 놓고 이를 자세히 들여다보면 나침반의 바늘이 제멋대로 움직임을 알 수 있다. 석탑만 벗어나면 제대로 작동하던 나침반이 석탑 밑에만 가면 방향성을 잃어버린다고 한다. 그리고 보리암 3층 석탑 앞은 금산 제1의 전망대이기도 하다. 이곳에서 암자 전체의 풍광을 조망할 수 있고, 상주해수욕장에서 시작되는 푸른 바다와 일출을 감상할 수 있는 최고의 장소이기도 하다.

보리암은 영험스러운 관음기도 도량을 찾는 신도들과 해돋이 명소이자 빼어난 금산의 자연 풍광을 보기 위해 찾는 많은 관광객들로 언제나 붐빈다. 창건 당시는 보광산 보광사普光寺라고 하였는데 지금의 이름인 금산 보리암으로 바뀐 데는 다음과 같은 재미있는 설화가 전한다.

태조 이성계가 왕이 되려고 백두산과 지리산 등 팔도강산의 명승지를 두루 찾아다니면서 기도를 하였으나 영험을 얻지 못하고 이곳 금산 보리암까지 오게 되었다. 태조 이성계가 본 금산 보리암은 그야말로 절경이었다. 지리적으로 높은 위치에 있으며 사방에 바다를 끼고 있어서 그야말로 기도를 올리면 영험이 있을 것만 같았다. 그리하여 이성계는 이곳 보리암에 묵으면서 백일동안 관음기도를 지성으로 올렸다. 어느 날, 기이한 꿈을 꾸었는데, 꿈에 관세음보살님이 나타나 금척金尺(신라 혁거세 이래 삼한의 특별한 왕에게 신인이 신임의 징표로 하사하였던 금으로 된 자 모양의 신물)을 주는 것이었다. 또한 그가 꾼 꿈은 이랬다. 그가 무너져가는 큰 기와집에 들어갔는데 워낙 낡아서 무너지기 직전이었다. 붕괴가 불안하여 기와집에서 나오게 됐는데, 이상하게도 자신의 등에 서까래 셋을 가로로 짊어지고 나오는 꿈을 꾸었다. 알고 보니 그 꿈은 왕이 되는 꿈이었다. 조선 500년은 그렇게 시작됐고 꿈 해몽에 관여한 사람은 무학대사였다.

"낡아 붕괴되는 큰 기와집은 망해가는 고려국을 의미하는 것이요, 그 집에서 나오면서 등에 서까래 셋을 짊어지고 나왔다는 것은 왕王을 의미하는 것이니, 장군께서 장차 새로운 나라의 왕이 될 것이라는 천기를 미리 깨닫게 해주는 길몽입니다. 차후 어느 누구에게도 두 번 다시 그 꿈 이야기를 해서는 안 됩니다."

무학대사가 이성계에게 전해 준 '꿈 해몽'의 핵심은 천기天氣였다. 천기라는 게 오늘날 일기예보 같은 단순한 자연현상을 관찰한 게 아니었다. 지구별에 살고 있는 생물들의 생몰 과정 전부를 주관하는 운명 혹은 숙명 같은 게 천기의 의미였다. 때문에 천기란 '신의 영역'이라고 말할 수 있을 것이다. 서양의 점성술이나 동양의 사주팔자에 담긴 '자기가 타고난 운명'을 바꾸는 일은 쉽지 않다. 그러나 세상은 도전하는 자에게 길을 내주는 법이다. 중국 당나라 후기의 마의선사는 그의 저서 『마의상법』에서 후세를 위해서 "사주는 신상보다 못하고, 신상은 심상보다 못하다四柱不如身相不如心相."는 교훈을 남겼다. 사주와 관상도 중요하지만 무엇보다도 심상, 즉 마음의 자세가 가장 중요하다는 것이다. 모든 것은 마음먹기 여하에 또는 노력 여하에 따라 바뀔 수 있기 때문이다.

사실, 이성계는 그저 나라와 변방을 수호하는 무장武將이 아니라 왕이 되고 싶었다. 그가 무학대사 앞에 꿈 이야기를 한 것도 우연한 일이 아니라, 호시탐탐 고려국으로부터 벗어나 새로운 왕조를 세우고 싶은 생각이 가득했을 것이다. 그게 어느 날 꿈으로 현현된 것이다. 단순한 장군이 아니라 쿠데타를 감행해서라도 반드시 왕이 되고 싶은 야망, 그 야망이 무학대사를 만나면서 역사를 바꾸는 동시에 자기의 운명을 바꾸었던 것이다. 남해의 금산은 그렇게 태동했다.

이성계는 간절히 기도했다. 왕이 된다면 천지신명께 그 무엇이든 해 드리고 싶은 마음이 굴뚝같았다. 세상에 태어나 꼭 해 보고 싶었던 꿈이 무학대사로부터 해몽된 이후 그 꿈을 실천에 옮기고 싶었다. 어느 날 천지신명의 응답이 들려왔다.

"네가 간절히 원하는 기도 내용을 다 들었다. 왕이 되고 싶다는데, 그렇다면 그대가 왕이 되고 난 다음 그 대가를 어떻게 치르겠는가?"

"예! 천지신명님, 여부가 있겠습니까. 불초소생이 왕이 된다면 이 산 전체를 비단으로 덮어씌워 드리겠습니다."

"그 말 참말인가."

"물론입니다!"

"좋다. 그러면 그대의 약속을 믿겠네. 반드시 실천에 옮기도록 하라."

"예! 명심하겠나이다, 천지신명님."

이후 이성계는 왕이 되기 위한 나름대로의 과정을 신속히 진행했다. 1388년에 압록강 하류에 있는 위화도에서 회군을 하여 고려의 권문세족들을 몰아내고 신흥 사대부들이 정권을 잡는 계기를 만들었던 것이다. 그는 최영 장군을 몰아내는 한편 우왕을 물러나게 하고, 9살 난 '창'을 왕위에 올린 후 사실상 권력을 손아귀에 넣는 데 성공했다.

그리고 그 이듬해 정도전과 조준 등과 함께 어린 창왕을 폐위시키고 민심을 수습하기 위해 귀족들의 재산을 백성들에게 나누어 주었다. 물론 귀족들이 알아서 재산을 나누어 주려고 했지만 모두 자기의 공덕으로 꾸몄다. 이 사실을 안 백성들이 반기를 들자 이들을 귀양 보내거나 죽이고 토지대장은 불살라 버렸다. 드디어 1392년 공양왕을 쫓아내고 자기가 태조로 왕위에 올라 이듬해 국호를 '조선'이라 했다. 한반도에 새로운 역사가 시작한 것이다.

이성계는 전국 각지를 다니며 백일기도를 하였지만 '조선'이라는 나라를 세우게 된 것은 남해 보리암 관세음보살님의 가피가 가장 크다고 생각하게 되었다. 그는 모두 보광산의 관세음보살 가피력으로 이룩된 것으로 생각하고, 그 은혜를 갚기 위해 관세음보살이 상주하는 보광산을 비단으로 둘러싸 드리고 싶었다. 그러나 산 전체에 비단을 입힌다는 것은 매우 어려운 일이었다. '무슨 수로 남해의 한 산을 비단으로 다 덮을꼬?' 하루 이틀 시간이 지나면서 신령스러운 현상에 대한 고민이 깊어갈 어느 날 한 신하(정도전이라는 설이 있다.)가 아뢰었다.

"전하! 아무리해도 이 큰 산에다가 비단을 입힌다는 것은 사실상 불가능한 일이옵니다. 설사 첫해는 가능할는지 모르오나 다음 해는 또 어떻게 하시겠습니까? 그러하오니 신의 생각으로는 보광산普光山의 이름을 고쳐서 "비단 금錦 자, 뫼 산山, 금산錦山이라고 한다면 천년이 지나도 변하지 않고 영원히 비단을 입혀 드리는 것이 되오니 그렇게 하심이 어떠할는지요?"

태조는 그야말로 둘도 없는 묘안이라고 생각하였다.

"경의 말대로 앞으로는 보광산을 금산錦山이라고 고쳐 부르도록 하라!"

이렇게 하여 보광산을 금산錦山이라고 부르게 되었다. 또 보리암이라는 이름은 이곳 관세음보살님께 기도하면 깨달음(보리)을 이룰 수 있다고 하여 '보리암'으로 부르게 되었다. 이런 연유로 남해 보리암이 있는 보광산은 금산이 되었다. 역대 임금이 산에 이름을 하사한 경우는 드물다. 그럼에도 불구하고 남해 일출의 대명사며 "깨달음을 얻어 도에 이르는 곳"이란 뜻의 '보리암'이 있는 '금산'은 그 산명을 태조 이성계로부터 하사받았던 것이다. 지금도 보리암 우측 편에는 이성계가 백일기도를 드렸다는 터가 남아 있다. 한편, 금산의 바위들은 보리암의 신장이며 금산의 혈맥이다. 그래서 기도가 잘 된다는 것은 그곳의 기운이 다른 곳보다 강하다는 이야기이다. 생기가 강하려면 국세局勢가 짜임새가 있는 명당이어야 하고 혈상이 바위로 형성되어 있다는 특징이 있어야 한다.

관세음보살은 자비의 화신으로 어려움에 처한 중생이 언제 어디서나 구원을 요청하면 다 듣고 보아서 어떠한 도움이라도 다 들어 해결해 준다고 한다. 그러기에 불자들은 평소는 물론 어려움에 처할 땐 소리를 내어 '세음보살'을 호명하며 간절하게 기도한다. '관세음보살!' 하고 불러주기만 해도 구원의 손길을 내준다는 관세음보살의 포근한 미소 도량으로 소문난 보리암은 바로 금산의 정맥자리에 자리 잡고 있다.

이 산은 주산의 힘이 강한 암반으로 결지되어 있으며 바위가 깨끗하고 윤기가 나는 귀석이다. 금산의 정상에서 뻗어 내린 산줄기를 잘 살펴보면 보리암을 중심으로 감싸고 있는 곳임을 알 수 있다. 무엇보다도 보리암 대웅전 뒤쪽의 혈상도를 살펴보면 혈이 결지되는 교본이다. 즉 망대에서 분기된 주룡맥이 보리암 쪽으로 행룡을 하면서 대장봉에서 기봉하면서 기운을 정제하고 보리암 대웅전 자리에 와서 혈을 결지한 명당이다. 주산의 기운이 이와 같이 강하게 취기를 한 곳에서 결지된 혈은 기도가 매우 잘 되는 곳으로써 전국의 유명한 관음기도 도량은 대부분 이러한 형국이다. 또한, 해수관음상 뒤쪽으로 주산과 함께 백호 쪽으로 보이는 봉우리가 혈을 조응하고 있다. 보리암을 감싸고 있는 백호의 끝자락을 보면 주산의 기가 강한 귀혈이고 백호가 끌어 안아주는 부혈이다. 곧 부와 귀를 잘 갖춘 명당이다. 이곳은 바위의 기운이 가장 강하며, 가장 잘 보호받고 있는 자리이다. 이곳이 인체로 비유하면 태궁이다. 오늘날 수많은 사람들이 금산의 보리암을 찾아와 지극정성 기도를 올리며 가피력을 받고 마음을 치유하고자 하는 이유도 혈을 결지한 명당이기 때문일 것이다.

5. 동해 두타산 관음암 설화

동해 두타산頭陀山 무릉계곡은 호암소에서 용추폭포까지 이르는 약 4km에 달하는 아름다운 계곡이다. 신선이 노닐었다는 전설에 따라 '무릉도원'이라 불리기도 하는 무릉계곡은 조선 선조 때 삼척부사 김효원이 이름을 붙였다고 전해진다. 무릉武陵이란 이름은 중국 진나라 때 최고의 시인 도연명의 「도화원기」에 등장하는 '무릉도원'에서 유래하며, 이곳이 세상과 따로 떨어져 별천지를 이루고 있다는 뜻이다.

두타산頭陀山과 청옥산靑玉山을 배경으로 하는 무릉계곡은 병풍바위, 장군바위의 기암괴석과 무릉반석, 선녀탕 등 푸른 못의 절경으로 별천지 무릉계곡의 아름다움을 간직하고 있다. 고려시대에는 이승휴가 머물며 『제왕운기』를 집필하였고, 이곳을 찾았던 많은 시인묵객들의 기념 각명刻銘이 무릉반석에 새겨져 있다. 호랑이가 건너뛰다 빠져 죽은 소沼라는 전설이 있는 호암소가 계곡 입구에 있고, 구한 말 유림들의 뜻을 기리기 위해 건립한 금란정이 있다.

두타라는 말은 원래 범어 'dhuta'를 소리 나는 대로 음역한 것으로써 속세의 번뇌를 버리고 불도 수행을 닦는다는 뜻이다. 기도를 하기 전에 자신의 몸과 마음을 정갈하게 해야 함을 일깨워 주는 듯 동해 제일의 관음기도 도량 관음암이 삼화사에서 서쪽으로 가파른 길을 따라 50분쯤 올라가면 자리하고 있다.

관음암의 원래 이름은 지조암指祖庵이었다고 한다. 921년(고려 태조 4년)에 창건되었으며 항간에는 용비대사가 절을 지었다고 하나 용비龍飛는 임금이 등극하는 것을 의미하므로 이는 잘못 해석한 것이라고 한다. 실제로 관음암의 중건은 왕실의 지원에 의해서 이루어졌다. 934년(태조 20년) 태조 왕건은 통일 전쟁의 후유증을 치유하고 민심을 수습하기 위해 삼공암三公庵을 삼화사三和寺로 이름을 바꾸면서 삼화사에 노비와 사전寺田을 하사하였다. 삼화사는 이를 발판으로 산 내에 8개의 암자를 창건하는 등 급격히 사세가 신장하였는데, 이때 관음암도 중건된 것이다. 조선 정조 17년(1793)에 불탄 것을 당시 삼척부사였던 윤청이 주선해 중건했다. 현재 남아 있는 삼화사의 유일한 산 내 암자이다.

관음암은 작은 관음상을 모시고 있는데 예로부터 그 영험함이 소문나 동해 지방에서 가장 유명한 기도도량으로 지금도 사시사철 기도하러 오는 사람들의 발길이 끊이지 않는다고 한다. 그래서 1959년 이 암자를 중건하면서 아예 이름도 관음암으로 고쳤다고 한다. 관음암에 얽힌 설화는 다음과 같다.

옛날 아랫마을에 심沈 씨 성을 가진 총각이 늙고 병든 홀어머니와 함께 살고 있었다. 심 총각은 얼굴도 잘생기고 마음씨도 착했으나 나이 서른이 다 되도록 결혼을 못 해 노총각으로 늙어가고 있었다. 심 총각이 장가를 못 든 것은 집안이 가난해 아무도 딸을 시집보내려 하지 않았기 때문이다.

심 총각은 삼화사 뒤 두타산과 청옥산에 약초를 캐서 늙고 병든 홀어머니를 봉양했다. 약초를 캐러 갈 때면 늘 산중의 작은 암자 앞을 지나갔다. 이 암자에는 스님 한 분이 관세음보살을 모시고 기도를 하고 있었다. 심 총각은 매일 같이 암자 앞을 지나다 보니 어느새 스님의 염불 소리를 조금씩 흉내 내게 되었다. 깊은 산중에 들어가 있다가도 문득 목탁 소리가 들리면 자신도 모르게 '관세음보살'을 불렀다.

어느 날 심 총각은 약초를 캐고 내려오는 길에 기도하는 스님한테 불쑥 물었다.

"스님, 관세음보살한테 기도를 하면 정말로 소원이 성취됩니까?"

스님은 물끄러미 바라보다가 이렇게 말했다.

"자네가 백 일 동안 열심히 기도를 행해도 소원이 성취되지 않으면 내가 자네 소원을 성취토록 해주겠네."

"스님, 정말 그렇게 해주시겠습니까? 약속했습니다."

총각은 그날부터 산으로 가는 길에 반드시 법당에 들려 관세음보살 앞에 세 번 절하고 돌아올 때도 그렇게 하며 기도를 했다. 어느 날은 점심으로 싸 가지고 간 강냉이를 관세음보살 앞에 공양으로 올리기도 했고, 또 어느 날에는 산나물을 뜯어 관세음보살 앞에 올리기도 했다. 이렇게 석 달 가까이 하다 보니 비록 말 없는 불상이지만 친숙함이 느껴졌다.

어느덧 백 일이 다 되어가던 어느 날 심 총각은 산으로 들어가다가 암자에서 큰 비를 만났다. 총각은 약초를 캐러 갈 수도 없고, 다시 내려갈 수도 없어서 법당 추녀 밑에 앉아 비가 그치기만을 기다렸다. 한참을 그렇게 앉아 있으려니 무료해져서 맨땅에 줄을 그어 놓고 혼자서 꼬니를 두기 시작했다. 하지만 혼자서 두는 꼬니라 재미가 없었다. 총각은 문득 법당의 관세음보살을 바라보았다. 관세음보살은 입가에 미소를 보일락 말락 총각을 바라보고 있었다. 총각이 관세음보살에게 말을 걸었다.

"관세음보살님, 저하고 꼬니 한 판 두시렵니까?"

관세음보살이 대답을 할 리가 없었다. 그래도 총각은 혼잣말로 다시 말했다.

"우리 내기를 합시다. 내가 이기면 보살님이 제 소원을 들어주시고, 보살님이 이기면 내가 보살님의 소원을 들어주기로 하지요. 제 소원은 예쁜 색시를 얻어 장가를 드는 것이니 그렇게 해주시면 됩니다. 보살님은 무엇이 소원인지는 모르지만 나중에 말씀해주세요. 꼬니는 세 판을 두어서 두 판을 먼저 이기면 승부가 나는 것으로 합시다."

총각은 혼잣말로 약속을 하고는 꼬니를 두기 시작했다. 자기가 한 수를 두면 다음 수는 관세음보살의 수를 대신 두고, 그다음은 다시 자기가 두곤 했다. 첫판은 총각이 이겼다. 둘째 판은 관세음보살이 이겼다. 셋째 판은 막상막하 좀처럼 승부가 나지 않았다. 선수는 관세음보살이 잡고 있었다. 장고를 하던 관세음보살이 드디어 결정적인 한 수를 두었다. 승부가 나는 수였다. 심 총각은 한 수 물리자고 억지를 부렸다. 관세음보살은 묵묵부답 말없이 웃고만 있었다. 총각은 벌떡 일어나 법당의 관세음보살한테 절을 세 번 하고 절 값으로 한 수를 물리겠다고 했다. 심 총각이 얼른 한 수를 물리고 다시 두자 이번엔 보살이 지고 총각이 이겼다. 총각은 판을 쓸어버리며 관세음보살에게 말했다.

"보살님, 제가 이겼습니다. 그러니 제 소원을 들어주셔야 합니다. 제 소원이 무엇인지 아시죠? 예쁜 색시한테 장가보내주시는 겁니다."

총각은 관세음보살님한테 어리광을 부리듯 말했다. 그사이 비는 그치고 저녁노을이 들기 시작했다. 총각은 기분 좋게 휘파람을 불며 산을 내려왔다. 그날 밤 총각은 꿈을 꾸었다. 하얀 옷을 입은 귀부인이 나타나 총각에게 말했다.

"나는 지조암에 있는 관세음보살이다. 오늘 너하고 꼬니를 두어서 졌으니 약속대로 예쁜 색시를 얻어 주겠다. 내일 약초를 가지고 장에 나가면 어떤 처녀가 약을 구하러 올 것이다. 그 처녀에게 약을 팔면 좋은 일이 있을 것이다."

꿈을 깨니 벌써 아침이었다. 총각은 약초를 들고 장에 나가 전을 펴고 앉았다. 조금 있으려니 처녀가 약을 사러 왔다.

"이 약이 두타산에서 캐온 것인가요? 지금 저희 아버지께서 몹시 위중하신데 이 약을 달여먹으면 나을 수 있답니다. 저에게 이 약을 주신다면 무슨 일이든 다 하겠습니다."

처녀는 약을 외상으로 달라고 했다. 급하게 나오느라고 돈을 가지고 오지 못했으나 반드시 갚겠다며 막무가내로 사정을 하는 것이었다. 심 총각은 할 수 없이 얼굴도 모르는 처녀에게 약을 외상으로 팔았다.

"나도 늙은 어머님을 모시고 있는 처지요. 사정이 그러하다니 약초를 외상으로 드리겠소. 그 대신 이 약을 드시고 아버님이 낫거든 꼭 찾아와 약값을 갚으시오."

총각은 처녀에게 약을 주고 빈손으로 돌아왔다. 그래도 왠지 기분이 좋았다. 며칠이 지났다. 날이 어둑어둑 지는데 문밖에서 사람 찾는 소리가 났다. 총각이 밖으로 나가 보았더니 며칠 전 장에서 만난 처녀와 아버지로 보이는 노인이 서 있었다. 노인은 죽을 사람에게 약을 공짜로 준 총각을 치하하며 약값을 갚으러 왔다며 약값을 물었다.

"약값이 좀 비쌉니다. 노인장의 딸을 저에게 주시면 약값으로 받겠습니다."

뜻밖의 제안에 노인은 약간 주저하는 듯했다. 그러나 심 총각을 찬찬히 살펴보니 몸도 건강하고 마음씨도 착해 보였다. 노인은 그 자리에서 혼인을 승낙했다. 이리하여 심 총각은 드디어 장가를 들게 됐다.

드디어 꿈 같은 첫날 밤, 심 총각은 아내의 옷고름을 풀며 지나간 세월에 대해 이런저런 얘기를 하다가 지조암 관세음보살하고 꼬니를 둔 애기며, 그날 밤에 꾼 꿈 얘기를 털어놓았다. 남편의 얘기를 들은 아내도 비슷한 사연을 털어놓았다.

"사실은 저도 지조암 관세음보살님한테 아버지의 병을 낫게 해달라고 백일기도를 했지요. 기도가 끝나던 날 꿈을 꾸었는데 어떤 귀부인이 나타나 장에 가보라고 해서 간 것입니다."

얘기를 나누던 두 사람은 무엇인가 예사롭지 않은 예감이 들었다. 날이 밝자 두 사람은 손을 잡고 지조암을 찾았다. 법당에 들어가서 세 번 절을 하고 관세음보살의 상호를 살펴보니 두 사람의 꿈에 나타난 귀부인의 얼굴과 똑같았다. 두 사람은 그때서야 지조암 관세음보살 앞에 무수히 절을 하며 소원을 이루게 해준 것에 감사했다. 그 후부터 이 암자에는 관세음보살님께 기도를 하면 한 가지 소원은 반드시 이루어진다 하여 기도객의 발길이 끊이지 않았다고 한다.

삼화사 초입에서 용추폭포까지 2.5km 정도 되는 거리는 하늘을 뒤덮은 천년 숲길이며, 숲 명상에 최적의 공간이다. 화강암 절벽들이 펼치는 아름다움을 느낄 수 있는 소문 그대로의 절경이다.

사람들은 흐르는 물에 자기 얼굴을 비춰보지 않고,
고요한 명경지수에 자신의 모습을 비춰 본다.
명경지수만이 제 모습을 비춰보려는 사람들을 멈추게 한다.
― 장자 「덕충부」

사람의 마음도 고요하면 깊은 속까지 들여다볼 수 있다고 한다. 자기 마음의 깊은 곳까지 훤히 볼 수 있을 때 깨달음을 얻는 계기가 된다. 그래서 사람들은 명경지수와 같이 고요한 마음결을 보듬고자 하는데, 이는 곧 해인海印에 비유된다.

지금은 삼화사, 관음암, 천은사가 남아 있지만 10여 개의 사찰이 있었다는 옛 기록으로 보아 무릉계곡은 불교가 크게 번성했던 두타의 도량이었음에 틀림없다. 두타산 입구인 삼화동에서 서남쪽으로 4km쯤 계곡을 들어가면 수백 명이 쉴 수 있는 넓은 반석이 보인다. 이 반석이 '무릉반'으로, 여기서부터 유명한 무릉의 선계가 펼쳐진다. 무릉반석에는 안평대군, 한호(석봉), 김구와 함께 조선의 4대 명필의 한 사람인 양사언의 친필이 새겨져 있다. '무릉선원 중대천석 두타동천武陵仙源 中臺泉石 頭陀洞天'의 12자로 두타산을 예찬하고 있다.

6. 무위사 극락보전 벽화를 그린 파랑새

강진 월출산 무위사無爲寺, 달빛 아래 첫 마을에 위치한 무위사는 617년인 신라 진평왕 39년에 원효스님이 창건해 관음사라 불렀다고 한다. 도선국사가 갈옥사로 중창, 조선 명종 10년(1555) 태감선사가 네 번째로 중창하고 무위사로 개칭했는데 무주고혼을 달랜 수륙재 도량이었다. 세종 12년에 세워진 극락보전과 아미타여래삼존불 벽화, 벽화 뒤 백의수월관음은 흙벽에 그려진 것으로는 가장 오래된 후불 벽화로, 화려하고 섬세하며 고려 불화의 전통을 그대로 이어받은 뛰어난 작품이다. 고려 불화는 협시보살인 관세음보살과 지장보살을 아미타여래의 무릎 아래에 그려 위계질서를 강조하는 2단 구도이다. 그러나 무위사의 후불 벽화는 협시보살이 아미타여래의 양옆에 서고 그 위로는 6명의 나한이 구름으로 싸여 있어, 부처님과 친화적인 관계를 유지한 원형 구도를 이루고 있다. 형식의 차이에서 시대상을 느끼게 하는 작품이지만 관세음보살 눈만 스러지고 없다. 여기에는 관세음보살과 노스님, 파랑새의 신비로운 이야기가 담겨 있다.

백의관음도 좌측 어깨에 요염하게 앉아있는 젊은 여인의 나부가 올려져 있다. 이는 극락보전 후불벽화인 아미타후불벽화(보물 제1313호)의 뒷면 그림으로, 떠가는 듯 일렁이는 파도 위에 연잎을 타고 서 있는 '백의관음보살'이 그려진 벽화이다. 하얀 옷을 입고 있는 백의관음보살은 당당한 체구에 흰 옷자락을 휘날리며, 오른쪽으로 몸을 약간 돌린 채 두 손을 앞에 모아 서로 교차하여 오른손으로는 버들가지를 들고 왼손으로는 정병을 들고 서 있다. 간략화된 옷주름과 더불어 팔찌와 가슴장식 역시 간소화되어 있긴 하나, 힘 있고 빠른 필치로 바람에 심하게 흩날리는 듯한 옷자락과 넘실대는 듯한 파도를 표현함으로써 강한 인상을 보여주고 있다. 관음보살의 뒤쪽으로는 해 모양의 붉은색 원이 그려져 있고, 앞쪽 위에는 먹으로 5언 율시가 쓰여 있다. 그리고 앞쪽 아래 구석 쪽으로는 둔덕이 마련되어 있고, 관음보살을 향해 무릎을 꿇은 채 두 손을 벌려 손뼉을 치고 있는 듯한 자세의 비구比丘가 자리하고 있다. 흥미로운 점은 비구 어깨 위에 머리를 뒤로 돌려 관음보살을 쳐다보고 있는 새 한 마리가 앉아 있는 것인데, 백의관음보살에 비하여 비교적 섬세하게 표현되어 있다. 조선 성종 7년(1476)경 조성된 것으로 추정되는 이 그림은 앞면의 아미타후불벽화와 더불어 고려식 조선 초기 불화연구에 중요한 자료이다. 무위사의 극락보전 벽화에는 다음과 같은 독특한 전설이 전하고 있다.

"이 일을 어쩌지!"

젊은 주지스님은 참으로 곤혹스러웠다. 극락보전을 완공했으나 법당 안 벽화를 그리지 못해 못내 안타까웠다. 불사할 만한 사람도 찾질 못하고 애만 태우고 있었다. 그런데 얼마 지나지 않았을 즈음, 마침 무위사를 찾아온 노스님이 물었다.

"이 좋은 도량에서 왜 그렇게 한숨만 쉬는지 알려 주세요." 주지스님에게 자초지종을 들은 노스님이 다음과 같이 말하였다.

"내가 이 법당의 벽화를 그릴 것이니, 그 대신 100일간 절대로 이 법당 안을 들여다보는 이가 있어서는 안 됩니다."

그 길로 노스님은 한 달이 지나도 법당 밖으로 나올 기미를 보이지 않았다. 주지스님은 약속대로 기다렸으나, 도대체 저 속에서 무엇을 어떻게 하고 있는지 궁금증을 참을 길이 없었다. 99일째 되는 날, 주지스님은 '설마 작은 구멍으로 살짝 보는 것은 괜찮겠지.'라고 생각하며 손가락으로 창호지에 작은 구멍을 뚫어 몰래 들여다보고 말았다. 그런데 법당 안에는 있어야 할 노인은 없고 파랑새 한 마리가 붓을 입에 물고 날아다니며 벽화를 그리고 있지 않은가? 화들짝 놀란 주지스님이 그만 인기척을 내고 법당문을 열고 들어서니 마지막으로 관음보살의 눈동자를 그리고 있던 파랑새가 관세음보살의 눈을 점안하지 못한 채, 입에 붓을 문 채 날아가 버리고 말았다. 그래서 지금도 극락보전의 벽화 속 관음보살은 눈동자가 없는 미완성의 작품이 되었다고 한다. 아울러 백의수월관음보살의 놀라운 영험에 관한 설화는 이러하다.

1988년 봄, 50대 전후의 중년 남성은 극락보전으로 들어서고 있었다. 걸음걸이는 금방이라도 넘어질 듯 위태로웠다. 그는 스님에게 절절한 심정을 털어 놓았다.

"경북 포항서 작은 개인 사업을 하던 오 씨라고 합니다. 정말 열심히 살았습니다. 그런데 갑자기 앞이 캄캄해지면서 점차 보이지 않는 겁니다. 유명하다는 안과는 다 찾아다녀 봤고, 눈에 좋다는 약은 모조리 먹어 봤습니다. 사업해서 벌어놓은 돈은 약값으로 다 썼고 남은 건 빚과 가족 걱정뿐입니다."

그는 관음기도 도량 무위사를 추천한 친척 한 분의 소개로 경상도에서 전라도까지 오게 된 것이었다. 스님은 그에게 관음기도를 가르쳤다. 그는 삭발하고 100일 관음기도에 들어갔다. 하루가 지나고 이틀 그리고 50일이 지났다. 수월관음보살님의 흰옷이 보이기 시작했고 90일째, 그의 시력은 회복됐다. 100일 기도를 회향한 오 씨는 무위사를 떠나며 "관세음보살님이 천수천안을 빌려주셨으니, 눈먼 이들의 눈으로 살겠다."고 다짐했다.

오래전에는 무위사가 수륙사였다 한다. 실제 『신증동국여지승람』 권37 '강진현 불우조'에는 "세월이 오래되어 퇴락했던 무위사를 이제 중수하고 이로 인해 수륙사水陸社로 한다."고 기록돼 있다. 극락보전이나 아미타삼존불도 등 벽화들과 100일이라는 설화의 시간적 제약 등은 무위사가 수륙사임을 추정하게 한다. 부처님 법에 의지해 살아있는 자들의 애도와 죽은 이들의 복수심까지 포용하려는 수륙재는 무위사의 따뜻한 부처님 품과 닮아있다. 파랑새는 달빛 아래 첫 마을에 위치한 무위사에 천년의 신비를 숨겨 놨다. 달빛을 등에 업고 어디론가 떠난 파랑새는 '낡은 것'에 담긴 '새로운 것'을 '발견'하는 신비로움과 환희심을 일게 한다. 무위사에 내려앉는 달빛과 천수천안의 관음보살의 자비로움은 지친 우리의 심신을 편안하게 치유케 한다.

7. 강화 보문사: 바다에서 나온 나한상

보문사는 '차별 없이 모두에게 골고루 덕화가 미치는 문普門' 혹은 '불보살이 갖가지 인연으로 여러 모습으로 나투어 중생을 구한다普門示現.'라는 절 이름을 갖고 있다. 전등사·정수사와 함께 강화의 3대 고찰인 보문사는 우리나라 3대 관음도량 중의 하나로, 보문사에 전하는 사지에 의하면 635년(신라 선덕여왕 4년) 금강산 보덕굴에서 수행하던 회정懷正선사가 창건했다고 한다. 스님이 이곳에 와서 산세를 살펴보니 인도의 보타낙가산과 비슷하여 절을 짓고 이름을 '보문', 산 이름을 '낙가'라고 했다는 것이다. 그러나 회정선사는 옛 기록에는 전혀 행적이 보이지 않는다. 근대에 작성된 『유점사본말사지』에 "금강산 보덕굴을 고려 의종 10년(1156)에 회정선사가 중창했다."는 내용이 회정선사에 대한 유일한 기록이다.

어느 해 정월 초하루에 일어난 일이다. 설을 맞아 육지에 사는 사람들이 섬에 사는 사람들을 찾아보려고 수십 명이 배를 타고 바다를 건너오고 있었다. 그런데 공교롭게도 겨우내 꽁꽁 얼었던 임진강이 갑자기 녹아 얼음덩이가 외포리 바다로 흘러내렸다. 배는 빙산에 밀려 먼 바다로 표류하기 시작했다. 그러기를 며칠, 추위와 굶주림은 날로 더하고 성난 파도는 더욱 거세게 뱃전을 때렸다. 죽음의 공포가 배 안에 가득했다. 그때 어느 사람이 "우리 모두 보문사에 계시는 관세음보살을 부르자."고 외쳤다. 사람들은 간절하게 관세음보살을 부르며 보문사를 향해 절을 했다. 그러자 홀연히 낯선 스님 한 분이 뱃머리에 나타나 얼음덩이를 밀어내고 노를 저었다. 배는 순식간에 보문사 앞바다에 이르렀다. 스님은 배에서 내리자마자 흔적도 없이 사라졌고 승객들 중 다친 이는 한 사람도 없었다고 한다.

이처럼 관음성지 보문사는 특이하게도 영험 있는 나한기도로 유명하다. 여기에는 그럴 만한 까닭이 있다. 신라 진덕여왕 3년(649) 4월, 강화 보문사 아랫마을 매음리 어부들은 새봄을 맞아 출어 준비를 하며 만선의 기대감에 가슴이 설레었다. 준비를 마친 어부들은 풍어를 기원하면서 앞바다로 나갔다. 4월의 미풍은 바다 내음을 싣고 와 피부를 간지럽혔고, 고기잡이에 알맞게 출렁이는 물결은 봄 햇살 때문인지 여느 때보다 더욱 풋풋하고 싱그러워 보였다. 그물만 던져 넣으면 금방이라도 고기들이 가득 담겨 올라올 것만 같았다. 어부들은 콧노래를 부르며 큰 그물을 바닷속에 던졌다. 얼마가 지났을까. 어부들이 그물을 올리려고 보니 고기는 없고 이상스럽게 생긴 돌들이 그물에 가득하였다. 어부는 그 돌들을 바다에 다시 던져 버리고 배를 저어 멀리 떨어진 곳에 가서 다시 그물을 쳤다. 한참 만에 어부는 그물을 걷어 올렸다. 그런데 놀랍게도 조금 전의 그 돌 덩이들이 그대로 그물에 걸려 있었다. 놀란 어부는 황급히 그물을 바다에 털어 버리고 집으로 돌아와 버렸다. 그날 밤 어부는 꿈을 꾸었다. 해맑은 얼굴에 수려한 풍모를 한 노스님이 나타나 이렇게 말하였다.

"우리는 먼 천축국天竺國에서 왔느니라. 나를 포함한 스물두 명의 성인이 배를 타고 이곳까지 왔다. 타고 온 돌 배를 돌려보내고 물속에 있다가 그대의 그물에 따라 올라왔는데 그대는 두 번씩이나 우리들을 넣어 버리더구나. 우리가 여기에 온 것은 무진無盡 법문과 중생의 복락을 성취하는 법을 전하기 위해서다. 마을 뒤 낙가산에 가보면 우리가 오래도록 편안하게 쉴 곳이 있으니 그곳으로 우리를 안내해주기 바란다. 이 인연과 공덕으로 그대의 후손들까지 길이 복을 누리게 될 것이다."

이어 노스님은 낙가산으로 어부를 인도, 보문사 앞에 있는 석굴을 보여주었다. 스님은 이곳에 쉬게 해달라고 다시 이르고 바다로 사라졌다. 꿈에서 깨어난 어부는 날이 밝기를 기다렸다가 배를 띄웠다. 어제 석상들을 던져 버린 곳에 그물을 쳤다. 조금 후 가슴을 조이며 걷어 올린 그물에는 어제의 석상 22위位가 고스란히 따라 올라 왔다. 어부는 정성스레 석상을 모시고 뭍으로 올라와 물로 깨끗이 씻고 꿈에 본 석굴로 향했다. 굴 앞에 다가서니 안에서 경 읽는 소리가 나고 은은한 향 내음이 굴 밖으로 스며 나오고 있었다.

어부는 굴 안으로 조심스럽게 들어갔다. 굴 안에는 마치 사람이 일부러 다듬은 것처럼 천연적으로 만들어진 좌대가 있었다. 좌대에 석상을 모시고 어부는 거듭거듭 절을 하면서 소원을 빌었다. 그날 밤 스님이 다시 어부의 꿈에 나타났다.

"그대의 수고로 장차 무수한 중생들이 복을 얻게 될 것이다. 그대에게 먼저 복을 줄 것이니 함부로 쓰지 말며, 악하고 삿된 마음을 일으키게 되면 곧 복을 걷어 들일 것이니라. 그대에게 효성이 지극하고 복덕을 갖춘 아들을 점지할 것이니라."라고 말하였다.

그렇게 해서 스물두 분의 석상을 굴속에 봉안하니 이들이 바로 오늘까지 현존하는 보문사 굴법당 3존 불상과 18나한, 그리고 나반존자이다. 그 후 뱃사공들은 모두 거부가 되었다 한다. 회정대사가 금강산에서 내려와 이곳에 관음도량을 개창하고 산 이름을 낙가산, 절 이름을 보문사라 칭한 지 14년 만에 일어난 일이다. 그 후 이 석굴법당은 많은 신통스런 영험이 일었다 하여 일명 신통굴이라고도 불리었다.

보문사와 관련된 또 다른 이야기이다. 보문사에는 고려 때 왕실에서 하사한 옥등이 있었다. 이 옥등은 석굴 법당의 인등으로 사용되었는데, 어느 날 청소를 하던 사미가 실수로 법당 바닥에 떨어뜨렸다. 등은 마치 칼로 자른 듯 두 조각으로 갈라지고 기름이 흘러내렸다. 놀란 사미승은 울면서 주지스님에게 사실대로 고했다. 옥등은 절에서 소중히 여기던 것이었으므로 주지스님도 깜짝 놀라 석굴 법당으로 뛰어갔다. 그런데 이게 웬일인가. 어두워야 할 법당 안이 환하게 밝았다. 의아하게 여긴 주지스님은 불이 켜진 등을 만져 보았다. 바로 그 옥등이었다. 깨어졌던 옥등이 감쪽같이 원래의 모습으로 돌아와 있었던 것이었다. 그리고 등에는 그전보다 더 많은 기름이 채워져 있었다고 전해진다.

어느 날 보문사에 도둑이 들어 향로, 다기, 촛대 등 유기그릇 일체를 훔쳐 달아났다. 무거운 유기그릇을 한 짐 지고 끙끙거리면서 밤새 도망친 도둑은, '이제 아무리 못 와도 70~80리는 왔을 테니 좀 쉬어 가도 잡히지 않겠지.' 하고는 짐을 내려놓고 조금 쉬려니 바로 발아래서 새벽 범종 소리가 울렸다. '밤길이 어두워 내가 겨우 도망친다는 게 다른 절로 온 게 아닌가.' 덜컥 겁이 난 도둑은 얼른 일어나 다시 도망치려고 짐을 지려는데 뒤에서 누가 목덜미를 탁 잡는 것이 아닌가.

"이 녀석, 어디서 무슨 짓을 못해 부처님께 공양 올리는 성물을 훔쳐 가느냐?"

"아이구, 스님, 잘못했습니다. 밤새 걸었는데 보문사 경내를 벗어나지 못했다니 도무지 알 수가 없습니다."

"이 모두가 나한님의 신통력 때문이니라."

새벽에 도량석을 하려고 나왔던 스님에게 잡힌 도둑은 그 후 착한 불제자가 되었다 한다. 3개의 홍예문을 지닌 이 천연동굴 법당은 지방문화재 제57호이다. 그리고 마애관음보살상은 절에서 1km가량 뒤쪽으로 108계단을 걸어 올라간 절벽에 조성되어 있다. 높이 920cm, 너비 330cm에 달하는 거대한 관음마애불(유형문화재 29호)이다.

낙조에 붉게 물드는 보살상의 모습은 관음진신 바로 그것이다. 고해에 허덕이는 중생을 어머니처럼 어루만져 주는 대비보살의 따뜻한 체온을 느낄 수 있다. 보살상을 덮고 있는 기묘한 형태의 눈썹바위는 보살상을 외호하는 천혜의 지붕으로 신비감마저 들게 한다.

8. 경주 분황사: 광덕과 엄장

왕자 싯다르타는 부처가 되겠다는 굳은 결심으로 마하보리사원 보리수 아래 길상초를 깔고 앉아 금강 삼매에 들었다. 이때 그를 방해하기 위해 마왕 파순의 세 딸이 등장한다. 딸들은 각 600명의 여인으로 변신해 왕자를 유혹했으나, 싯다르타는 이에 현혹되지 않고 마침내 위없는 깨달음을 이룬다. 여기서 마왕의 세 딸은 애욕과 욕망의 상징인 동시에, 남성의 본능을 일깨워 번뇌를 유발하는 수행의 장애를 뜻한다.

한국불교의 고승 수행담 및 불교설화에서도 여성은 남성 구도자의 수행을 방해하는 장애요소로 종종 등장한다. 남성 위주의 불교사에서 특히 여성의 존재는 인간의 가장 세속적이고 본질적인 욕망으로 상징될 수 있다. 이에 인간의 욕망, 그리고 희로애락의 무상함을 극명하게 드러낼 수 있는 효과적인 장치로 사용되고 있다.

신라 문무왕 때 광덕과 엄장이란 두 스님이 있었다. 이 스님들은 네 것 내 것을 가리지 않을 만큼 몹시 절친한 사이여서 공부하면서도 서로 알려주고 도우면서 성불을 향해 정진했다.

"자네가 먼저 극락에 가게 되면 반드시 알리고 가야 하네."

"물론이지 이 사람아. 자네도 마찬가질세."

두 스님은 밤낮으로 만나기만 하면 서방정토에 먼저 왕생하는 자는 반드시 서로에게 알리기로 굳게 약속한다. 그러나 수행에 임하는 방식은 서로 달랐다. 광덕은 가정을 꾸려 분황사 인근에서 짚신 삼는 것을 업으로 삼았고, 엄장은 홀로 남악에 암자를 짓고 숲의 나무를 벤 후 밭을 일궈 농사를 지으며 살았다. 녹록지 않은 삶 속에서도 두 사람은 각기 정토 왕생을 발원하며 사문으로서의 본분을 잊지 않고 부지런히 정진했다.

어느 날 저녁, 엄장스님은 저녁 공양과 예불을 마친 뒤 집 주위를 산책하고 있었다. 석양에 물든 하늘빛은 아름답기 그지없었고, 초여름 저녁 미풍에 날리는 송홧가루는 싱그러움을 더했다. 그때였다. 엄장은 기이한 체험을 하게 된다. 어디선가 한 줄기 밝은 빛이 땅까지 비추더니 광덕스님의 음성이 들렸다.

"나는 서쪽으로 가니 그대는 잘 있다가 속히 나를 따라오게나." 도반 광덕의 목소리였다. '광덕이 먼저 왕생함을 알리는 징조임에 분명하군.' 기이한 현상에 넋을 놓은 엄장의 뇌리에 불현듯 서로 서방정토를 알리기로 약속했던 과거의 기억이 떠올랐다. 문을 밀치고 밖으로 달려 나왔다. 믿을 수 없을 만큼 환희로운 광경이 눈앞에 펼쳐졌다. 엄장스님은 얼른 하늘을 쳐다봤다. 하늘에서는 천상의 음악 소리가 들려오고 눈부신 광명은 땅에 맞닿아 있었다. 이튿날 엄장스님이 광덕스님이 살고 있는 서리로 가보니 과연 광덕스님은 열반에 들어 있었다.

"언제 가셨습니까?"

"어제 저녁 석양 무렵에 가셨습니다."

"역시 그랬군요…."

광덕스님의 우정 어린 마지막 인사를 들은 엄장은 그 부인과 함께 유해를 거두어 다비식을 치렀다. 장례식이 끝난 후 엄장은 돌아갈 생각을 하지 않았다. 장례를 마치고 도반의 아내와 마주 앉아 소회를 나누던 중, 엄장의 마음속에는 묘한 감정이 생겼다. 오랜 시간 산속에서 고독한 삶을 살며 켜켜이 쌓인 외로움을 이 여인과 더불어 해소하고자 하는 욕망이다. 한편으로는 속세를 떠나 계율을 지키며 수행한 자신보다 가정을 꾸린 광덕이 먼저 왕생한 데 대한 은근한 시샘도 있었다.

"스님, 오늘 수고 많으셨습니다. 더 늦기 전에 돌아가셔야지요."

"네. 그런데 부인을 혼자 두고 가려니 왠지 마음이 안되어서 발길이 떨어지질 않습니다. 혼자 지내실 수 있겠습니까?"

"염려 마옵시고 어서 돌아가십시오. 혼자인들 어떻고 반쪽이면 어떻습니까?"

엄장은 일어설 생각을 않고 뭔가 골똘히 생각하는 듯하더니 다시 입을 열었다.

"부인, 부인께서도 알다시피 광덕과 저는 서로 가릴 것 없는 절친한 사이가 아니었습니까. 이제 그가 먼저 서쪽으로 갔으니 그와 살았듯 나와 함께 사는 것이 어떻겠소?"

"그렇게 하시지요. 광덕스님 섬기듯 성심껏 시봉하겠습니다."

광덕의 처가 거리낌 없이 선뜻 답하자 엄장스님은 약간 의외이긴 했으나 쉽게 뜻을 이루어 기분이 좋았다. 그날 밤, 밤이 깊어 두 사람은 각각 잠자리에 들었다. 엄장이 그 부인 곁으로 다가가 잠자리를 함께하려 하자 부인은 놀라는 기색으로 엄장을 냉정하게 뿌리치는 것이 아닌가. 그리고는 엄장에게 단호히 거절의 뜻을 밝히며 일갈했다.

"스님이 서방극락을 구함은 마치 나무에 올라 고기를 구하는 것과 같습니다."

매서운 질책이었다. 물고기를 물에서 구하려 하지 않고 나무에서 찾는 것은 이치에 맞지 않는 일이다. 의외의 반응에 소스라치게 놀란 엄장이었다. 그로서는 납득할 수 없는 일이었다. 그녀는 이미 광덕과 10여 년을 함께 살아온 부부가 아닌가. 당연히 정을 통했을 것이고, 그럼에도 광덕은 죽어 서방정토에 왕생했다. 그런데 그녀는 어째서 광덕의 빈자리를 대신하기로 한 엄장에게는 이 같은 반응을 보이는 걸까. 엄장은 혼란스러웠다. 엄장은 아무 말도 할 수가 없었다. 쥐구멍이라도 있으면 숨고 싶은 심정일 뿐이었다. 광덕의 처는 이 같은 비유를 통해 수행자로서 여인에게 욕정을 품고 정을 통하려 한 엄장의 행동이 옳지 않음을 힐난하고 있다. 엄장은 의아했다. 초저녁, 선뜻 함께 살기를 응낙하던 부인의 몸빛이 마치 고승의 준엄한 자태로 비쳐왔기 때문이다. 엄장은 문득 부끄러운 생각이 일었으나 마음을 굳게 다잡고 다시 물었다.

"광덕도 이미 수년간 그렇게 살았는데 나라고 안 될 이유가 어디 있단 말이오?"

"남편은 10여 년이나 저와 동거했으나 단 하룻밤도 동침하지 않았습니다. 하물며 부정하게 서로 닿아 더럽히는 일조차 없었습니다. 우리는 매일 밤마다 단정히 앉아 한결같이 아미타불 명호를 부르거나 16관(아미타경에 설해진 대로 태양과 물 등 16가지 일을 명상하는 관법)을 하며 정진했습니다. 또 밝은 달빛이 창에 비쳐들 때면 그 빛을 타고 가부좌를 틀었으니 어찌 미혹을 깨고 서방극락에 가지 않을 수 있겠습니까."

광덕과 함께 정진해 온 그의 아내 역시 단순히 남편을 잃고 실의에 잠긴 한낱 과부가 아니었다. 광덕과 광덕의 아내는 기나긴 세월 오로지 수행정진하며 일념으로 왕생을 믿고 발원하며 서로 의지해 온 수행도반이 었던 것이다. 때문에 세속적 욕망의 허망함을 누구보다 확연히 알았기에, 순간적인 욕망에 흔들린 엄장의 나약한 근성을 매섭게 꾸짖을 수 있었던 것이다. 이를 깨달은 엄장은 부끄러움에 고개를 들 수 없었다. 광덕의 처는 몸가짐을 더욱 단정히 한 채 준엄한 표정으로 말을 이었다.

"무릇 천 리를 가는 자는 그 첫걸음으로 살필 수 있다고 했습니다. 그런데 지금 스님의 수행은 서쪽이 아닌 동쪽으로 가고 있는 것이 아닙니까?"

지금 스님의 생각이 동쪽에 있으니 서방은 미처 알 수가 없는 상태에 있다는 질타이다. 엄장은 부끄러워 더 이상 듣고만 있을 수가 없었다. 얼굴이 붉어진 채 조용히 물러날 수밖에 없었다. 내심 '파계한 광덕보다 청정한 몸과 마음으로 정진하고 있으니 수행자로서 더 뛰어나다.'고 생각해 왔는데, 이 모든 것이 혼자만의 착각이었다. 한순간 욕망에 이끌려 그동안의 수행이 공염불에 불과했다는 사실도 뼈저리게 깨달았다. 참으로 참기 힘든 부끄러움과 후회가 밀려들었다. 그는 벌떡 일어나 부인에게 큰절을 올렸다.

"아니, 스님 왜 이러십니까?"

"몰라뵈옵고 무례했던 점 널리 용서하옵소서."

엄장은 부인에게 크게 사죄한 후 날이 밝자마자 광덕의 집에서 도망치듯 나왔다. 깊이 잘못을 뉘우치고 몸과 마음을 깨끗이 분황사로 달려가 원효스님에게 죄를 참회하고 간밤의 이야기를 사실대로 고한 후 가르침을 청했다. 이에 원효스님은 錚觀法(징을 치면서 산란한 생각을 없애며 선정에 들게 하는 특수 관법으로 추측)을 일러줬다. 엄장은 그 길로 남악 암자로 돌아왔다. 그동안 자신의 공부가 헛되었음을 절감하면서 그는 다시 시작하는 자세로 공부에 임했다. 엄장스님은 오직 한마음으로 관觀을 닦고 정진하였다. 몇 년이 지난 어느 초여름 해 질 무렵, 엄장 역시 광덕스님처럼 극락왕생했다. 정토왕생의 비법으로 관법을 닦아 드디어 서방왕생을 했는데, 그가 왕생을 원하며 불렀던 노래가 '원왕생가'였다. 광덕스님의 부인은 비록 분황사 노비였지만 사실은 관음의 19응신 중의 하나였다.

그녀는 남편의 도반이자 사문 엄장을 욕망에 빠뜨리는 장애요소로 등장한다. 그러나 광덕의 처는 단순한 욕망의 대상에 그치지 않고 상대의 번뇌를 깨뜨리고 깨달음으로 이끄는 조력자가 됨으로써 종국에는 왕생을 돕는 핵심적 인물이다. 비록 이름 없는 설화 속 조연에 불과하지만, 여성으로서는 드물게 남성 수행자를 깨우치고 독려하는 모습으로 나타난다는 점에서 주목할 만하다. 특히 아내에 따르면 광덕은 평소 칭명稱名염불과 16관법觀法을 중심으로 치열하게 수행했다. 쉼 없이 부처님의 명호를 부르고 늘 부처님을 관하며 마음에 깊이 새기는 가운데 광덕의 수행은 날로 깊어졌고, 어느 순간에는 달빛을 좌복 삼아 수행하는 경지에 이르렀다. 그렇기에 아미타 부처님의 위신력으로 그는 서방정토에 갈 수 있었던 것이다.

설화에서 광덕의 아내는 두 남성 수행자를 정토로 이끄는 결정적인 역할을 하고 있다. 특히 엄장에게 있어 그녀는 어리석은 욕망을 단칼에 베어내고 강력한 수행동기를 부여해 준 스승이나 다름없다. 또한『금강경』을 짊어지고 길을 가던 덕산스님에게『금강경』의 구절을 들어 "과거와 현재, 어느 마음에다 점을 찍으려 하느냐."라는 서릿발 같은 질문을 던짐으로써 깨달음으로 이끈 중국 떡 할머니 일화와도 상통한다.

『삼국유사』의 저자 일연스님은 이 설화의 끝에 "광덕의 처는 분황사의 계집종"이라 소개한다. 당시 원효대사가 분황사에 주석했다는 점을 살펴볼 때, 어쩌면 광덕의 처는 원효를 통해 광덕보다 먼저 불교에 심취하여 남편의 수행을 지도했던 것이 아닐까 하는 추측도 가능하다. 덧붙여 "광덕의 처가 관음의 19응신 가운데 하나였다."는 글귀에도 주목할 필요가 있다. 설화는 당시의 시대상을 반영한 것이기에, 남성 중심의 사회에서 남성보다 뛰어난 여성이 주는 불편함이 결국 그녀를 관음의 화신으로 승격시켰다는 시각도 있다. 이는 두각을 드러낸 여성을 보살화 함으로써 일반 여성과 차별을 두어 남성의 우월의식을 보호했다는 것이다.

그럼에도 분명한 것은 그녀가 비록 비천한 세속적 지위를 가지고 있었으나 서방정토를 향한 확고한 신앙과 믿음만은 그 누구보다 뛰어났다는 점이다. 또 남성 수행자의 수행을 이끌 만큼 수행에 있어서도 부족함이 없었다. 때문에 의도야 어찌 됐건 민생들에게 그녀는 중생 구제를 위해 화현한 불보살과 같다 할 수 있다.

> 달아 이제 서방 거쳐 가시리 잇고
> 무량수불 앞에 여쭙는 말씀 알리어 사뢰소서
> 다짐 깊으신 부처님께 두 손 모아
> 원왕생願往生 원왕생 그리는 이 있다고 사뢰소서
> 아아, 이 몸을 남겨두고 48대원 이루실까.
>
> ─「원왕생가」

한편 광덕 엄장 설화에 삽입된 「원왕생가」에는 원왕생을 애타게 발원하는 작자의 심정이 절절하게 드러나 있다. 작자는 광덕으로 보는 것이 정설이지만, 광덕의 처라고 보는 견해도 있다. 작자는 달을 매개로 부처님께 원왕생하고자 하는 의지를 전하는 한편, 이토록 간절한 나를 구제하지 않고 남겨둔다면 어찌 48대원을 이룬다 할 수 있을까 묻는다. 기필코 왕생으로 이끌어 달라는 염원인 셈이다. 이는 비단 광덕과 광덕의 아내, 엄장뿐만 아니라 당시의 가난하고 억압받았던 모든 민중들의 염원일 것이다. 또한 오늘날 불교에 귀의해 부처를 닮고자 정진하는 불자들의 간절함과도 다르지 않다.

9. 수덕사: 수덕각시와 관음바위 설화

백제시대에 창건된 수덕사가 통일신라시대에 이르기까지 오랜 세월이 흐르는 동안 가람은 극히 퇴락하여 중창불사를 해야 했으나 당시의 스님들은 불사금을 조달하기에 많은 어려움을 겪고 있었다. 그러던 어느 날 묘령의 여인이 찾아와서 불사를 돕기 위해 공양주를 하겠다고 자청하였다. 이 여인의 미모가 빼어난지라 '수덕각시'라는 이름으로 소문이 원근에 퍼지게 되니, 심산유곡에 자리한 수덕사에 이 여인을 구경하러 오는 사람이 인산인해를 이루었다.

그중 신라의 대부호요 재상의 아들인 '정혜定慧'라는 사람이 청혼을 하기까지에 이르렀다. 이 불사가 원만하게 이루어지면 청혼을 받아들이겠다고 하는 수덕각시의 말을 듣고 이 청년은 가산을 보태어 10년 걸릴 불사를 3년 만에 원만히 끝내고 낙성식을 보게 되었다. 낙성식에 대공덕주로서 참석한 이 청년이 수덕각시에게 같이 떠날 것을 독촉하자 "구정물 묻은 옷을 갈아입을 말미를 주소서." 하고 옆방으로 들어간 뒤 기척이 없었다. 이에 청년이 방문을 열고 들어가려 하자 여인은 급히 다른 방으로 사라지려 하였다. 그 모습에 당황한 청년이 여인을 잡으려 하는 순간 옆에 있던 바위가 갈라지며 여인은 버선 한 짝만 남기고 사라지자, 갑자기 사람도 방문도 없어지고 크게 틈이 벌어진 바위 하나만 나타나 있었다. 이후 그 바위가 갈라진 사이에서는 봄이면 기이하게 버선 모양의 버선꽃이 지금까지 피고 있으며 그로부터 관음보살의 현신이었던 그 여인의 이름이 수덕이었으므로 절 이름을 '수덕사'라고 부르게 되었다고 한다.

그리고 이와 같은 광경을 본 정혜라는 청년은 무상함을 느끼고 산마루에 올라가 절을 짓고 그 이름을 정혜사定慧寺라 하였다고 한다. 또한 이때부터 관세음보살이 현신하여 절을 크게 중창하고 바위 속으로 사라진 이곳에서 기도를 하면 모든 소원이 성취된다는 소문이 전국에 퍼지자 소원을 비는 발길이 끊이지 않았다. 수덕사는 근대한국선불교의 중흥조인 경허와 만공스님의 가풍을 간직한 선찰로서 자칫 기복에 치우칠 우려가 있어 이를 더 이상 구전치 않았던 것이다. 그러나 이곳을 찾는 많은 불자들의 심원心願에 따라 수덕사에서는 이 성역에 참배 기도하는 이에게 관음의 신통묘용神通妙用한 가피가 얻어지기를 기원하며 근래에 관음상을 봉조하게 되었다.

수덕도령과 덕숭아씨 설화

홍주 목사 고을에 수덕이란 도령이 있었다. 그는 양반집 아들로 의젓하게 살고 있는 부잣집 아들이었다. 그는 사냥을 좋아해서 어느 해 가을엔 몸종들을 데리고 사냥을 갔다. 몸종들과 산을 둘러싸고 몸종들이 짐승을 몰아 짐승들이 나타나면 수덕이가 화살을 날리어 잡는 그런 사냥이었다. 몸종들이 나뭇가지를 탁탁 털면서 "우—" 하고 몰아오더니 "노루야 노루야" 하고 소리쳤다. 수덕은 화살엔 자신이 있었으므로 언덕 아래에 숨어서 활을 조이며 쳐다보고 있는데 정말 송아지만한 노루가 자기 앞으로 껑충껑충 뛰어오고 있었다.

수덕은 바삐 활시위를 잡아당겼다가 딱 멈췄다. 수덕이 어쩐 일인지 화살을 날리지 않고 멈추자 "도련님 노루예요. 어서 화살을 날리세요!" 몸종들이 화살을 날리라고 아우성을 치기 시작했다. 그러나 아우성이 커질수록 활시위에 천천히 힘이 빠지기 시작했다. 끝내 노루를 놓치고만 몸종들은 섭섭해했지만 그에겐 그만한 이유가 있었다. 노루가 뛰어올 때부터 화살이 잡은 노루의 방향에 어여쁜 낭자가 똑같이 뛰어가고 있었던 것이다. 노루가 사라지자 뛰어가던 낭자가 자기 앞에 나타났다. 그리고선 굳은 얼굴로 그를 바라보더니 사라지는 것이었다. 그런 일이 있은 후부터 그는 책을 펼쳐도 글씨는 보이지 않고 낭자의 얼굴만 떠올랐다. 그는 몇날 며칠을 고민하다가 자기를 아끼는 할아범 몸종에게 낭자를 찾아보라 했다. 할아범이 여러 마을에 수소문한 결과 바로 건넛마을에 사는 덕숭이라는 낭자라 했다. 덕숭낭자는 혼자 살고 있는 낭자로 아름답고 마음씨가 고와서 온 마을에서도 훌륭한 낭자란 평을 받았다.

할아범으로부터 이런 이야기까지 들은 수덕은 더욱 고민하다가 밤에 덕숭낭자의 집을 찾아가 낭자 앞에서 자기는 꼭 낭자와 결혼을 해야겠다고 간청을 했다. 그랬더니 낭자는 아직 결혼할 생각이 없다고 머리를 떨구었다. 허나 수덕도령은 꼭 결혼하자고 졸라대기 시작했다. 새벽닭이 울 때까지 덕숭낭자를 졸라댔다. 낭자는 닭 울음소리에 따라 머리를 들듯 얼굴을 세우고 수덕을 바라보면서 "저와 결혼을 꼭 하시고 싶으시면 먼저 소녀의 청을 들어주셔야 하겠습니다. 우리 집 근처에 절을 하나 세워 주세요."라고 말하였다. 덕숭낭자가 절을 세워달라고 원하자 수덕도령은 쾌히 승낙했다. 그날부터 절간을 짓기 시작했다. 많은 인부들이 작업을 해서 그런지 절간은 예상보다 빠르게 지어졌다. 수덕도령은 낭자를 찾아가서 절이 다 지어졌노라고 전했다. 그러자 낭자는 "어째서 절을 지으면서 부처님을 생각하지 않으시고 여자의 몸을 탐내십니까. 그런 절은 바로 없어

집니다." 하고 자리에서 일어나는 것이었다. 이때였다. 밖에서 "우루루—"
하는 소리가 들려왔다. 그리고 많은 사람들이 새로 지은 절이 부서졌다고
아우성을 치는 것이었다. 하지만 수덕도령은 다시 절을 짓기 시작했다. 이
번에는 불이 나 타버렸다. 수덕도령이 날마다 목욕을 하고 몸가짐은 정돈
이 되었으나 마음에 부처님보다 덕숭낭자를 생각했기 때문에 그런 일이
생겼다 했다. 그는 잿더미 위에 또 절을 짓기 시작했다. 이번엔 참으로 절
이 잘 지어졌다. 절이 완성되자 덕숭낭자는 결혼을 승낙했다. 그래서 결혼
식을 올렸으나 자기 몸에 손을 못 대게 했다.

하지만 어느 날 수덕도령은 참을 수가 없어서 와락 덕숭낭자를 껴안
았다. 그런데 이게 어찌된 일인가. 문짝이 달가닥하고 떨어지며 이불이 공
중에 뜨더니 자기를 밀어 제치고 이불이 둥둥 떠서 어디론가 사라지는 것
이었다. 낭자는 온데간데없고 버선 한 쪽만 쥐어져 있었다. 이번엔 천둥
소리가 났다. 그러자 그들이 살던 집은 불더미가 되고 수덕도령이 앉아있
던 자리에 바위가 생겼다. 그리고 그 바위에 버선 모양의 꽃이 피었다. 낭
자는 관음보살이 화현하여 속세에 와서 살았다 해서 '덕숭산'이라 했고
절은 수덕도령이 지었다 해서 '수덕사'라 불리게 됐다. 그리고 바위에 피
는 꽃은 버선 모양이라 해서 '버선꽃'이라 불리게 됐다고 한다. 덕숭총림
수덕사 대웅전은 안동 봉정사 극락전, 영주 부석사 무량수전에 이어 가장
오래된 목조건물이다. 정면 3칸 측면 4칸 주심포식 맞배지붕 양식을 지니
고 있다.

10. 백월산 二聖: 노힐부득과 달달박박

창원의 백월산白月山은 신라 구사군(옛날의 굴자군. 지금의 의안군)의
북쪽에 있었다. 산봉우리는 기이하고 빼어났는데 그 산줄기가 수백 리에

뻗쳐 있어 참으로 큰 진산鎭山의 명산이다.

옛날에 당나라 황제가 어느 때에 못을 하나 팠는데, 달마다 보름 전이면 달빛이 밝고, 못 가운데에 산이 하나 있고 사자처럼 생긴 바위가 꽃 사이로 은은히 비쳐서 못 가운데에 그림자를 나타냈다. 황제는 화공을 시켜서 그 모양을 그리게 하여 사자를 보내서 온 천하를 돌면서 찾도록 했다. 사자가 해동에 이르러 보니 그 산에 큰 사자암이 있고 산의 서남쪽 가까운 곳에 삼산三山이 있는데, 그 이름은 화산花山(그 산의 몸체는 하나인데 봉우리가 셋이어서 삼산이라고 했다.)으로서 모양이 그림과 같았다. 그러나 아직 진짜인지 아닌지 알 수 없어서 신 한 짝을 사자암 꼭대기에 걸어 놓고 돌아와 아뢰었다. 그런데 신발 그림자도 역시 못에 비치므로 황제는 이상히 여겨 그 산 이름을 백월산白月山이라고 했다(보름 전에는 백월의 그림자가 못에 나타나기 때문에 이렇게 이름한 것이다.). 그러나 그 후로는 못 가운데에 산 그림자가 없어졌다.22)

이러한 이야기를 간직한 백월산에 옛 신라 성덕왕 때 '신라인의 현신 성도'를 상징하는 대표적 인물로 '노힐부득'과 '달달박박'이 치열한 수행정진을 거듭하여 미륵불로 화신한 유명한 설화가 있다.

신라 성덕왕 때의 일이다. 백월산의 동쪽에 3천 보쯤 되는 곳에 선천 마을이 있고, 그 마을에는 두 사람이 살고 있었다. 한 사람은 노힐부득이요, 또 한 사람은 달달박박이었다. 이들은 모두 풍채와 골격이 범상치 않았고 속세를 초월한 사상을 가진 좋은 친구 사이였다.

두 사람은 스무 살이 되자 마을 동북쪽 고개 밖에 있는 법적방(지금의 창원)에 가서 머리를 깎고 스님이 되었다. 얼마 되지 않아 서남쪽 치산촌 법종곡 승도촌에 옛 절이 있는데 정신수양을 할 만하다는 말을 듣고 함께 가서 대불전大佛田, 소불전小佛田의 두 마을에 각각 살았다. 부득은 회

---

22) 일연, 『삼국유사』, 이동환 역주, 삼중당, 1988, pp.95-104 참조.

진암에 살았고, 박박은 유리광사에서 살았다. 이들은 모두 처자를 데리고 와서 살면서 농사를 짓고 서로 왕래하며, 심신을 도야하고 마음을 편안하게 하여 속세를 초월하고 싶은 생각을 잠시도 잊지 않았다. 그들은 몸과 세상의 무상함을 느껴

"기름진 밭과 풍년 든 해는 참으로 좋으나 의식이 맘대로 생기고 자연히 배부르고 따뜻함을 얻는 것만 못하구나. 또 부인과 집이 참으로 좋으나 연화장세계에서 부처님과 앵무새나 공작새와 함께 놀면서 서로 즐기는 것만 못하구나. 더구나 불도를 배우게 되면 응당 부처가 되고 참된 것을 닦으면 반드시 참된 것을 얻는 법 아닌가. 지금 우리들은 이미 머리를 깎고 스님이 되었으니, 마땅히 몸에 얽매여 있는 것을 벗어 버리고 무상의 도를 이루어야 할 것인데, 어찌 이 혼탁한 속에 파묻혀 세속의 무리들과 같이 지내야 되겠는가."

라고 서로 말하였다. 두 사람은 드디어 인간 세상을 떠나서 장차 깊은 골짜기에 숨으려 했다. 어느 날 밤 꿈에 백호의 빛이 서쪽에서 오더니 빛속에서 금빛 탈이 내려와서 두 사람의 이마를 쓰다듬어 주었다. 꿈에서 깨어 이야기를 하니 두 사람의 말이 똑같으므로 이들은 한참 동안 감탄하다가, 드디어 백월산 무등곡으로 들어갔다. 달달박박스님은 북쪽 고개의 사자암을 차지하여 판잣집 8척 방을 만들고 살았으므로 판방板房이라 하고, 노힐부득스님은 동쪽 고개의 무더기 돌 아래 물이 있는 곳을 차지하고 역시 방을 만들어 살았으므로 뇌방磊房이라고 하였다. 노힐부득은 도솔정토왕생을 발원하며 회진암懷眞庵에서 미륵보살을 부르며 정진하였고, 달달박박은 극락정토발원을 하면서 유리광사瑠璃光寺에서 아미타불을 염송하면서 정진하고 있었다.

그러던 어느 해 사월 초파일(709년 4월 8일, 성덕왕 즉위 8년) 해가 저물어 갈 무렵, 달달박박이 공부하는 유리광사에 스무 살가량의 얼굴이 매우 아름다운 낭자가 난초 향기를 풍기면서 찾아 와서 하룻밤을 묵고 가기를 청하면서, 글을 지어 바쳤다.

길 가다가 해지니 온 산은 어두워지는데	行逢日落天山暮
갈 길은 막히고 갈 곳 멀어 막막하구나	路隔城遙絶四隣
오늘 밤 이 암자에 자고 가고자 하니	今日欲投庵下宿
자비로운 스님이시여 노여워하지 마소	慈悲和尙莫生嗔

달달박박은 생각하길 '요괴의 마구니가 괴롭히러 왔구나.' 하고 박절하게 말했다. "절은 깨끗해야 하는 곳이니 그대가 가까이 올 곳이 아니요, 어서 다른 데로 가고 여기서 머물지 마시오." 달달박박은 다른 곳으로 가 보라고 거절하면서 문을 닫고 방으로 들어가 버렸다. 그러자 낭자는 노힐부득이 공부하는 회진암으로 찾아가서 자고 가기를 청하였다. 노힐부득은 자비심이 많은 스님이라 말하기를, "그대는 이 밤중에 어디서 왔는가."라고 하였다. 그러자 낭자가 말하기를, "허공과 육지가 다 내 집이라 오고 갈 것이 따로 없지만, 다만 어진 스님의 바라는바 뜻이 깊고, 덕행이 높고 굳다는 말을 듣고 장차 도와서 보리를 이루고자 왔을 뿐입니다."라고 말하며, 게송 하나를 주었다.

해도 저문 깊은 산길에	日暮千山路
가도 가도 인가는 보이지 않고	行行絶四隣
대나무와 소나무 그늘은 그윽한데	竹松陰轉邃
계곡 물소리 더욱 새롭네.	溪洞響猶新

잠잘 곳 찾는 것은 길 잃어서가 아니니	乞宿非迷路
존경스런 스님 인도하려 함일세.	尊師欲指津
원컨대 오직 내 청만 들어주고	願惟從我請
다시 길손이 누군지 묻지를 마오	且莫問何人

　노힐부득은 이 말을 듣고 몹시 놀라면서 말하기를, "이곳은 여인이 머물 곳이 못 되지만 중생을 따르는 것도 역시 보살행의 하나일 것이요, 더구나 깊은 산골짜기에 날이 어두웠으니 어찌 소홀히 대접할 수 있겠소" 라며 그녀를 맞이하여 인사를 하고 암자 안에 머물게 하고 잠자리를 마련해 주었다. 그리고 노힐부득은 마음을 맑게 하고 지조를 닦아 희미한 등불이 비치는 벽 밑에서 고요히 미륵존불을 열심히 염송하였다. 밤이 깊어 삼경에 이르자, 낭자가 "배가 아프다."고 고통을 호소하여 가까이 다가가니 "제가 처녀이지만 어쩌다 임신을 하게 되어 해산을 해야 하니 원컨대 스님께서 짚자리를 준비해 주셨으면 합니다." 하였다. 노힐부득은 이것도 우리 절의 경사라는 생각이 들어 촛불을 켜고, 자리를 준비한 다음 여인이 애기를 낳는 데 정중히 뒷바라지를 하여 옥동자를 분만하게 되었다.
　아이를 해산한 여인이 이번에는 목욕물을 요구하였다. 노힐부득스님은 부끄러움과 두려움이 마음속에 얽혔으나 불쌍히 여기는 마음이 그보다 더해서 마지못하여 물을 데워 목욕통에 담아 가져다주자 목욕을 시켜달라고 했다. 부득이 낭자를 통 안에 앉히고 목욕을 시키니, 목욕물에서 향기가 강하게 풍기면서 금물로 변했다. 아이보다 자기가 옷을 훌훌 벗고 욕통에 들어가 몸을 닦는 여인은 곧바로 황금 여인으로 변화하더니 "스님께서도 어서 들어와 이 물에 목욕을 하세요."라고 권하였다. 노힐부득스님이 크게 놀라자 낭자가 "나는 관세음보살인데 이곳에 와서 대사를 보아 대보리(큰 깨달음)를 이루어준 것입니다. 우리 스승께서도 이 물에 목욕하는 것이 좋겠습니다."라고 하자, 노힐부득이 마지못해서 처녀가 시키는 대로 옷을 벗고 목욕물에 들어가 씻었다. 그 아름다운 여인의 유혹에 굴하지 않고 그녀를 오직 '가련한 중생의 한 사람'으로 성심껏 대접한 노힐부득의 정성에 감동한 탓인지 드디어 관세음보살이 본색을 드러내었다. 금빛 목욕물에 노힐부득의 살이 닿자 그는 갑자기 정신이 상쾌해지는 것을 깨닫게 되었고, 그의 살결이 황금빛으로 빛나면서 그 욕통이 연화대로 변하였다.

한편, 이날 밤 달달박박은 '아마 노힐부득이 그 처녀의 유혹에 빠져 반드시 계를 더럽혔을 것이니 비웃어 주리라.'란 생각을 하고 여인의 유혹을 뿌리친 자신이 대견해 의기양양한 기분으로 노힐부득을 골리러 간다. 부득의 암자로 찾아가서 문틈 사이로 엿보았다. 그런데 놀랍게도 부득이 황금미륵불이 되어 큰 빛을 방광하며 연화대 위에 올라앉아 있었고, 그 몸은 금빛으로 단장되어 있었다.

달달박박은 그 순간 자기도 모르게 머리를 조아려 공경의 합장을 올리면서 "어떻게 된 것이냐?"고 물었다. 부득이 지난밤에 있었던 일들을 자세히 말해주자, 박박은 탄식하며 "나는 업이 두텁고 공부가 부족하여 요행이도 대성인을 만났으나 알아보지 못하였는데 부득스님은 큰 덕이 있고 공부가 깊어 나보다 먼저 성불하게 되었으니, 바라건대 지난날의 교분을 잊지 마시고 저를 제도하여 주십시오!" 하고 머리를 숙여 청하였다.

부득이 말하기를, "통속에 금물이 아직 남았으니 목욕하는 게 좋겠습니다."고 하였다. 부득이 남아있는 목욕물에 목욕을 하게 하니 달달박박도 몸이 찬란한 금빛을 내면서 무량수 아미타불이 되었다. 그러나 물이 조금 부족해서 박박의 발은 금빛으로 빛나지 못했다. 두 부처가 서로 엄연히 마주하고 있었다. 산 아랫마을 사람들이 노힐부득과 달달박박이 부처가 되어 나란히 앉아있다는 소문을 듣고 다투어 와서 우러러보고 감탄하기를 참으로 드문 일이라 했다. 두 부처는 그들을 위해 많은 설법을 하고 "인연중생을 제도한다."며 현신 그대로 구름을 타고 어디론가 가버렸다고 한다.

경덕왕 즉위 14년(755) 왕이 이 소식을 듣고, 신하를 보내서 그 자리에 큰 절을 세우고 이름을 백월산 남산사白月山 南山寺라 사액하고, 다시 미륵불을 조성하여 금당에 모시고 편액에 '현신성도미륵지전現身成道彌勒之殿'이라고 썼다. 또 아미타불을 조성하여 봉안하여 모셨는데 남은 금물이 모자라 몸에 전부 바르지 못했기 때문에 아미타불상에는 역시 얼룩진 흔적이 있었다. 그 편액은 '현신성도무량수전現身成道無量壽殿'이라고 썼다.

이 설화에서 보여주는 스님의 모습은 자기 자신의 기준과 수행에 엄격한 수도승과 그리고 인자한 바라밀승의 모습이다. 산 달이 찬 임산부로 변신한 관세음보살께서 노힐부득과 달달박박에게 차례로 방문하지만 한 스님은 수행승의 몸으로 야밤에 아녀자를 가까이할 수 없으니 돌려보냈고, 한 스님은 중생을 구제하는 마음으로 변신한 관세음보살의 아기를 받아주고 뒤처리까지 해준다. 그리고 산모가 목욕한 물로 몸을 씻은 스님은 성불하게 되고, 그리고 여인을 내쫓은 스님도 다음 날 와서 가르침을 청하자 씻고 남은 물에 목욕을 하고 성불하게 해준다.

이 법문에서 두 가지 진리를 깨닫게 된다. 그 첫째는 꼭 이루고자 하는 자에게는 관세음보살이 그에 맞는 변화신을 나타내어 반드시 제도하여 주신다는 것과 또 하나는 아무리 도를 닦는 수행자라 하더라도 무조건 여자를 멀리하는 것이 아니라 먼저 인간다운 면과 따뜻한 사람됨을 가져야 한다는 것이다. 박박은 믿는 신념에 따라 결단을 내린 것이었고, 부득은 길을 잃어 어려움에 처한 중생이 내게 도움을 청하는데 그 뜻을 들어주는 보살의 길을 택했던 것이다. 밤새워 기도하면서 마음을 비운 상태로 오로지 불쌍한 중생을 살피려는 마음뿐이었을 것이다. 출산을 돕기 위해 물을 데웠고, 그녀가 몸을 씻을 수 있게 도와주었다. 노힐부득스님은 밤새껏 낭자와 함께 있었지만 그녀를 잊은 지 오래고, 달달박박스님은 낭자를 내쳤지만, 밤새껏 마음속에 품고 있었다는 뜻이다. 고통받는 여인을 안쓰럽게 여기는 마음, 여인의 유혹을 극복하는 비결은 자비심이었다. 이 여인은 바로 관세음보살로, 임신한 젊은 여인의 모습을 하고 두 스님을 찾아왔던 것이다. 달달박박은 그제야 자신의 어리석음을 깨달았다. 그는 관세음보살에게서 '여인의 관능과 유혹'만을 보고 '부처의 광휘'를 발견하지 못했던 것이다. 즉 달달박박은 관세음보살의 아니마에서 1단계의 여성성, 즉 하나의 유혹만 본 것이다. 그가 자신의 힘으로 해탈하지 못한 것은 아름다운 여인에게서 관능과 유혹의 위험만을 염려했기 때문이다. 반면 노힐부득은 소박한 친절로 시작해 너그러운 자비를 베풀고, 마침내 관세음보살의 묘지력으로 깨달음을 얻게 되었던 것이다. 따라서 이 설화는 언제 어디서나 구원의 손길로 나투시어 깨달음의 인연을 보여주는 관세음보살 '스토리텔링'의 압권이라 할만하다.

11. 마랑과 관음진신 보덕각시의 인연

신라시대에 마랑이라는 총각이 있었다. 마랑이 머물고 있는 마을에도 어느 날 아름다운 미인이 나타났다. 고운 피부와 부드러운 머리칼, 미끈한 몸매, 잘 발달된 가슴, 어느 하나 이 세상 사람이 아닌 듯했다. 온 곳을 알 수 없는 이 젊은 여인은 그 이름을 보덕이라 했다. 보덕낭자는 많은 젊은이들에게 있어서 선망의 대상이었다. 사람들은 나이의 많고 적음을 떠나 이 보덕낭자와 한 번 만나 보길 원했다. 보덕낭자가 거처하고 있는 집에는 연일 그녀의 얼굴을 보기 위해 수많은 남자들이 문전성시를 이루고 있었다. 노골적으로 청혼을 해오는 총각들도 있었다. 그때가 신라 헌덕왕 8년(816)이었다. 사람들은 미녀의 용모에 팔려 앞다투어 청혼을 하였다. 수백 명의 구혼자가 나타나자 보덕낭자는 한 몸으로 어찌 여러 남자의 요구를 들어줄 수 있겠느냐고 말하며 한 가지 제안을 하였다.

"여러분들의 마음은 충분히 이해하고도 남음이 있습니다. 그러나 생각해 보십시오. 신붓감은 하나인데 신랑감은 수백 명이나 됩니다. 그래서 제가 안을 하나 제시하겠습니다."

"여기 모인 사람들은 모두 보덕낭자를 차지하고자 합니다. 그러나 이들 모두가 다 똑같은 생각을 관철시키려 하면 큰 싸움이 벌어질 게 뻔합니다. 안을 제시하신다니 좋습니다. 어떤 안인지요. 혹 무술을 겨루기라도 할 겁니까?"

"아닙니다. 무술 시합을 하게 되면 그중에는 많은 사람이 다치거나 죽게 됩니다. 그래서 소녀가 여러분에게 『법화경』의 「관세음보살보문품」 한 권씩을 나누어 드릴 터이니 내일 이 시간까지 외워오는 사람은 낭군으로 모시겠습니다." "와!"

사람들은 함성을 질렀고 묘안이라고 했다. 그들은 「보문품」을 한 권씩 받아가지고 돌아가 열심히 외웠다. 다음 날 그 시각 많은 사람들이 모여 보덕낭자 앞에서 「보문품」을 외웠다. 모두 50명이나 합격했다. 송경대회가 끝나자 보덕낭자가 말했다.

"단 하루 만에 「보문품」을 외워 합격한 분이 50명이나 됩니다. 하지만 여러분, 제 생각도 해주십시오. 50명을 모두 낭군으로 맞이할 수는 없잖습니까? 해서 다시 한 가지 제안을 하겠습니다."

우락부락하게 생긴 청년이 앞으로 나섰다. 보기에도 건장했고, 또 양볼을 타고 흐르는 구레나룻에서는 남성적인 야성미가 두드러졌다. "무술은 안 된다고 하셨으니까 택견이나 팔씨름, 또는 씨름으로 함이 어떻겠습니까. 그건 자신이 있는데…."

보덕낭자가 말했다. "시험 문제는 제가 냅니다. 여러분은 시험을 치르는 응시자의 입장에 있음을 양해하여 주시기 바랍니다." 구레나룻의 젊은이는 무안한 듯 자리로 돌아가 섰다. "여러분, 이번에는 「보문품」에 비하여 거의 두 배에 가까운 『금강경』으로 하겠습니다. 시간은 역시 만 하루 동안입니다. 거기서 합격을 하는 분은 저의 낭군이 되겠습니다." 젊은이들은 『금강경』을 한 권씩 배부받아 외우기 시작했다. 그들은 오고 가는 시간이 아깝다 하여 자리를 떠나지 않았으며 식사 문제는 그들의 부모와 친척이 해결해 주었다.

다음 날 그 시각에 시험은 다시 치러졌다. 거기서 다시 열 명의 젊은이가 합격을 했다. 보덕낭자는 다시 『법화경』 7권 28품을 일주일 동안에 다 외우는 자와 혼인하겠다고 했다. 경쟁률은 10대 1이었다. 한 주간이 지나자 다섯 명이 시험에 응시했다. 그들은 앉은 자리에서 『법화경』을 외우기 시작했다. 다섯 명의 시험 감독관이 각자 한 사람씩을 맡아 송경 대회를 치렀다. 거기서 두 사람은 탈락을 했고 세 사람이 합격했다. 참으로 장한 젊은이들이었다. 세 사람으로 좁혀지긴 했으나 이들 세 사람을 모두 남편으로 맞이할 수가 없었다.

보덕낭자는 다시 『열반경』 30권을 내어 주며 20일 동안에 이 경전을 다 외우는 자와 혼인하기로 했다. 『열반경』 30권은 『법화경』 7권의 두 배에 가까운 양이었다. 경전의 두께와 분량을 가늠하며 세 젊은이는 모두 자신만만했다. 이 경전의 절반 분량인 『법화경』도 한 주간 만에 외웠는데 그 경전의 두 배 분량이라면 두 주간이면 가능할 것이었다. 그런데도 보덕낭자는 20일간의 여유를 주었던 것이다.

그들 세 사람은 『열반경』을 받아 집으로 돌아가자 밤낮을 가리지 않고 경을 읽고 외웠다. 마침내 20일이 다 되어 시험장에 두 사람이 응시하였다. 한 사람은 탈락하기도 전에 미리 기권을 했기 때문이었다. 경쟁률은

3대 1에서 갑자기 2대 1로 줄어들었다. 두 사람은『열반경』을 외워 나갔다. 그들의 머리는 가히 놀랄 만큼 많은 것을 저장하고 있었다. 장장 하루 동안 시험을 치러서 두 사람 모두『열반경』송경 대회를 마쳤다.

감독관이 마침내 두 사람의 성적을 비교해 보니 한 사람은 세 군데서 건너뛰었고, 다른 한 사람은 한 글귀 한 글자도 틀림없이 모두 외웠다. 합격한 사람은 마랑이었다. 마랑은 뛸 듯이 기뻤다. 보덕낭자 또한 그를 장한 청년으로 생각했다. 보덕은 마랑을 보고 말했다. "도령은 이름이 무엇이오니까?" "마랑이라고 합니다." "성이 '마'이므로 마랑이란 마 도령이란 뜻입니다. 참 장하시군요. 자, 여러분! 저는 여러분에게 약속한 대로 최종의 한 분을 선택했습니다. 이제 앞으로 택일을 하여 우리는 혼인을 할 것입니다. 여기 마 도령에게 축하의 박수를 보내 주시기 바랍니다."

시험 광경을 보러 왔던 탈락자들과 수많은 구경꾼들은 마랑에게 아낌없는 축하의 박수를 보냈다. 혼인 날짜는 그 자리에서 며칠 뒤로 잡혀졌다. 준비가 거의 끝나고 마침내 예식이 시작될 무렵이었다. 신랑 마랑은 벌써부터 혼례장에 도착하여 싱글벙글 웃음을 흘리고 있었고, 하객들은 마랑을 부러운 시선으로 바라보곤 했다.

그런데 혼례 시간이 다 되고 또 얼마가 흘렀건만 신부는 나타나지 않았다. 궁금해진 하객들이 신부가 머물고 있는 방문을 두드렸다. 댓돌 위에 신발이 있는 것으로 보아 신부가 분명히 있기는 했다. 잠시 후 방안에서 신음 소리가 들려왔다. 사람들은 방문을 열어젖혔다. 신부가 배를 움켜쥐고 방바닥을 굴러다니고 있었고 얼굴빛은 하얗게 되어 있었다. 의원을 불렀다. 그러나 의원이 도착하기 전 보덕낭자는 마랑의 무릎 위에서 숨을 거두고 말았다. 참으로 기가 막힐 노릇이었다. 마랑은 보덕낭자의 시신을 끌어안고 하염없는 눈물을 흘렸다. 한데 이상하게도 방안에는 이름 모를 향기가 가득했고 어디선가 모르게 풍악 소리가 들려왔다. 문을 열고 나와 보니 풍악 소리는 분명히 방안에서 나는 것이었는데 연주하는 자의 모습은 보이지 않았다. 그 곡은 '영산회상'이었다.

영산회상이란, 옛날 부처님이 인도의 영축산에서 『법화경』을 설하실 때 하늘 사람들이 연주했다는 하늘의 음악이었다. 마랑과 모여들었던 사람들은 보덕낭자의 시신을 선산에 고이 묻었다. 결혼식장이 장례식장으로 변했고, 결혼 음식이 장례 음식으로 변한 이 엄청난 사실 앞에서 사람들은 그것이 곧 현실이라며 스스로 위안을 하기도 했다.

태어난 자는 반드시 죽음으로 간다. 만난 자는 반드시 헤어진다. 온갖 천지 만물 중에 영원히 변치 않고, 영원히 사는 것은 없다. 하지만 이 일은 너무나 뜻밖의 일이라 무덤을 다 만들고 나서도 사람들은 돌아갈 줄 몰랐다. 며칠 후, 젊은이 마랑이 보덕낭자 무덤 앞에서 아쉬움을 달래며 울고 있는데 웬 선풍도골의 스님 한 분이 석장을 짚고 지나다가 마랑에게 물었다. "젊은이는 지금 거기서 뭘 하는가?" 마랑이 대답했다. "제 신부 보덕낭자가 여기에 묻혔습니다. 혼인하는 날 예식이 시작되기에 앞서 그만…"

노승이 말했다. "사람은 누구나 태어나 죽기 마련일세. 참으로 안타까운 노릇이지만 어쩌겠는가. 운다고 죽은 사람이 다시 살아날 것도 아니지 않은가?"

"스님, 말씀이 좀 지나치십니다. 어떻게 제 슬픔 앞에서 그런 말씀을…"

"미안하이. 그러지 말고 그 무덤을 파 보게. 뭔가 특별한 일이 있을 것일세."

"네? 특별한 일이 있다구요? 그것은 어떤 의미인지요?"

"하여간 무덤을 파헤쳐 보게나."

그 말을 마치고 노승은 온데간데없이 사라졌다. 마랑은 하도 이상해서 집에 돌아와 조금 전에 있었던 얘기를 하고 삽과 곡괭이를 들고 다시 무덤으로 갔다. 이 얘기가 삽시간에 퍼져 마을 사람들은 너나 할 것 없이 무덤으로 모여들었다. 사람들이 무덤을 파헤치자 거기서 금빛 광명이 하늘로 솟아올랐다. 그리고 잠시 후 금동으로 조성된 관세음보살 한 분이 나타났다. 분명 보덕낭자를 묻었는데 보덕낭자의 시신은 없어지고 대신 관세음보살이 나타난 것이다. 사람들은 모두 합장을 하고 '나무 관세음보살'을 합송했다. 그때 문득 한 노승이 나타나 말했다. 그 노승은 조금 전 마랑에게 무덤을 파헤쳐 보라고 한 스님이었다.

"여러분, 보덕낭자는 관세음보살이었습니다. 그리고 마랑, 마 도령은 전생에는 보덕화상이었지요. 나는 보현보살이고 보덕낭자의 어머니는 문수보살이었습니다. 이 보덕낭자는 관음진신인데 중생의 업장이 두터운 것을 가엾이 여기고 그 업장을 녹여주기 위해 짐짓 미인의 모습으로 나타난 것입니다. 그리하여 「보문품」과 『금강경』, 『법화경』, 『열반경』 등을 읽게 하여 불법을 모르는 사람들에게 신심을 일깨우게 한 것입니다."

사람들은 모두 고개를 끄덕이면서 관세음보살의 자비화현에 깊은 감동을 받았다. 노승이 말했다. "마랑은 내생에 다시 이 보덕낭자를 만나게 될 것입니다. 그때는 부부의 연을 맺어 함께 도를 닦는 도반의 모습을 보일 것이고, 마랑은 보덕낭자로 인해 관음신앙의 뿌리가 더욱 깊이 내리게 될 것입니다. 부디 정진하시기 바랍니다." 말을 마치자, 노승은 석장을 허공에 던졌다. 그러자 그 석장이 사자로 변했고 노승은 사자를 타고 하늘 저편으로 날아가 버렸다. 관세음보살의 화현과 보현보살의 화현에 마을 사람들은 너무나도 감격하여 합장한 손을 내리지 않았고 염불 소리도 끊이지 않았다고 한다.

관세음보살은 왜 아름다운 여인의 모습으로 나타나 용맹정진하던 젊은 청년들을 시험했을까. 그것은 단순한 '유혹'이 아니라 남성의 마음속에 깊이 숨겨진 내면의 여성성, 아니마Anima의 존재를 형상화한 것은 아닐까. 관세음보살은 '유혹'의 빛깔로 다가와 '자비'를 요구하고, 낭만적 사랑의 시선을 던지는 듯하다가도 모성의 손길로 존재를 감싸준다. 그리고 마침내 지혜와 해탈의 목소리로 깨달음의 길을 보여주기 때문이다.

최근 이러한 관음신앙의 의미를 널리 알리기 위해 33곳의 사찰을 '33관음성지'로 선정하여 순례자들의 발길을 끌고 있다. 사찰의 종무소 처마 아래 '33관음성지'라고 아름답게 새겨진 명패가 걸린 곳이 바로 이런 사찰들이다. 이 33관음성지 사업은 한국불교문화의 핵심인 관음신앙과 성지순례를 결합한 우수한 문화관광 자원으로 불교문화의 저변 확대에 중요한 의미를 지니고 있다.

제5장

사찰연기와 풍수설화

사찰은 종교적 성격을 지니고 있을 뿐만 아니라 어느 면에서 풍수적인 면을 융합한 특징을 지니고 있다 할 수 있다. 풍수적으로 입지한 사찰의 유형에는 두 가지가 있는데, 풍수적으로 명당지에 터를 선택하여 위치한 명당사찰과 풍수적으로 결함이 있는 터에 중심지를 보완하는 목적으로 배치한 비보사찰이다. 명당사찰은 풍수적 최적 입지처에 터가 결정된 사찰로서, 주로 불교사찰 본래의 종교 및 수행 기능에 충실할 목적으로 선택된 사찰이다. 반면에 비보사찰은 주로 국역國域 및 도읍의 풍수적 입지보완을 목적으로 풍수적 결함처에 배치된 사찰로서, 성격상 불교적 기능을 수행하기보다는 풍수적 동기에서 조성되어 주로 풍수비보적인 사회 기능을 수행하는 사찰이다.

우리나라의 많은 산들은 풍수지리의 요소나 전설을 그 이름의 배경으로 하고 있다. 그래서 우리 조상들은 삶의 터전인 이 땅에 행복과 안녕이 깃들길 기원하며 팔도강산 곳곳의 명당을 찾고 또한 불교 혹은 유교의 가르침이 담긴 지명을 붙이고 그 명칭의 유래를 연기 설화 형식으로 구전해 왔다. 그런데 지명과 사찰의 이름을 설명하는 설화는 단순히 명칭의 유래만을 밝히는 데 그 목적이 있지 않다. 그 흥미로운 이야기 속에는 인과응보, 업보윤회, 보시공덕, 구법, 자비행, 효선孝善의 의미를 담아 선하고 지혜로운 삶을 살아가도록 할 뿐만 아니라 찌들고 상처받은 마음을 위로받고 치유하고자 하는 소박한 소망이 담겨 있다. 때문에 어느 면에서 풍수설화는 설득력이 있고 마음을 움직이는 강한 민중교화의 법문으로 전승되고 있다. 시공을 초월하여 설화가 담고 있는 감동적인 내용이 번다하고 힘들게 살아가는 현대인들에게 지혜를 제공하고 마음의 상처를 보듬고 위로를 주는 치유의 메시지로 다가오는 것도 이런 연유이다.

● 봉정암: 봉황이 잡아준 적멸보궁

해발 1,244m에 위치한 봉정암鳳頂庵은 우리의 5대 적멸보궁23) 중에서도 가장 높은 곳에 자리 잡은 길지의 성지로 유명하다. 사찰의 창건설화에는 풍수사상이 녹아 있고, 그 설화에는 극소의 풍수적 요소가 은유적으로 표현되고 있다. 봉정암의 설화에는 다분히 그런 면모가 담겨 있다.

644년 자장율사가 당나라 청량산에서 21일 동안의 기도를 올리던 마지막 날에 문수보살이 현신하여 부처님의 진신사리와 금란가사를 전해주며

---

23) 적멸보궁은 모든 바깥 경계에 마음 흔들림 없고 번뇌가 없는 보배 궁전이란 뜻이다. 즉 부처가 계신 곳이란 의미이다. 그래서 적멸보궁의 법당엔 불상이 없다. 우리나라의 5대 적멸보궁은 통도사 적멸보궁, 봉정암 적멸보궁, 영월 법흥사 적멸보궁, 상원사 적멸보궁, 정선 정암사 적멸보궁이다.

해동에서 불법을 크게 일으키라고 부촉하였다. 이를 모셔온 자장율사는 진신사리를 봉안할 터를 찾고 있었다. 그런데 서기를 품은 봉황이 날아왔다. 이를 범상치 않게 여긴 자장율사는 봉황새를 쫓아갔다. 봉황새는 선회하다가 갑자기 어떤 바위 앞에서 사라져 버렸다. 그 바위를 살펴보니 부처님 모습이었으며, 좌우로 일곱 개의 바위가 둘러싸고 있었다. 꼭 봉황이 알을 품고 있는 형상이었다. 자장율사는 길지라 여기며 그곳에 사리를 봉안하였다. 그 바위를 불두암이라 하고 봉황이 사라진 곳은 바로 부처님의 이마에 해당하는 부분이기 때문에 봉정암이라 하였다.24)

이러한 설화에 기반을 두고 불뇌사리(정골)가 모셔진 곳의 풍수적 요소를 살펴보면 우연인지 모르지만 일치하는 부분이 많다. 자장율사가 귀국하여 불사리를 봉안할 곳을 찾고 있었는데 어디선가 날아온 봉황새가 스님을 인도한 곳이 바로 지금의 봉정암이라고 하는 내용은 이곳이 봉황형국임을 말해 준다. 이렇듯 봉정암 적멸보궁의 터는 봉황형국의 길지이다. 봉황이 날개를 쫙 펴고 울부짖으며 날아오르는 모습이다. 그중에서도 사리가 모셔져 있는 곳은 봉황의 머리 부분인 입에 해당하는 곳이다. 봉황이나 학이나 닭의 형국에서도 입 부분은 중요한 혈처로 여겨진다. 입 부분은 소리를 내는 곳으로 힘을 써야 하기 때문에 긴장감이 있어 최고의 위치로 본다. 이 설화는 일반적인 보은형 동물설화와는 약간 내용이 다르다. 하지만 불법을 부흥코자 하는 자장율사의 간절한 소망에 감동하여 봉황이 나타나 자리를 잡아주었다는 점에서 보은형 설화와 일맥상통하는 점이 있다고 할 수 있다.

그런데 적멸보궁 터는 암반으로 되어 있는데, 혈은 반드시 흙이어야 한다는 원칙을 벗어나고 있다. 그러나 참배객들이 절하는 곳은 흙으로 되

---

24) 목경찬, 『들을수록 신기한 사찰이야기』, 서울: 조계종출판사, p.179.

어 있고, 암반으로 이루어진 곳은 흙이 있는 곳을 찾으라는 풍수의 속설로 미루어 볼 때 참배객들이 기도하는 곳을 정혈로 볼 수 있다.

그리고 좌측과 우측에는 커다란 바위들이 혈터를 수호하고 있다. 이러한 바위들은 봉황의 날개에 해당하는 곳으로 주혈보다는 높게 자리하고 있다. 날개를 쫙 펴고 날고 있기 때문이다. 왼쪽 부분은 소청봉에서 내려온 산줄기로 7개의 바위가 위용을 자랑하며 기를 발산하고 있는 형국이다. 봉황이 깃들만한 곳에는 대나무 형태의 사砂들이 많은 것이 일반적이며, 또한 봉황이 있는 곳은 조용하고 고귀함을 느끼게 하여 경외감마저 들게 하기도 한다. 암자가 있는 곳은 봉황의 왼쪽 날개 안쪽에 자리 잡고 있어 봉황이 날개로 감싸고 있는 모습이어서 아늑하고 평온함을 느끼게 한다.

봉정암은 봉황이 알을 품고 있는 형국, 즉 금봉포란형金鳳抱卵形[25]의 길지이다. 이러한 길지인 봉정암의 명칭은 봉황새가 인도하였다는 의미에서의 봉정암이고, 풍수지리 형국론으로 보면 봉정암의 불사리탑은 노승이 목탁을 치며 예불을 드리는 형국, 즉 노승예불형老僧禮佛形의 길지 중의 길지라 할 수 있다. 오늘날 남녀노소를 막론하고 수많은 불자들이 이곳 봉정암에 이르는 험한 산길을 마다하지 않고 대여섯 시간 올라 지극정성으로 기도하는 데는 명당이 주는 소위 기도발과 부처의 영험을 믿고 아픈 마음을 위로받고 치유하려는 간절한 소망이 있기 때문이다.

---

25) 봉황이 알을 품고 있는 형국이다.

● 길지 중의 길지: 상원사 적멸보궁

오대산은 최고봉인 비로봉을 중심으로 호령봉, 상왕봉, 동대산, 두로봉 등 5개의 봉우리가 만드는 거대한 연화봉이다. 다섯 봉우리 중에서 으뜸은 비로봉이다. 그 한가운데 꽃심花心이 바로 부처의 정골사리를 모신 적멸보궁이다. 적멸보궁은 모든 바깥 경계에 마음 흔들림이 없고 번뇌가 없는 보배 궁전이란 뜻이다. 즉 부처가 계신 곳이란 의미이다. 적멸보궁은 비로봉에서 흘러내린 산맥들을 병풍으로 두르고 있으며, 이 자리는 '용이 여의주를 희롱하는' 풍수지형이다. 그리고 비로봉을 중심으로 중대, 동대, 서대, 남대, 북대에 살고 있는 보살들이 부처님을 우러러보며 설법을 듣는 형상이다. 그 아래엔 두 개의 샘이 있는데 이를 용의 눈 '용안수龍眼水'라고 한다. 실제로 적멸보궁으로 오르는 길목엔 샘이 있다. 부처님 진신사리는 바로 용의 정골 부분에 묻혀 있어 우리나라 땅의 으뜸 혈자리가 이곳이라고 한다. 불가에서 이러한 대명당에 종갓집을 차려 놓았으니 불교가 발복하고 번영을 누릴 수밖에 없다는 말이 있다. 어사 박문수가 조선 팔도를 돌아다닐 때 이곳을 보고 "승도들이 좋은 기와집에서 남의 공양만 편히 받아먹고 사는 이유를 이제야 알겠다."고 말하기도 했다고 한 대목은 이곳 적멸보궁이 가히 길지임을 짐작케 한다.

적멸보궁의 위치는 마치 다섯 마리의 용이 여의주를 품고 있는 듯한 형상이다. 그와 같이 기가 모인 곳에 진신사리를 모셔 놓았으니 한국불교가 영원할 수밖에 없다는 것이다. 여기서 다섯 마리의 용은 오대를 말한다. 적멸보궁이 위치해 있는 곳은 중대이다. 중대 중에서 가장 높은 곳에 적멸보궁이 위치해 있다. 이 중대를 중심으로 사방에 북대, 동대, 남대, 서대가 마치 병풍처럼 둘러싸여 있어서 중대를 외호하고 있는데, 그 둥근

원 안에 중대가 있다고 보면 틀림없다고 한다. 그 둥근 원은 수 km에 달하는데 그 원의 가운데가 솟구쳐 있다는 것이다. 그 솟구친 정상에 적멸보궁이 있는 것이다. 즉 비로봉에서부터 내려온 기운이 일직선으로 내려오다 힘을 모아 솟구친 것이다.

우리가 적멸보궁 앞에 서게 되면 내 몸에 들어오는 어떤 기의 흐름을 느낄 수 있다. 이는 곧 풍수에서 말하는 '동기감응'의 한 단면을 말해준다. 조상의 기운과 후손의 기운이 서로 감응을 하고, 주변의 기와 그곳에 살고 있는 사람과의 기운이 서로 감응을 하는 것을 '동기감응'이라 한다. 그것은 이 세계의 모든 존재는 홀로 존재하는 것이 아니라 상호의존interdependence하고 상호침투interpenetration하는 화엄적 관점이요 '인드라망Indra Net'이라는 관계로 엮어져 있다는 것을 의미한다.

그렇다면 왜 자장율사는 험준한 비로봉 아래 부처님 진신사리를 모셨을까. 비로봉에서 흘러내린 산맥들이 병풍처럼 둘러싸여 있고, '용이 여의주를 희롱하는' 길지의 풍수지형이기 때문이라 할 수 있다. 다시 말해, 부처님 정골사리가 있어 법신이 충만한 적멸보궁을 중심으로 중대, 동대, 서대, 남대, 북대 등 5대臺에 각각 일 만의 불보살이 상주하며 부처님을 우러러보며 설법을 듣는 형상을 하고 있는 최고의 명당 터이기 때문이다.26) 비로봉을 중심으로 일연스님이 『삼국유사』에서 풍수지리가의 말을 빌려 "국내 명산 중에도 이곳이 가장 좋은 땅이므로, 불법이 길이 번창할 곳"이라며 오대산을 극찬한 사실이 이를 반증해 준다 할 것이다.

뿐만 아니라 오대산 월정사 전나무 숲길은 국내에서 가장 아름다운 숲길로 꼽힌다. 오대산으로 들어가는 산문山門인 이 숲길은 일주문에서 금

---

26) 동대 관음암에는 1만 관세음보살, 서대 염불암에는 1만 대세지보살, 남대 지장암에는 1만 지장보살, 북대 상두암도 1만 미륵보살이 머문다. 중대사자암은 1만 문수보살이 있으며 주불로 비로자나불을 모신다.

강교까지 1km 남짓한 거리로, 수령 수백 년이 넘는 전나무 1,800그루가 그 위용을 뽐내고 있어 '천년의 숲'이라는 별칭도 얻었다. 이 적막한 숲길을 걸을 때 '바람 샤워'로 욕망과 집착의 비린내를 씻거나 전나무에서 나오는 피톤치드의 향긋한 냄새는 심신을 편안하게 해주는 그야말로 힐링의 정수이다. 전나무 숲길도 월정사의 백미이지만 물이 너무도 맑아서 열목어가 산다는 금강연이 월정사 앞으로 굽이굽이 흐르고 있어 운치를 더해준다. 이러한 아름다운 경관과 풍수지리적으로도 최고의 명당을 자랑하는 적멸보궁으로 가는 길은 부안 내소사, 남양주 국립수목원과 함께 3대 전나무 숲길로 손꼽히는 아름다운 곳이다. 오늘날 수많은 사람들이 월정사에서 운영하는 단기출가학교에 입학하거나, 이 치유의 숲길을 걸으며 내려놓기와 걷기 명상을 하는 이유도 이곳에 오면 누구나가 상처를 치유하고 위안을 받을 수 있기 때문이다.

● 월출산 도갑사: 와우형 길지의 설화

"달 뜨는 산"으로 남도의 아름다운 자연을 고스란히 느낄 수 있는 월출산을 품은 영암은 한국 풍수의 메카로 불린다. 조선시대 『택리지』를 쓴 이중환은 월출산을 보고 '화승조천火乘朝天의 지세地勢'라고 했다. '아침 하늘에 불꽃처럼 기를 내뿜는 땅의 형세'의 월출산은 깎아지른 듯한 기암절벽이 많아 예로부터 영산靈山으로 불렸다. 그래서 월출산이 솟은 이 지역을 '신령스러운 바위'라는 뜻으로 영암靈巖이라 불렀다고 한다. "돌 끝이 뾰족뾰족해 날아 움직이는 듯하다."[27]고 월출산을 표현했던 만큼 바위가

---

27) 이중환, 『택리지』, 서해문집, 2006, p.225.

주는 육중함과 아찔함이 어우러져 음양의 조화를 잘 이루고 있음을 의미한다. 이런 형세의 산을 오행에서 화산火山이라고 하는데, 불꽃이 여기저기 솟고 빛이 번뜩이는 것 같은 모양새와 기운을 유형화하여 표현한 것이다.

이처럼 풍광이 빼어난 월출산은 신령스러운 기운이 넘치는 산이다. 호랑이가 앞발을 들고 포효하는 형상의 산자락 아래 도선국사가 창건한 대가람 도갑사가 자리하고 있다. 주지하는 바와 같이, 도선국사는 도참사상의 대가로 불교적 깨달음에 근간을 둔 선리를 혁파하여 큰 지혜를 얻은 선승이었다. 그가 구산선문 가운데 하나인 동리산파 혜철선사의 인가를 받은 사실과 옥룡사에서 산문을 열고 35년 동안 제자들을 맞이하여 가르침을 전했던 사실이 이를 잘 방증해 준다. 그래서 많은 수행자들이 이곳 영암의 월출산 자락의 도갑사에서 수도하였다. 도선국사 뒤를 이어 수미왕사, 연담선사, 허주선사, 초의선사 등 역대 고승대덕들이 주석하면서 깨달음을 얻고자 치열한 정진을 하였다.

원래 도갑사 자리는 옛 문수사 터로, 도선국사가 중국을 다녀온 뒤 이 문수사 터에 도갑사를 지었다고 한다. 설화에 따르면 이곳의 구림리는 도선국사의 탄생과 관련이 깊은 곳이며, 국사의 탄생설화는 다음과 같다.

옛날 어느 겨울 성기동聖起洞이라는 마을에 한 처녀가 빨래를 하다가 관음전을 따라 떠내려오는 오이를 건져 먹었다. 그 후 처녀가 임신을 하여 아이를 낳자 부모가 부끄럽게 여겨 아이를 구림鳩林의 국사바위에 버렸다. 처녀가 가서 보니 비둘기가 내려와 아이에게 먹이를 갖다 주고 있었다. 그 부모들도 신기하게 여겨 아이를 데려다 기르게 되었는데 아주 영특하였다. 그 후 대여섯 살 먹은 도선을 월암사로 보내어 중이 되게 하였다. 월암사는 월암 마을 뒤에 있는 초수동이라는 곳에 있었는데 도선국사가 처음 출가하여 머리를 깎은 곳이라 하여 월암사 터를 도선의 '낙

발지지'落髮之地'라 한다.28)

도선국사의 탄생에 얽힌 설화에서 마을 이름을 비둘기 구鳩 자, 수풀 림林 자를 써서 구림鳩林이라 불렀다 한다. 후에 도선국사는 고려 태조 왕건을 도와 고려 개국의 일등공신이 되었다. 구림리에 태어난 유명한 인물로 논어 10권과 천자문 1권을 가지고 도공, 야공, 와공 등 많은 기술자들과 함께 일본에 건너가 일본인들에게 글을 가르쳐 학문과 인륜의 기초를 세움으로써 백제의 선진문물을 전해주어 아스카 문화를 꽃피우게 한 왕인 박사이다.

도갑사는 호랑이가 앞발을 들고 포효하는 형상의 산자락 아래에 자리를 잡고 있다. 석산지하石山之下에 토산이혈土山而穴이라 했다. 흰빛의 석산 월출산 자락에 소가 누워 있는 형태臥牛形로 명당터에 세워진 도갑사는 바로 이러한 형상을 하고 있다. 좌에서 우로 흘러가는 개울물과 오른편에서 흘러내려 오는 물이 해탈문 앞에서 합수가 되어 명당터(혈장)의 정기를 잘 보전하고 있다. 임진왜란 때 도갑사가 거의 전소되었으나, 이 해탈문만 타지 않아 국보 50호로 지정되었다.

● 논산 관촉사 은진미륵: 마음의 큰 미래불

논산은 포효하는 호랑이 형상을 하고 한반도의 단전부에 자리하고 있다. 삼한시대에는 마한이, 삼국시대에는 백제가 위치하여 계백장군이 이끄는 5천 결사대와 신라의 김유신이 이끄는 5만 군대가 황산벌을 중심으

---

28) 최정희 엮음, 『한국불교전설 99』, 우리출판사, 2007.

로 백제 최후의 결전을 벌인 곳이다. 논산 동남쪽 반야산에 있는 고개로 소의 혈인 명당자리가 있다 하여 임진왜란 때 이여송은 전국을 다니며 지맥을 끊어 명당을 파손하고자 했다. 그가 우리나라의 혈, 즉 맥을 끊고 다닐 때 여기에 와서 쇳골재의 혈을 끊으려 하자 뇌성벽력이 내리쳐 끊지를 못했다고 한다. 소의 혈이라 하여 '쇳골재'라 부르게 되었다.

반야산 중턱에 자리 잡은 관촉사는 고려 광종 19년(968) 혜명이 창건한 사찰로, "마치 촛불을 보는 것 같이 미륵이 빛난다." 해서 관촉사라 했다 한다. 관촉사의 상징인 은진미륵에는 다음과 같은 설화가 전해지고 있다.

사제촌에 사는 한 여인이 고사리를 캐고 있는데 반야산 서불 골짜기에서 아이의 목소리가 들려왔다. 깊은 산중에서 나는 아이 우는 소리가 괴이해 가봤더니 아이는 없고 거대한 바위가 땅속에서 솟아나고 있었다. 이 소문은 조정에까지 퍼졌다. 불상을 조성하라는 계시로 판단한 광종은 당시 최고의 고승이던 혜명스님에게 그 바위로 불상을 조성케 했다. 왕명을 받은 스님은 100여 명의 석공을 동원해 38년만인 목종 9년(1006)에 마침내 불상 조성 불사를 완성했다. 그러나 석불을 바로 세울 길이 막막했다. 불상의 몸통과 머리를 따로따로 만들었기 때문에 몸통 위에 머리를 올려놓을 방법이 없었다. 혜명스님은 답답한 마음에 마을로 내려갔다. 어느 마을을 지나가던 스님은 문득 걸음을 멈췄다. 진흙을 가지고 불상을 만들며 노는 어린이 두 명의 행동이 그의 발길을 잡았다. 어린아이가 흙을 가지고 '부처를 모시는 놀이'를 하는 광경이 눈에 띄었다. 아이들은 불상 몸통 옆으로 비스듬히 흙을 쌓아 놓고, 불상의 머리를 굴려서 몸통 위에 쉽게 올려놓는 것이었다. 스님은 자신의 무릎을 내리치며 서둘러 절로 돌아왔다. 그리고 아이들이 하던 것과 같은 방법으로 불상의 머리를 거대한 몸통 위에 올려놓을 수 있었다. 뒷날 사람들이 이야기하기를,

그 두 어린이는 문수보살과 보현보살이 혜명스님을 깨우치기 위해 나타난 화신이라고 했다. 또 신기로운 건, 불상의 머리를 몸통에 올려놓자 하늘에서 기다렸다는 듯 비가 내려 흙이 묻은 불상을 깨끗이 씻어줬고, 깨끗해진 불상의 이마에서는 상서로운 빛이 나와 먼 곳으로 뻗어 나갔다고 한다. 중국의 고승인 지안스님이 그 빛을 따라 배를 타고 고려 땅 논산(당시에는 '은진'이라고 불렸음)으로 찾아와 그 빛이 마치 광명의 촛불 같다고 하여 절의 이름을 관촉사灌燭寺라 하였다.29)

사제촌 냇가에서 놀던 아이들 덕분에 불상을 완성한 재미있는 설화이다. 불상은 아랫부분과 윗부분, 이렇게 두 부분으로 되어 있어, 그것을 합치는 불사는 간단한 일이 아니었다. 혜명에게 아이들이 불상의 아랫부분을 모래밭에 내려놓고, 그 위에 불상의 윗부분을 올려놓는 방법은 기막혔다. 불상의 아랫부분 주위로 모래를 경사지게 쌓더니, 그 위로 불상의 윗부분을 밀어 올려 가볍게 올려놓은 후, 모래를 치워버리자 불상이 반듯하게 세워져 있었던 것이다. 아이들의 놀이를 통해 터득한 방법으로 혜명스님이 미륵불을 조성하게 된다. "지성이면 감천"이라는 말이 있듯이, 혜명스님의 지극정성을 다하는 미륵불 조성 원력에 문수보살이 나타나 그런 지혜를 주었던 것이다. 그로부터 21일 동안 1.8m나 되는 미간의 백호 수정에서 찬란한 빛이 발하여 중국 송나라에 이르니 그곳 지안대사가 빛을 따라 찾아와 배례 뒤 그 광명이 촛불 빛과 같다 하여 절 이름을 관촉사라 했다 한다. 이렇게 해서 완성한 것이 우리나라에서 가장 큰 불상인 보물 제218호 관촉사 석조미륵보살입상이다. 흔히 '은진미륵'이라고 불린다.

또한 '은진미륵'에 대한 재미있는 설화를 살펴보면 다음과 같다.

---

29) 최정희, 앞의 책, pp.76-79 참조

고려 때 북쪽 오랑캐들이 우리나라를 자주 침략했다. 어느 날 오랑캐들이 우리나라를 침략하기 위해 압록강 가에 집결해 있었다. 오랑캐들이 배가 없어 강을 건너지 못하고 우왕좌왕하고 있을 때였다. 이때 스님 한 사람이 삿갓을 쓴 채 마치 얕은 냇물을 건너듯이 다리만 걷어 올리고 건너오고 있었다. 이때 오랑캐 두목은 "보아라, 저기 중이 건너오는 곳은 얕은 모양이니 그곳으로 강을 건너자." 하고는 진군 명령을 내렸다. 멋모르고 강에 뛰어들어간 오랑캐들은 수심이 깊어 모두 물속에 빠져 죽고 말았다. 화가 난 적장은 그 스님을 찾도록 명령을 내렸다. 스님을 찾아낸 적장은 칼을 빼어 내리쳤다. 그런데 어찌 된 일인지 스님은 간 곳이 없고 그 스님이 쓰고 있던 삿갓 한쪽만 떨어져 있었다. 그때 은진미륵은 온몸에 땀이 흘러내렸고 미륵이 쓰고 있던 갓 한쪽이 떨어져 나갔다고 한다. 이는 은진미륵이 스님으로 화신하여 압록강에 나타나 국난을 막았다는 것이다. 이리하여 은진미륵은 호국불로서도 유명하다.30)

갓이 너무 커서 얼큰이 부처라 불러도 미소를 고집하는 큰 귀와 큰 머리로 속세에 떠도는 바람의 언어를 씻어주는 국내 최대 석불 관촉사 '은진미륵'은 슬픔을 숨기고 사람들에게 웃음을 선사하는 마음의 큰 미래불이다. 그래서 이곳을 찾는 이들에게 은진미륵은 항상 포근한 어머니의 모습으로 다가선다. 이러한 설화를 간직한 문화유산의 현장은 문제 해결의 지혜를 제공함은 물론 지친 삶을 살아가는 사람들에게 희망과 생기를 주고 편안한 마음을 갖도록 함으로써 치유의 장이 될 수 있을 것이다.

---

30) http://blog.daum.net/tasofhso/15265342

● 운주사: 와불이 일어날 때 현실 상처 치유

비보풍수의 태두인 도선국사는 고려 태조 왕건에게 군사전략이나 국가의 군주로서 해야 할 일들을 학습시킴으로서 왕재인 왕건이 태어날 것을 예언하고 성인이 될 무렵 찾아가 제자로 맞아들여 왕이 되도록 많은 가르침을 주기도 했다. 천문지리에 통달한 도선의 눈에 세상은 어떻게 비쳤을까. 도선은 국토의 모든 산봉우리를 부처로 보았고, 우리나라의 지형을 행주형局行舟形局으로 짚었다. 국토 전체를 태평양으로 향하는 배船의 꼴로 요약한 것이다. 국토의 산세를 살피던 도선은 장차 나라가 변란과 내분으로 평안치 못할 거라고 예감했다. 동해안인 관동지방, 영남지방은 태백산맥으로 산이 높아서 무거운데, 호서 호남은 평야가 많아서 가볍기 때문에 동쪽으로 나라가 기울어진 까닭이기 때문이다.

우리나라 지형은 떠가는 배와 같으니 태백산, 금강산은 그 뱃머리요, 월출산과 한라산은 그 배의 꼬리이다. 부안의 변산은 그 키이며, 영남의 지리산은 그 삿대이고, 능주의 운주는 그 뱃구레船腹이다. 배가 물 위에 뜨려면 물건으로 그 뱃구레를 눌러 주고 앞뒤에 키와 삿대가 있어 그 가는 것을 어거해야 그런 연후에 솟구쳐 엎어지는 것을 면하고 돌아올 수 있다. 이에 사탑과 불상을 건립하여 그것을 진압하게 되었다. 특히 운주사 아래로 서리서리 구부러져 내려와 솟구친 곳에 따로 천불천탑을 설치해 놓은 것은 그것으로 뱃구레를 채우려는 것이고 금강산과 월출산에 더욱 정성을 들여 절을 지은 것도 그것으로써 머리와 꼬리를 무겁게 하려는 것이었다.31)

---

31) 최완수 저, 『명찰순례』, 대원사, 1994, p.45.

도선국사가 운주사를 창건한 이유와 그렇게 많은 불상과 불탑을 세운 이유를 밝히고 있다. 그래서 현재 운주사의 이름은 구름 운雲 머물 주住 절 사寺에서 운주사이지만 원래는 움직일 운運 배 주舟 절 사寺에서 운주사였다고 전하는 전설이다. 이러한 풍수지리적 지형에 위치한 운주사는 특이한 형태의 불사를 한 불가사의한 신비를 간직하고 있다. 이것은 곧 인간의 내면을 형상화한 석불과 석탑의 형상이다. 비방을 쓰는 도선은 월출산에서 조금 떨어진 화순의 천불산 다탑봉 운주사에 천 개의 불상과 천개의 탑을 조성하려 한다. 뱃머리에 부처로 짐을 많이 실으면 배가 균형을 잃지 않을 것이며, 천불천탑을 세우면 높은 탑은 돛대로 삼고, 천불은 사공이 되어 태평양을 향해 저어가면 풍파를 헤쳐 나갈 수 있으리라 생각한 것이다. 도선은 즉시 사동使童 하나를 데리고 와서 터를 다듬어 놓고, 도력으로 천상의 석공들을 불러 흙과 돌을 뭉쳐 천불천탑을 만들어달라고 부탁한다. 천상의 석공들은 '다음 새벽닭이 울기 전까지'란 단서를 달고 도선의 청을 받아들인다.

하지만 도선국사가 하룻날 하룻밤 사이에 '천불천탑'을 세워 새로운 세상을 열어 보고자 했으나 공사가 끝나갈 무렵 일하기 싫어한 동자승이 "꼬끼오" 하고 닭소리를 내는 바람에 석수장이들이 모두 날이 샌 줄 알고 하늘로 가버려 결국 와불로 남게 되었다고 한다. 그리고 서쪽 산 능선에는 거대한 두 분의 와불(미완성 석불)이 누워있는데, 사람들은 "이 천 번째 와불이 일어나는 날 새로운 세상이 온다."는 말을 전해왔다. 이 와불이 일어서면 새로운 세상이 온다는 흥미진진한 설화는 억압받으며 힘겹게 살아야 했던 많은 사람들의 희망이 되었다. 또한 이 와불에 미륵의 희망이 더해지기도 하고, 수많은 민초들의 설움과 애환이 덧씌워지기도 했다. 와불을 일으켜 세우면 무엇이 일어날 것이라 그들은 상상했을까? 그 와불은 미래의 희망불로 새로운 세계를 열 것으로 상상했을 것이다. 풍수설화가 우리에게 주는 묘미도 그런 무한한 상상력 속에서 우리가 어느새 현실의 상처를 치유 받고 밝고 희망찬 내일의 삶을 보듬을 수 있다는 메시지를 던져 주는 것이라 할 수 있다.

● 청암사 수도암: 옥녀직금형 명당자리

김천 수도산(1,080m) 정상 부근에 위치한 청암사 부속 암자인 수도 암은 859년(헌안왕 3년) 도선국사가 수도도량으로 창건한 사찰이다. 도선 국사가 이곳에 절터를 잡고 너무 좋아 사흘 밤낮으로 춤을 췄다는 옥녀직 금형(옥녀가 비단을 짜는 형국)의 길지 중의 길지이다. 인현왕후가 폐위 후 기거했던 수도암은 한국 풍수 특징인 장풍국藏風局을 잘 보여주고 있다. 도선국사의 터잡이 특징에는 상생풍수인 풍수비보裨補가 들어 있다. 사찰 의 탑은 가람 형성에 가장 중요한 것 중의 하나인데 수도암의 탑은 전당 앞에서 약간 틀어진 형국이다. 그래서 도선국사가 처음으로 수도산 이곳 장풍의 터에 삼층석탑 2기를 세웠던 것이다. 도선국사는 해인사를 입지시 키고 걱정을 많이 하다가 수도암 탑을 통해 해인사 상왕봉을 연화반개형 형국으로 처리를 하고 춤을 추면서 내려왔다고 한다. 어쩌면 한국의 풍수 시작은 이곳 삼층 쌍탑으로부터 출발했다는 의미를 갖게 된다 할 수 있 다.

그렇다면 도선국사가 이곳에 풍수비보 탑을 세운 까닭은 무엇일까. 쌍탑 지점에서 산 아래로 조금만 내려가도 문제의 봉우리는 산등성이 속 으로 숨어버리고 쌍탑 위쪽으로 올라가서 보면 그 모습은 공룡처럼 변해 버린다. 따라서 안대가 그런 모양으로 보이는 지점을 잡아 쌍탑을 세우고 좌향을 잡았던 것으로 판단된다. 한편, 수도암 터는 백두대간에서 수도산을 거쳐 가야산으로 용(산맥)이 뻗쳐나가니 회룡고조형(할아버지 산(수도산)을 상왕봉(손자 산)이 얼굴을 돌려서 쳐다보는 형국)이다.

도선국사가 수도암을 창건하고 사흘 밤낮을 춤췄다니 가야산 봉우리가 신비하게 드러나는 것도 그리 놀랄 일이 아니다. 풍수지리적으로 보면 수도암이 자리 잡은 땅의 형국은 젊은 여인이 앉아서 비단을 짜는 옥녀직금형玉女織錦形의 명당이다. 멀리 보이는 가야산 정상이 실을 거는 끝에 돌이 되고 동서로 나눠 서 있는 탑이 베틀의 기둥이며, 대적광전 비로자나불을 모신 자리가 베를 짜는 자리가 된다는 것이다. 아울러 관음전 앞에는 작은 연못이 있어 베틀에 필요한 물을 제공하며, 연못에 물이 가득하면 사운寺運이 창성한다고 전한다. 절 왼쪽으로 청룡 등이 길고 힘차게 뻗어 수도암 터를 감싸고, 우측으로는 백호 등이 웅장하게 내려와 선방 앞에 묘한 봉우리를 만들어 절을 지켜주고 있는 형세이다.

무엇보다도 수도암 풍수의 백미는 대적광전 앞에서 보이는 가야산 상왕봉이다. 가야산이 연꽃처럼 피어 솟아 있어 웅장하고 연화봉으로 불리며, 기를 발산하고 있다. 연화봉 앞에는 일자봉이 있어 연화봉을 받쳐주고 있는데 연화봉은 공덕을, 일자봉은 평등한 지혜를 뜻한다고 한다. 이런 연유로 스님들은 지혜와 덕이 수도암에서 나온다고 믿고 있다. 지기가 잘 모여 있는 깊고 고요한 최적의 외적 조건으로 기운이 수성하여 수행스님이 오래 자지 않고 공부할 수 있어 발심수행에 도움이 된다고 이야기가 전해질 정도로, 수도암은 청정한 기운이 항상 함께 하는 최고의 선방도량으로 알려져 있다.

오대산의 한암스님(1876~1951)이 우주의 근원에 대한 의문을 가지고 금강산에서 출가한 후 지눌스님의 『수심결』 중의 '심즉불心卽佛', 즉 '마음이 부처이다.'는 것을 보고 첫 번째 돈오하였다. 그 후 수도암에서 경허선사가 들려준 『금강경』 사구게 '일체의 형상은 허망하니 이를 깨달아 알면 여래를 본다.'는 대목에서 두 번째 깨달음을 얻었다. 이때에 안과 밖, 그 중간에도 걸림이 없는 무애의 경지를 얻었다 한다.

자생풍수 토종형국은 보이는 산천 모양에는 그에 걸맞은 신령스러운 땅 기운이 있다는 산천숭배 사상이 배어 있다. 이러한 풍수지령이 걸린 산이기에 수도산을 예부터 불령산佛靈山으로 부르고 있다. 이러한 형국 시각들은 이후에도 계속 한국인의 정서를 이루며 대물림 되었고, 그러한 풍수정서는 우리 전통 건축에 안대 좌향을 선호하게 했던 원인이 되기도 했다 할 수 있다. 수도암에는 그 역사만큼이나 불상이나 풍수에 얽힌 얘기도 많다.

설화 1

석조비로자나불좌상은 경주의 석굴암 본존불보다 80cm 작으며 9세기에 거창군 가북면 북석리에서 제작되었다고 한다. 당시 이 불상의 운반에 고심하고 있을 때 한 노승이 나타나 불상을 등에 업고 이 절까지 운반했는데, 절에 다 와서 칡덩굴에 걸려 넘어지자 산신령을 불러 크게 꾸짖고 칡덩굴을 모두 없애게 하여 지금까지 이 절 근처에는 칡덩굴이 없다고 전한다.

설화 2

불상 밑에는 『법화경(法華經)』으로 보이는 책이 있었다 하는데, 아이를 못 낳는 여인들이 이 책을 뜯어다 달여 마시면 득남할 수 있다는 전설이 전하였다. 오랜 세월 동안 많은 사람들이 그 책을 뜯어가서 지금은 속 깊이 밀려들어 보이지 않는다.

설화 3

수도암 나한전은 전국의 나한전 중에서도 으뜸 기도도량으로 통한다. 수도암 나한전의 신묘함을 더해 주는 설화는 이러하다.

먼 옛날 한 노파가 쌀을 지고 수도암을 향하고 있었다. 수도암은 깊은 산중에 위치한 터라 오르는 길이 여간 힘든 게 아닌데, 이를 본 한 처사가 노파를 도와 쌀을 턱 하니 어깨에 짊어지고 수도암에 올랐다. 법당을 향해 간단하게 합장을 마친 노파가 고맙다는 인사를 하려고 옆을 돌아보자 처사는 흔적도 남기지 않고 사라졌다. 노파는 이를 기이하게 여기다가 이윽고 나한전으로 향했는데, 나한전에 앉아있는 열여섯 나한 중 한 분이 흐뭇하게 웃고 있는 게 아닌가. 그가 바로 쌀을 절까지 옮겨다 준 처사임을 안 노파는 수도암 나한전의 신령스러움을 알게 되고 죽는 날까지 기도를 올렸다고 한다.

'무흘구곡武屹九曲'[32]은 성주군 수륜면 대가천에서 김천시 증산면 수도계곡까지 총 35km 구간에 걸쳐 있는 아름다운 계곡이다. 성주에 1~5곡(봉비암, 한강대, 무학정, 입암, 사인암)이 있고, 김천에 6~9곡(옥류동, 만월담, 와룡암, 용추)이 있다. 7곡부터 9곡까지가 수도암 가는 길에 있다. 비경을 간직한 이 계곡 정상에 위치한 수도암 길지를 두고 도선국사는 "여기야말로 만대 수행인이 나올 최적의 수행도량"이라고 말했던 것이다. 그 이름대로 수도암은 손꼽히는 선원이요 이름난 수행처이다. 한국불교의 중흥조 경허선사가 해인사 조실로 이곳 수도암에 주석하면서 한암중원(1876~1951)을 크게 깨닫게 하기도 하였다.

---

32) 무흘구곡은 한강寒岡 정구鄭逑(1543~1620)가 중국 남송 시대 주희의 무이구곡武夷九曲을 본 따서 '7언 절구'로 시를 지은 곳이다. 아름다운 경치를 꼽아 9곳에 이름을 지어 시를 노래하고 있다.

불교적 상상력은 문학적 상상력의 촉매 역할을 종종 하곤 한다. 비로 자나불은 특히 그 독특한 수인과 분열되고 소외된 타자가 없는 화엄 광명을 꿈꾸게 한다는 점에서 우리의 상상력을 자극한다. 언제 어디서나 마음이 청정하면 나타난다고 알려져 있는 부처가 청정법신, 비로자나불이다. 비로자나불을 시적 소재로 한 김선우의 관능성은 깨달음을 얻은 부처의 두툼한 귓불과 자비로운 미소에서 풍겨 나오는 그윽한 관능성과 닮아 있다.

> 불영산 수도암에 갔다가/ 비로자나 부처님과 한바탕 엉겼네// 신랄적 부처들은 왜 그리 섹시하냐고/ 슬쩍 농을 건넸더니 반개한 두 눈 스스르 뜨시네/ 허리춤을 간질였더니 예끼, 손을 저으시네/ … 아사달 아사녀의 달아오른 눈빛이/ 부럽지 않았나요 허허, 웃는 비로자나 부처님/ 아름다운 귓불이 벌게지셨네// 色卽是空을 설한 부처의 몸을 빌려/ 관능을 조각한 석공의 번뇌…/ 법당 앞 고즈넉이 서 있는 삼층석탑/ 금간 탑신 아래 주먹만한 벌집이 매달려 있었네/ … 벌집 속으로 무상하게 드나드는 달마들/ 선남선녀 옷자락이 하염없이 스쳐가네/ 이 뭣꼬!/ 부처를 범했더니 거기 내가 있네
>
> — 김선우「벌집 속의 달마」부분

통일신라시대에 조성된 수도암의 비로자나불은 석굴암 본존불에 버금가는 크기의 불상이다. 석공은 부처의 온몸을 수없이 매만지며 잘 다듬어 미남으로 낳고 싶었을 것이다. 시인은 대적광전 앞 삼층석탑 금간 탑신 아래 매달린 주먹만 한 벌집에서 자궁의 서사를 읽어낸다. 자궁은 새로운 생명을 탄생시킬 수 있는 창조의 장소이다. 창조가 이루어지기 전에 행해야 할 것이 있다. 곧 육체의 결합이다. 그 놀라운 깨달음이 말미의

"이 뭣꼬!/ 부처를 범했더니 거기 내가 있"다는 사실이다. 물론 여기에서
도 육체로 맞아들이고 인간의 성 체험과 불교의 선적인 세계가 만나 끌어
안고 쓰다듬으며 결국은 안으로 보듬어 안아 생명을 창조하고 있다. 시인
은 참으로 놀랍고도 기발한 상상력으로 관능과 불도의 두 세계를 충돌하
지 않고 융합하고 때론 이격시키면서 조화시키고 있다.

● 하동 칠불암: 설화와 범패 음악 치유

지리산 하동 칠불사는 통일신라 이후부터 '동국제일선원'이라 하여
금강산 마하연선원과 더불어 우리나라의 2대 참선도량으로 불려왔다. 풍
수사들에게 구전되어 오는 이야기 중 '우리나라에서 음택으로는 오대산
적멸보궁이 으뜸이고, 양택으로는 지리산 칠불암이 제일이다.'라는 말이
있다. 칠불암 풍수에 대해 전해져 오는 또 다른 이야기가 있다. 도선국사
가 저술한 「옥룡자결」에 의하면 "하동 땅에서 북쪽으로 1백 리 가면 와우
형臥牛形의 명지가 있는데 이곳에 집을 지으면 부富는 중국의 석숭 못지않
고, 백자천손이 번창할 것이며, 기도처로 삼으면 무수인無數人이 득도할
것"33)이란 내용이 있다. 와우형, 즉 소가 누워 있는 명당이 칠불암이라는
것이다.

지리산은 상봉인 천왕봉(1,915m)과 주봉인 반야봉으로 연결되어 있
으며 문수보살의 대지혜를 의미하는 반야봉을 주봉으로 하는 칠불암은 우
리나라의 대표적인 문수신앙 중심지이다. 거의 지리산 중심부에 위치하고
있는 칠불암의 풍수는 지리산 반야봉(해발 1,732m)을 종산으로 삼고, 토

---

33) http://blog.daum.net/scj8642/480

끼봉을 주산으로 삼아 그 혈맥이 동남쪽으로 뻗어, 이곳 칠불암에 이르러 혈이 맺혀 있다. 이처럼 거대한 혈맥이 남쪽으로 용트림하여 40여 리를 뻗어 내린 해발 800m 고지에 자리 잡은 칠불암의 지세는 칠불암에서 피아골 연곡사로 걸어서 넘어가는 당재에서 바라보면 그 위용을 실감할 수 있다. 이러한 명당터에 자리한 칠불암의 설화는 우리 불교와 불교 음악인 범패의 발원지임을 알게 해준다.

칠불사 전경

수로왕은 인도 갠지스 강 상류 지방에 기원전 5세기부터 있었던 태양왕조 아유타국Ayodhya의 공주 허황옥許黃玉을 왕비로 맞아들인다. 자식은 10남 2녀를 두었는데 큰아들 거등居登은 왕위를 계승했다. 그리고 차남 석錫 왕자와 삼남 명明 왕자는 어머니 허 황후의 성씨를 따라 김해 허許 씨의 시조가 되었다. 그리고 나머지 일곱 왕자는 출가하여 허 황후의 오빠인 인도 스님 장유보옥선사를 따라 서기 101년 지리산 반야봉 아래 운상원을 짓고 정진하였다. 그 결과 2년 후인 수로왕 62년(서기 103) 일곱 왕자 모두 성불하였다. 수로왕은 일곱 왕자의 성불 소식을 듣고 크게 기뻐

하여 이곳에 절을 짓고 일곱 부처가 탄생했다고 하여 절 이름을 칠불사라 명명했다고 한다.34)

인도로부터 직접 불교를 수용했음을 인용한 칠불사 창건설화를 통해 알 수 있다. 이러한 사실은 우리나라에 불교가 최초로 전해졌다고 알려진 고구려 소수림왕 2년(서기 372)보다 약 270여 년 앞선 기록이다. 고구려, 백제, 신라가 중국을 통해 불교를 받아들인 데 반하여, 가야는 바다를 통해 불교를 받아들였다. 지리산 지역에 특히 불교문화의 전통이 일찍부터 뿌리내리게 된 데에는 역시 이곳 땅이 생긴 형상 및 지리적 위치와 일정한 상관성을 지니고 있다. 또한, 한 번 불을 때면 49일간 따뜻했다는 '아亞자방 온돌'(경남 지방문화재 제144호)로 유명한 칠불암은 찬란한 불교문화와 지리산 범패 음악의 원류이며 베일에 가려진 가락국 왕조의 숨결이 깃들어 있다.

'치유'가 마음의 병을 회복시켜 정상적으로 돌려놓는 작업이라 할 때, 오늘날 유행하고 있는 영성음악spiritual music은 마음의 상처를 치유할 수 있는 좋은 방법이라 할 수 있다. 특히 2009년 유네스코 세계무형문화유산으로 등재된 '영산재'의 중요한 부분을 이루고 있는 '범패 음악'은 들뜬 마음을 진정시켜 주고 몸에 좋은 기를 모아주는 주는 데 좋은 효과가 있는 것으로 알려져 있다. 그 치유의 힘을 이곳 칠불암에서 유래하는 불교의 범패에서 찾아볼 수 있다.

---

34) 최정희, 앞의 책, pp.132-35.

칠불사 아자방지

● 내소사: 단청과 꽃살문, 그리고 명상의 길

　석가모니 부처님이 스리랑카(실론)로 보이는 랑카(능가산)에서 대혜 보살을 상대로 설법했다고 하는 가르침을 모은 대승경전이 『능가경』이다. 약 4세기경에 쓰인 듯하며 일부는 이보다 더 오래되었을 수도 있다. 이 경전에서는 세계란 궁극적이고 무차별한 정신의 투영에 불과하며 이러한 진리는 명상을 통해 어느 순간 갑작스럽게 내면적으로 체험된다고 말한다. 능가산은 능히 모든 마장魔障을 끊고 해탈에 이를 수 있다는 뜻이 담긴 불가의 마음속 성지이자 길지이다. 내소사의 주봉인 관음봉이 능가산이라 불리면서 '능가산 내소사'로 통하게 되었다고 한다.

　내소사는 백제 무왕 34년(633)에 혜구두타惠丘頭陀가 소래사蘇來寺라는 이름으로 창건했다. 예전에는 선계사, 실상사, 청림사와 함께 변산의 4대

명찰로 꼽혔으나 다른 절들은 전란에 모두 불타 없어지고 지금은 내소사만이 남아 있다. 조선 인조 11년 건축된 대웅보전은 화려하고 섬세한 쇠서, 날렵한 팔작지붕과 약간의 배흘림기둥 그리고 연꽃을 하나씩 조각한 빗살문이 아름답다. 법당 내부의 제공 뿌리에는 모두 연꽃 봉우리를 새겨, 우물반자를 댄 천장에 가득한 꽃무늬 단청과 더불어 법당 안에 화사함을 더해 주고 있다. 거기에 천장 대들보 양편 우물반자에는 바라, 해금, 아쟁, 퉁소, 나발, 비파, 거문고 등 10종의 악기를 연주하는 형상이 그려져 있어 부처님이 계신 천상계의 화음이 들려오는 듯하다.

불단 후불벽 뒷면에는 거대한 백의관음보살상白衣觀音菩薩像을 그려 건물의 장엄함을 고양시킨다. 이 그림은 강진 무위사無爲寺 대웅전 후불벽화인 백의수월관음보살입상白衣水月觀音菩薩立像과 비견할 만한 수작이다.

무엇보다 내소사 대웅보전에서 가장 인상 깊은 것은 정면 3칸 8짝의 꽃살문이다. 법당 내부의 것은 화려한 단청으로 장엄을 더했고, 법당 밖의 것은 단청을 하지 않은 나무 그대로의 배흘림 백골기둥에 단청하지 않은 꽃살문을 새겨놓았다. 단청만 없다뿐이지, 모란·연꽃·국화 등으로 가득 수놓인 문살은 그대로 화사한 꽃밭 그 자체이다.

내소사의 주산은 관음봉이다. 그리고 청룡과 백호는 관음봉에서 양쪽으로 뻗어 나간 산줄기다. 관음봉 아래 내소사 대웅전(보물 제291호)은 철심을 사용하지 않고 나무못만 사용하여 지었다 한다. 조선중기 1633년, 내소사 조실 청민선사는 임진왜란으로 절이 불타 버려 중건에 노심초사하고 있었다. 그 당시 대웅보전 중수에 대한 재미있는 설화가 전한다.

어느 목수가 3년 동안이나 목침 크기만 하게 부재를 토막 내어 다듬었는데, 장난삼아 사미승이 그 나무토막 한 개를 감추자 토막 수가 부족하여 일을 포기하려 하자 사미승이 감추었던 나무토막을 내놓았다. 하지만 목수는 부정 탄 재목을 쓸 수 없다 하여 끝내 그 토막을 빼놓고 법당을 완성하여 오른쪽 앞 천정은 왼쪽에 비해 지금도 한 개의 포가 모자란 채 옛 위용을 자랑하고 있으며 그리다 만 벽화는 날로 퇴색해 가고 있다.

"스님, 이제 그만 들어가시지요. 이렇게 나와서 1년을 기다려도 목수는 오지 않으니, 언제 대웅전을 짓겠습니까? 내일은 소승이 좀 미숙해도 구해 오겠습니다."

"허, 군말이 많구나."

"그리고 기다리실 바엔 절에서 기다리시지 하필이면 예까지 나오셔서…"

"멍청한 녀석. 내가 기다리는 것은 목수지만 매일 여기 나오는 것은 백호혈白虎穴을 지키기 위해서니라."

노승의 말이 끝나기가 무섭게 늙은 호랑이가 포효하며 노승 앞에 나타났다. 호랑이의 안광은 석양의 노을 속에 이글거렸다. 아무 일 없었던 듯 노승이 주장자를 휘저으며 호랑이 앞을 지나려 하자 대호는 앞발을 높이 들고 노승을 향해 으르렁댔다.

"안 된다고 해도 그러는구나. 대웅보전을 짓기까지는 안 돼." 노승은 주장자를 들어 소나무 허리를 때렸다. '팽'하는 소리가 나자 호랑이는 '어흥'하는 외마디 울부짖음을 남기곤 어디론가 사라졌다. 그날 저녁 타 버린 대웅전 주춧돌에 앉아 산을 내려다보던 노승은 사미승을 불렀다.

"너 일주문 밖에 좀 나가 보아라. 누가 올 터이니 짐을 받아 오도록 해라."

"이 밤중에 어떻게 일주문 밖을 나가라고 하십니까?"

"일주문 밖과 여기가 어떻게 다르기라도 하단 말이냐?"

마지못해 대답을 하고 간신히 일주문에 다다른 선우의 가슴은 철렁

했다. 어떤 기다란 동물이 기둥에 기대어 누워 있지 않은가. 입속으로 염불을 외우며 다가서니 누웠던 사람이 일어났다. 나그네였다.

"어서 오십시오. 스님이 마중을 보내서 왔습니다." 나그네는 아무 말 없이 걸망을 둘러메고 걸었다.

"손님, 짐을 저에게 주십시오. 스님께서 짐을 받으라고 하셨습니다." 나그네는 묵묵히 걸망을 건네주었다.

"손님은 어디서 오시는 길입니까? 이 짐 속엔 뭣이 들었길래 이리 무겁습니까? 노스님과는 잘 아시나요?"

나그네는 대꾸가 없었다. 그는 다음 날부터 대웅전을 지을 나무를 찾아 기둥감과 중방감을 켜고 작은 기둥과 서까래를 잘랐다. 다음에는 목침만한 크기로 나무를 자르기 시작했다. 하루, 이틀, 한 달, 두 달 목수는 말 없이 목침만을 잘랐다. 사람들은 그가 미쳤다며 비웃었다. 그러나 노승은 말없이 웃기만 했다. 어언 다섯 달. 목수는 비로소 톱을 놓고 대패를 들었다. 목침을 대패로 다듬기 시작한 지 3년. 목수는 흡사 삼매에 든 듯 목침만을 다듬었다.

그러던 어느 날이었다.

"여보 목수 양반, 목침 깎다가 세월 다 가겠소." 선우의 비웃는 말에도 목수는 잠자코 목침만을 다듬었다. 선우는 슬그머니 화가 나 목수를 골려 주려고 목침 하나를 감췄다. 사흘이 지나 목침 깎기 3년이 되던 날. 목수는 대패를 버리고 일어나더니 노적만큼 쌓아 올린 목침을 세기 시작했다. 무수한 목침을 다 세고 난 목수의 눈에선 눈물이 주르르 흘렀다. 일할 때와는 달리 그의 얼굴에는 절망이 깃들었다. 연장을 챙긴 목수는 노승을 찾아갔다.

"스님, 소인은 아직 법당 지을 인연이 먼 듯하옵니다." 절에 와서 처음으로 입을 여는 목수를 보고 선우의 눈은 왕방울만큼 커졌다.

"왜 무슨 까닭이 있었느냐?" 노승은 조용히 물었다.

"목침 하나가 부족합니다. 아직 저의 경계가 미흡한가 봅니다."

"가지 말고 법당을 짓게. 목침이 그대의 경계를 말하는 것은 아닐세."

선우는 놀랐다. 목침으로 법당을 짓는 것도 신기하지만 그 산더미 같은 목침 속에서 하나가 없어진 것을 알다니. 목수는 기둥을 세우고 중방을 걸고 순식간에 법당을 완성했다. 법당에 단청을 하려고 화공을 불러왔다. 노승은 대중에게 엄격히 타일렀다.

"화공의 일이 끝날 때까지 아무도 법당 안을 들여다봐서는 안 되느니라." 화공은 한 달, 두 달이 지나도 밖에 나오질 않았다. 사람들은 법당 안에 그려지는 그림이 보고 싶고 궁금했다. 어느 날, 선우는 법당 가까이 가서 목수에게 말했다. "스님께서 잠깐 오시랍니다."

목수가 법당 앞을 떠나자 선우는 재빠르게 문틈으로 법당 안을 들여다봤다. 이상한 일이었다. 그림 그리는 사람은 없는데 오색영롱한 작은 새가 입에 붓을 물고 날개에 물감을 묻혀 벽에 그림을 그리고 있지 않은가. 선우는 문을 살그머니 열고 법당 안으로 발을 디밀었다. 순간 어디선가 산울림 같은 무서운 호랑이의 울음소리가 들리면서 새는 날아가 버렸다.

노호 소리에 놀란 선우가 어슴푸레 정신을 차렸을 때 노승은 법당 앞에 죽어 있는 대호를 향해 법문을 설했다.

"대호선사여! 생사가 둘이 아닌데 선사는 지금 어느 곳에 가 있는가. 선사가 세운 대웅보전은 길이 법연을 이으리라." 내소사 대웅전(보물 제291호)은 지금도 한 개의 포가 모자란 채 옛 위용을 자랑하고 있으며 그리다 만 벽화는 날로 퇴색해 가고 있다.35)

이러한 이야기의 중심에는 호기심을 참지 못한 날이 꼭 마지막 날로

---

35) 최정희, 앞의 책, pp.279-83.

놓여진다. 왜 하필이면 하루, 한순간을 남겨 놓고 들여다보았을까. 호기심을 참지 못한 인물도 주지스님이나 사미스님, 공양주 등 사찰의 모든 대중들이다. 어쩌면 우리 모두일 수 있다. 이는 누구라도 어떤 일을 할 때 마지막까지 마음을 놓아서는 안 됨을, 특히 다 되었다고 하는 순간 더욱 마음을 챙기라는 소중한 가르침을 담고 있다 할 것이다.

그리고 내소사의 풍수지리적 요소를 살펴보면 다음과 같다. 대웅보전은 임좌병향壬坐丙向으로 자리 잡고 있다. 대웅보전 앞에서 바라보는 사신사들은 서로 잘 감싸고 있어서 풍수 교과서에 보는 전형적인 명당자리이다. 좌청룡이 힘차게 내려와 내백호 뒤를 꽉 조여 주고, 그 뒤를 다시 외백호가 감싸고 있다. 그리고 좌수와 우수가 정미丁未방에서 만나 흘러나간다. 대웅보전은 88향법으로 보면 정미丁未 수구에 병오丙午향으로 배치한 자왕향自旺向으로 자리 잡고 있다.

특히 '한국의 아름다운 길 100선'에 선정된 내소사 입구의 약 600m나 이어지는 300년 이상 된 전나무 숲길은 삼림욕과 세속의 잡념을 털어버리기에 좋은 산책로이자 '힐링'의 현장이라 할 수 있다. 또한 내소사의 한국 불교예술의 정수라고 표현되는 '꽃살문'은 소박하고 단순하며 따뜻한 정감이 서린, 세계에서 유례가 없는 독특한 한국성을 지닌 문화유산이다. 그 꽃살문은 부처와 중생을 이어주는 엄숙한 경계를 치장하면서도 그 안에는 우리의 어머니, 아버지의 삶과 같은 순수함과 담담함이 담겨 있어 보는 이로 하여금 평안한 마음을 갖게 하고 환희심을 내게 한다.

무엇보다도 사찰은 사람의 심성을 맑게 해주는 곳, 사람의 마음을 끄는 길지에 입지하는 경우가 많다. 이런 장소는 다분히 풍수가 유행하기 전에도 민간 신앙을 믿는 세력들의 신앙대상지가 되어 왔다. 아울러 산과 물이 서로 밀접하게 조화를 이루고 있는 곳에 위치한 사찰은 여러 가지 자연이 주는 좋은 기운을 품고 있기에 치유적 효과를 얻을 수 있다. 즉 주위의 모든 것을 감싸 안는 것 같은 느낌을 주어 인간의 종교적 심성을 고양시키는 데 아주 효과적이다. 그래서 사찰은 자연의 힘을 빌려 사람의 마음을 차분하게 하고 저절로 마음을 한 곳에 집중하여 명상할 수 있게 하는 힐링적 요소를 지닌다.

● 선암사: 깨달음과 치유의 공간

호남의 명산 전남 순천 조계산(884m)에는 한국 불교를 대표하는 양대 종찰이 있다. 동쪽에 있는 교종의 거찰 송광사와 서쪽 기슭에 있는 선종의 총본산인 선암사가 그곳이다. 동쪽의 송광사는 16국사를 비롯하여 우리나라에서 가장 많은 고승대덕을 배출한 승보사찰로 불보사찰인 양산 통도사 및 법보사찰인 합천 해인사와 더불어 삼보사찰로서 국내외에 널리 알려진 사찰이다. 서쪽의 선암사는 한국적인 절의 옛 모습을 가장 잘 보존한 천년의 고찰이자 많은 선승을 배출한 태고종의 본산으로 대각국사 의천이 천태종을 개창한 천태종의 발원지로 무지개 모양의 승선교(보물 제400호) 등 많은 보물을 간직하고 있으며 주변 경관이 빼어나게 아름다운 절이다.

『신증동국여지승람』에 나타난 고려 중기 선암사의 모습은 "적적한 산골 속 절이요, 쓸쓸한 숲 아래의 중일세. 마음속 티끌은 온통 씻어 떨어뜨렸고, 지혜의 물은 맑고 용하기도 하네."라고 읊은 고려 명종 때의 문신 김극기金克己의 시구처럼 오랜 세월이 흐른 지금도 적막한 산골 절의 모습에서 크게 벗어나지 않고 있다.

신라시대에 창건된 천년 고찰 선암사는 통일신라 말기 도선국사(827

~898)가 호남을 비보하는 3대 사찰인 3암[36]의 하나로 창건했다는 설과, 백제 성왕 7년(529)에 아도화상이 세운 비로암을 통일신라 경덕왕 원년(742)에 도선국사가 재건하였다는 두 가지 창건설화가 전해온다. 『선암사중수비』와 『육창건기』 등 선암사 사적기에 의하면 신라 진흥왕 3년(542) 아도화상이 현재의 비로암 터에 청량산淸涼山 해천사海川寺를 창건한 것이 시초이고, 그 후 신라 말 경문왕 원년(861) 풍수지리를 처음 전파한 스님으로 알려진 한국 토착풍수의 비조라는 전라도 영암 출신인 도선국사가 중창하면서 신선이 내린 바위라 하여 선암사라 하고 구산선문 가운데 동리산문의 선풍을 크게 진작시켰다고 한다. 도선국사는 조계산 서쪽에 '신선이 바둑을 두는 바위仙巖'가 있다며 비로암을 선암사로 고쳐 이 절을 부흥시켰다고 한다.

이후 고려 중기인 고려 선종 9년(1092) 대각국사 의천(1055~1101)이 이곳 대각암에서 수도하면서 산 이름을 조계산이라고 하고 사원을 크게 중창함과 아울러 고려불교의 여러 사상을 선禪과 교敎로 융합하여 겸수토록 함으로써 선암사가 세상에 널리 알려지게 되었다. 의천은 문종의 넷째 왕자로, 출가한 뒤 국내외 여러 종파의 불교사상을 두루 익힌 후 중국에서 천태종을 전수받아 1092년 선암사에서 천태종을 개창하였다. 선암사를 중창할 때 의천은 대각암에 머물렀던 것으로 알려져 있으며, 선종이 의천에게 하사한 금란가사, 대각국사 영정, 의천의 부도로 전하는 대각암 부도가 선암사에 전해오고 있어 이를 반증하고 있다.

조선 선조 30년(1597) 정유재란으로 대부분의 사찰이 그러하듯 불에 타서 거의 폐사로 방치된 것을 100여 년이 지난 숙종 24년(1698) 호암 약휴(1664~1738)대사[37]가 크게 중건했는데, 당시 선암사는 '교학의 연

---

36) 비보 3암庵: 도선이 세운 세 암자는 광양 백계산 운암사, 순천 조계산 선암사, 영암 월출산 용암사를 말한다.

원'이라 할 만큼 교학이 융성하였다. 이후에도 선암사는 크고 작은 화재를 만나 여러 차례 중창불사되었다. 영조 35년(1759) 봄 또다시 화재로 소실되자 계특대사는 빈번한 화재의 원인이 산강수약山强水弱한 선암사의 지세 때문이라 하여 화재 예방을 위해 영조 37년(1761)에 산 이름을 청량산淸凉山으로, 절 이름을 해천사海泉寺로 바꾸었다. 그런데도 불구하고, 순조 23년(1823) 또다시 불이 나자 해붕, 눌암, 익종스님이 대대적으로 중창불사를 하였으며, 이후 옛 모습을 되찾아 산과 절 이름을 조계산과 선암사로 되돌렸다고 한다. 그 흔적이 일주문에 남아 있는데, 들어갈 때 보이는 현판은 '조계산 선암사'이지만, 나갈 때 보이는 현판에는 '청량산 해천사'라고 새겨있는 것이다.

선암사로 가는 길은 조계산 서쪽 산자락으로 고루 드리운 짙은 나무 그늘로 인해 고즈넉하면서도 운치 있고 늘 상쾌하다. 마음속 먼지까지 깨끗이 씻어내 줄 정도로 맑게 흐르는 계곡을 따라 이어지는 포장되지 않은 다채로운 나무의 숲길은 명상을 하며 마음을 비우고 내려놓기에 더없이 좋은 치유의 길이다. 이어서 숲길 오른쪽 산기슭에 또다시 수많은 부도와 탑비들이 나타나는데, 그중 맨 앞줄 왼편에서 세 번째 부도가 약간 방향이 비틀어져 있는 것은 묘향산에서 입적한 주지스님을 위하여 묘향산을 향해서 세운 것이라고 한다. 입구의 부도밭에는 11기의 부도와 8기의 비가 줄지어 서 있는데 그 중 화산대사 부도는 네 마리의 사자가 삼층석탑을 지고 있는 듯한 형상을 하고 있어 특이하다.

---

37) 호암대사 약휴(1664~1738): 호암대사 약휴는 12세에 선암사로 출가하여 숙종 24년(1698)부터 8년 동안 선암사를 중창하고 불상과 탱화를 조성했다. 선암사 입구의 승선교도 그가 조성한 것이다. 선암사 중창불사에 부지런했던 공로를 인정받아 당호도 선암사를 보호하라는 '호암護嵒'이 되었다고 한다.

승선교昇仙橋와 강선루降仙樓

아치형 돌다리인 작은 무지개다리를 건너 모퉁이 길을 따라 돌면 반원형의 큰 무지개다리가 나오고, 이 다리를 밟고 건너면 길은 선녀가 하강했다고 하는 강선루降仙樓로 향한다. 두 무지개다리 중 큰 무지개다리가 선암사의 아이콘이자 대표적인 명물인 보물 제400호로 지정된 승선교昇仙橋38)로 일반 관람객들은 대부분 그냥 지나쳐 간다. 선암사에서 2개의 승선교를 만들어서 계곡을 건너고 또다시 건너게 한 것은 현세와 선계를 구분하려는 것이라고 한다. 원통전 중수와 승선교와 관련하여 재미있는 이야기가 전해오고 있다.

---

38) 큰 무지개다리는 길이 14m 높이 7m 너비 3.5m로, 길게 다듬은 30여 개의 장대석을 연결하여 홍예석을 드리우고 홍예석 양쪽에 잡석을 쌓아 계곡 양쪽 기슭의 흙길에 연결시켰으며, 위쪽에는 흙을 덮어 길을 만들었다. 기단부는 자연암반을 그대로 이용하여 홍수에 쓸릴 염려가 없도록 하였으며, 홍예석 중간에는 용 형상을 한 이무기 돌을 돌출시켜 장식적인 효과와 함께 재해를 막는 효과를 거두고 있다.

숙종 때 호암대사가 선암사를 중창불사할 때 호암대사는 중창불사를 위해 대장군봉의 배바위에서 관음보살을 친견하기를 기도하였으나 효험이 없자 바위 밑으로 투신하려 하였는데, 이때 코끼리를 탄 여인이 하늘에서 내려와 보자기로 호암대사를 받아 다시 배바위 위에 올려놓으면서 "떨어지면 죽을 것인데, 어찌 무모한 짓을 하는가?" 하고 사라졌다고 한다. 호암대사는 홀연히 자신을 구해준 여인이 관음보살의 화신임을 깨닫고 대웅전 뒤에 관음보살을 모시는 전각인 원통전圓通殿을 지어 관음보살을 모셨으며, 장군봉에서 자신이 몸을 던져 떨어지려던 곳에 아름다운 무지개다리를 세웠으니 이것이 바로 신선이 되는 다리인 승선교이다. 이곳 다리 아래서 강선루를 봐야만 비로소 반원형의 승선교가 물에 비치어 완전한 원형을 이루며, 강선루가 이 원 안에 들어앉은 듯한 모습을 볼 수 있다. 곧 불가에서 말하는 공空, 圓이자 선가仙家에서 말하는 선녀하강이다.

그러고 보면 선암사는 선녀와 단단한 줄이 닿아 있는 게 틀림없는 듯하다. 이름에서부터 선녀가 내려와 계곡에서 목욕하고 놀다가 하늘로 올라가는 선경이 떠올려지고, 그 이미지가 풍경으로 되살아난 듯하여 신비롭다. 강선루에서 뒤를 돌아보면 굽어 흐르는 계곡물 사이로 두 다리가 크고 작게 잇달아 있어 운치를 더해 준다. 일주문에 이르기 전 일주문 밖에 누각을 세우는 일은 드문 일이기도 하고 또 손님을 반갑게 맞이한다는 선암사의 전통이기도 하다는 강선루에 올라 둘러보는 경치가 더 멋지다.

강선루에서 한 모롱이를 돌면 오른쪽 길섶으로 비껴나 있는, 기다란 타원형의 연못 가운데에 알 모양의 인공섬이 있는 특이한 모습의 연못을 만나는데 바로 삼인당三印塘이다. 연못의 독특한 모습은 멋을 부리기 위해서가 아니라 그 형태 안에 심오한 불교사상39)을 표현하고 있는 것으로, 다른 곳에서는 유례를 찾아볼 수 없다. 불교의 제행무상, 제법무아, 열반적정 등 삼법인을 상징하여 만물은 항상 변해서 그대로인 것이 없으며, 이것을 알게 되면 열반의 세계로 들어갈 수 있다는 의미로 도선국사가 만들었다고 한다.

선암사 일주문은 수많은 화재에도 불구하고 유일하게 화마를 피한 목조건물이다. 통상 일주문을 지나면 금강문, 사천왕문을 세우는 일반 사찰과 달리 선암사에는 천왕문이 없는데, 이것은 조계산 장군봉이 사천왕처럼 선암사를 지켜주기 때문이라고 한다.

승선교 지나니 강선루 나타난다.
아하, 예가 바로 선경이로구나.
고찰 중의 고찰이 선암사라더니,
고색창연한 당우들이 멋있구나.

퇴락한 채로, 방치해 두고 있는,
그것이 더욱 선미를 자아낸다.
낡은 연못에 갓 피어난 듯한
백련꽃 한 송이가 유난히 청순해라.

무량수각 곁에 있는 돌담에서
옆으로 뻗은 와송은 와선삼매...
이미 수백 년의 세월이 흘렀으리.

---

39) 삼인당三印塘의 불교사상: 가운데 알 모양의 섬은 자각자리自覺自利, 긴 타원형의 못은 각타이타覺他利他를 의미한다고 한다. 삼인당이라는 이름의 '삼인'은 제행무상인諸行無常印, 제법무아인諸法無我印, 열반적정인涅槃寂靜印이라는 삼법인을 뜻하는 것으로 불교의 중심 사상을 나타낸 것이다(도지정문화재 기념물 제46호).

무우전 앞마루에 잠시 앉아 본다.

심신이 그렇게 편해질 수가 없다.

선암사엔 기어이 한 번 더 와봐야지.

— 박희진「조계산 선암사」 전문

고색창연한 선암사를 참배하며 느낀 시인의 감정이 잘 묘사되고 있다. 시인은 아치 모양의 무지개 돌다리 승선교의 이끼 낀 돌들이 천년 향 뿜는 것을 느끼기도 하고, 신선이 여기서 무지개를 타고 하늘로 올라갔다가 다시 하강하고 싶어지면 강선루에 내려와 쉬었음을 생각했을 것으로 여겨진다. 무전 앞에 앉으니 "심신이 그렇게 편안할 수가 없다."는 대목에서 이곳을 찾는 까닭이 드러난다.

범종루를 지나 대웅전 영역에 진입하면 육조고사六朝古寺라 써진 강당과 마주한다. 육조고사라는 현판을 이곳 선암사에 붙인 것은 중국의 선승 육조六祖 혜능慧能이 조계산에 살았던 것과 마찬가지로 선암사가 조계산에 위치한 인연을 기리기 위해서인데, 육조六祖를 뜻하는 한자가 육조六朝로 달리 표현된 것으로 추측된다. 글씨는 한글 소설의 효시인『구운몽』의 작가 서포 김만중의 아버지 김익겸(1614~1636)이 썼다고 전해진다.

선암사 경내에서 가장 개성적인 건물은 관세음보살을 모신 원통전이다. 조선 현종 원년(1660)에 초창하여 숙종 24년(1698) 호암대사가 중수하였으며, 순조 24년(1824)에 재중수하여 오늘에 이르고 있다. 원통전 내부는 불단이 설치된 중앙 세 면에 벽을 두르고 문을 달아 마치 집 속에 또 하나의 집을 지어놓은 형국이다. 건물 정면 어칸의 꽃창호 아래쪽 청판에는 특이하게도 계수나무 아래서 방아 찧고 있는 달나라 토끼 두 마리와 파랑새를 장식해 놓아 눈길을 끈다.

한편 후사가 없던 정조는 선암사 눌암대사에게 100일 기도를 부탁하여 아들을 낳았는데, 그 아들이 바로 순조이다. 이후 순조는 자신이 태어나게 된 은혜에 보답한다는 뜻으로 선암사에 '큰 복의 밭'이라는 의미의 '대복전大福田'이라는 친필 현판을 써주었다고 한다. 순조의 이 친필 현판은 지금도 원통전에 걸려 있다. 이로 인해서 선암사 원통전의 관세음보살님을 친견하기 위하여 많은 이들이 찾고 있으며 간절한 기도가 끊이지 않는다고 한다.

선암사에서 독특하게 눈길을 끄는 것은 해천당 옆에 자리 잡은 '뒷간' 즉 해우소이다. 입구에 '뒤'라고 쓰인 간판이 걸려 있는데, 왼쪽에서부터 읽어 '깐뒤'로 애교스럽게 불리곤 한다. 가장 안쪽에 앉아 벽면을 보면, 바깥 숲속 경관이 한눈에 들어온다. 벽의 아랫부분에 살창이 나 있기 때문이다. 이 살창은 환기구 역할도 한다. 이 해우소는 건물 자체가 갖는 가치보다는 이곳 선암사를 찾는 이들이 카타르시스를 느낄 수 있는 공간이다. 그래서 정호승은 눈물이 나면 선암사로 가 해우소에서 실컷 울면 몸은 물론 마음까지 비울 수 있음을 역설하고 있는지도 모른다.

눈물이 나면 기차를 타고 선암사로 가라
선암사 해우소로 가서 실컷 울어라
해우소에 쭈그리고 앉아 울고 있으면
죽은 소나무 뿌리가 기어다니고
목어가 푸른 하늘을 날아다닌다
풀잎들이 손수건을 꺼내 눈물을 닦아주고
새들이 가슴속으로 날아와 종소리를 울린다
눈물이 나면 걸어서라도 선암사로 가라
선암사 해우소 앞
등 굽은 소나무에 기대어 통곡하라

— 정호승 「선암사」 전문

시인에게 비친 해우소는 쌓였던 근심과 걱정을 모두 풀고 다시 힘을 내 살아갈 수 있게 하는 위로와 치유, 그리고 정화의 기능을 가진 공간이다. 슬프고 힘겨울 때 해우소와 해우소 앞 등 굽은 소나무에 기대어 실컷 울고 나면 풀잎들이 손수건을 꺼내 눈물을 닦아 준다는 대목은 위로와 치유의 전형적 표현이다. 그리고 곧은 나무보다는 등 굽은 소나무가 더 아름답다는 시인이다. 어쩌면 삶은 오랜 풍상에 이렇게 저렇게 굽는 것인지도 모른다. 아무리 강한 비바람에도 굴하지 않고 견디며 굽는 것이야말로 삶의 향기를 간직한 아름다운 모습이다. 인생이 간혹 슬프고 힘들더라도 분명 살아야 할 이유는, 삶 그 자체만으로도 우리에게 소중하기 때문이다. 그러니 숨 막힐 것 같은 상황에서 벗어나 훌쩍 떠난 여행에서 근심을 풀고 다시 힘을 내 살아가라고 말하는 시인의 말처럼 눈물이 나면 기차를 타볼 일이다.

● 선운사와 도솔암

선운사禪雲寺는 전북 고창군 선운산에 위치하고 있다. 절 내에 대웅보전, 만세루, 영산전, 명부전 등의 건물이 있고, 도솔암을 비롯한 네 개의 부속 암자가 있다. 한창 번성하던 시절에는 암자 89개, 당우 189채, 수행처 24개소 그리고 승려 3천여 명을 거느린 대찰이었다 한다. 선운사의 창건에 대해서는 신라 진흥왕(재위기간 540~576)이 창건했다는 설과 백제 위덕왕 24년(577)에 고승 검단檢旦, 黔丹이 창건했다는 두 가지 설이 전하고 있다. 첫 번째 설은 1707년 쓰인 '도솔산선운사 창수승적기'에 의하면 신라의 진흥왕이 만년에 왕위를 내주고 도솔산의 좌변굴(진흥굴)에서 하룻밤을 묵게 되었는데, 이때 미륵 삼존불이 바위를 가르고 나오는 꿈을 꾸고 크게 감응하여 중애사重愛寺를 창건하고 다시 이를 크게 일으켰는데, 이것이 선운사의 시초라고 한다. 진흥굴 앞에는 수령 600년의 장사송이 위풍당당하게 서 있다. 그러나 당시 이곳은 신라와 세력 다툼이 치열했던 백제의 영토였기 때문에 신라의 왕이 이곳에 사찰을 창건하였을 가능성은 희박하다. 따라서 시대적·지리적 상황으로 볼 때 검단선사의 창건설이 정설인 것으로 받아들여지고 있다.

검단스님의 창건과 관련해서도 여러 가지 설화가 전해오고 있다. 본래 선운사의 자리는 용이 살던 큰 못이었는데 검단스님이 이 용을 몰아내고 돌을 던져 연못을 메워나가던 무렵, 마을에 눈병이 심하게 돌았다고 한다. 그런데 못에 숯을 한 가마씩 갖다 부으면 눈병이 씻은 듯이 낫곤 하여, 이를 신기하게 여긴 마을 사람들이 너도나도 숯과 돌을 가져옴으로써 큰 못은 금방 메워지게 되었다. 이 자리에 절을 세우니 바로 선운사의 창건이다. 검단스님은 "오묘한 지혜의 경계인 구름雲에 머무르면서 갈고 닦아 선정禪의 경지를 얻는다." 하여 절 이름을 '선운禪雲'이라 지었다고 전한다.

또 다른 창건설화는 이러하다. 이 지역에는 도적이 많았는데, 검단스님이 불법으로 이들을 선량하게 교화시켜 소금을 구워서 살아갈 수 있는 방도를 가르쳐주었다. 마을 사람들은 스님의 은덕에 보답하기 위해 해마다 봄·가을이면 절에 소금을 갖다 바치면서 이를 '보은염報恩鹽'이라 불렀으며, 자신들이 사는 마을 이름도 '검단리'라 하였다. 선운사가 위치한 곳이 해안과 그리 멀지 않고 얼마 전까지만 해도 이곳에서 염전을 일구었던 사실 등으로 미루어보아, 염전을 일구어 재력을 확보할 수 있었던 검단스님이 사찰을 창건한 것임을 알 수 있다.

선운사에서 도솔암까지 가는 길은 명상의 숲길이다. 도솔암은 고려 태조 26년(943) 도솔선사가 창건하였으며, 여기에는 다음과 같은 전설이 전해오고 있다.

도솔선사가 암굴 속에서 참선하고 있을 때 호랑이 한 마리가 나타나 목구멍에 비녀가 꽂힌 입을 벌리고 눈물을 흘렸다. 선사가 그 비녀를 뽑아 주었다. 어느 날 그 호랑이는 아리따운 처녀를 등에 업고 와서 선사 앞에 내려놓고 사라졌다. 선사는 기절한 처녀를 소생시킨 후 그의 집에 데려다주었다. 처녀의 아버지는 전라도 보성에 사는 배이방으로, 선사의 은혜에 보답하는 뜻으로 3백금을 내어놓았고, 선사는 그 돈으로 이 암자를 지었다고 한다. 도솔암 위쪽에 도솔선사가 호랑이와 함께 기거하였다는 천연 암굴이 있다. 암자 중에는 천인암 절벽이 건너다보이는 위치에 자리한 도솔암이 절경이고, 그 뒤로 올라가서 칠송대라고 불리는 암반 절벽 한 면에 높이 17m에 달하는 거대한 마애불이 조각되어 있다. 동불암 마애불이라는 이 석불에는 후세에 이르러 희한한 전설 하나가 생겨났다.

"선운사 석불 배꼽에는 신기한 비결이 들어 있어서 그것이 세상에 나오는 날 한양이 망하는데 비결과 함께 벼락살도 들어 있어서 거기에 손대는 사람은 벼락을 맞아 죽는다."는 것이었다. 1820년 전라감사로 있던 이서구李書九가 마애불의 배꼽에서 서기가 뻗치는 것을 보고 뚜껑을 열어 보니 책이 들어 있었는데 갑자기 벼락이 치는 바람에 "이서구가 열어 본다."라는 대목만 언뜻 보고 도로 넣었다는 이야기도 함께 전해졌다. 갑오농민혁명이 일어나기 일 년 전인 1892년 어느 날 전봉준, 김개남과 더불어 갑오농민혁명을 주도했던 손화중孫和仲의 집에서는 그 비결을 꺼내보자는 말이 나왔다. 모두들 벼락살을 걱정했지만 오하영이라는 도인이 말하기를 "이서구가 열었을 때 이미 벼락을 쳤으므로 벼락살은 없어졌다."고 했다. 동학도들은 석불의 배꼽을 깨고 비결을 꺼냈고, 이 일로 각지의 동학도 수백 명이 잡혀 들어가 문초를 받았고 결국 주모자 세 명은 사형에

처해졌다. 이것은 실제로 있었던 일로, 당시 미륵비결을 꺼낸 현장에 있었던 동학도 오지영이 쓴 '동학사'에 자세히 기록하여 전한다.

선운사 하면 미당 서정주 시인이 연상된다. 선운사 입구에는 미당 서정주의 시비가 있다. 시인은 선운사 고랑으로 동백꽃을 보러 갔다가 동백꽃은 아직 일러 피지 않아 보지 못하고 막걸릿집 여자의 육자배기 가락만 듣게 되었다며 동백의 안타까운 몸짓처럼 처절한 고통 속에서도 삶을 부지할 수밖에 없는 처절한 운명의 조건을 선운사 고랑에서 간파한다.

선운사 고랑으로
선운사 동백꽃을 보러 갔더니
동백꽃은 아직 일러 피지 않았고
막걸릿집 여자의 육자배기 가락에
작년 것만 시방도 남았읍디다.
그것도 목이 쉬어 남았읍디다.

— 서정주 「선운사 동구」

선운사 고랑에는 단풍나무와 동백나무들이 송악과 함께 숲을 이루고 동구에서부터 선운사 경내까지 계속 이어진다. 옛날에는 육자배기 흥취가 물씬물씬 풍겼겠지만 오늘날 선운사 입구는 지금 복분자술을 파는 늙은 아낙들이 호객하고 있어 미당 선생이 느끼던 마음을 그저 시 속의 풍경으로만 가름할 뿐이다.

욕심 없이 비워낸 마음으로 산천을 관조하면 보이는 그대로가 혈처여서 사찰은 늘 명당터에 자리 잡고 있는 것으로 진단된다. 나아가 지혜와 자비를 두 축으로 하는 불교의 윤리적 가르침을 베풂과 나눔, 탐욕심 내려놓기의 정신을 담고 있는 사찰풍수설화는 고달픈 삶을 살아가는 민중들의 애환을 달래주고, 지친 심신을 치유할 수 있는 정신적 보양으로 작용할 것으로 생각된다.

종합하면 불교설화와 사찰풍수설화의 만남은 불교적 사유와 풍수적 사유가 아름답게 조응하고 융합한 삶의 미학이라 할 수 있다. 아울러 마음가치를 존중하는 불교사상은 풍수사상의 본령인 환경 및 자연가치에 눈을 뜨고 독특한 풍수적 자연관을 수용함으로써 보다 풍요로운 마음과 자연의 만남이라는 미학을 우리 국토에 심어 줄 것이다. 여기에 모든 생명 있는 존재들에 대해 자비심을 베풀고 탐욕으로 가득 찬 마음 비우기와 나눔의 실천을 강조하는 사찰연기설화의 현재적 의미가 있다 할 것이다.

제6장

지혜와 깨달음의 설화

● 소동파와 불교 귀의 일화

　　무정설법無情說法이란 말은 선가에서 유행하는 말이다. 사람이 아닌 무정물이 법을 설한다는 말이다. 쉽게 말하면 산하대지의 온 자연계에서 불법이 설해지고 있다는 것이다. 중국 당나라 시대에 8대 문장가로 이름을 날리던 소동파는 시인으로도 이름났지만 서화에도 재주가 뛰어난 사람이었다. 그러나 재승박덕이라는 말이 있듯이 재주는 뛰어났지만 벼슬길은 순탄하지 못했다. 그러나 그는 세상에 자기보다 더 뛰어난 사람은 없다는 자만심을 가지고 살았다. 그런 소동파가 형주 고을에 있을 때의 일이다. 하루는 옥천사로 승호선사를 찾아갔다.

　　선사가 "대관의 존함은 어떻게 되십니까?" 하고 정중하게 물었다. 그러자 소동파는

"나는 칭秤 가요." 하고 대답했다.

"칭 가라니요." 승호선사는 반문했다. 그러자 소동파는 오만불손한 대답을 했다.

"나는 천하 선지식을 저울질하는 칭 가란 말이요."

칭이란 한자로 '저울'이란 뜻인데 자기가 선지식들의 법력을 달아보는 저울이라는 아주 거만하기 짝이 없는 말을 서슴없이 한 것이다. 그러자 승호선사는 "으악!" 하고 벽력같은 소리를 질렀다. 그리고는 "그렇다면 이것이 몇 근이나 되지요?" 하고 물었다. 여기에서 소동파의 콧대는 여지없이 꺾이고 말았다. 아무리 생각해도 "으악!" 소리가 몇 근인지 알 도리가 없었다. 그의 자존심은 크게 상처를 입었다.

소동파는 승호선사의 할喝에 눌려 선에 관심을 가지고 제방의 고승들을 찾아다니며 법을 물었다. 또 한 번은 여산의 동림사 상총선사(1025~1091)를 찾아가 설법을 청했다. 그러나 상총선사는 "어찌 무정설법은 듣지 못하고 유정설법만 들으려고 하느냐" 하고 그를 꾸짖었다. 무정설법이란 산이나 나무와 같은 무정물이 설법을 한다는 말인데, 소동파로서는 도저히 이해할 수가 없었다. 이 말에 충격을 받은 소동파는 절을 나오며 '무정설법'이란 말을 곰곰이 생각하고 있었다. 말 등에 올라타고 절을 내려왔다. 자기가 잘났다는 오만한 생각도 이제는 이미 사라지고 없었다. 오직 텅 빈 마음만이 남아있었다. 그렇게 한참 말을 달리던 소동파는 마침 계곡의 웅장한 폭포 밑에 이르렀다. 이 계곡을 건너며 폭포 물이 떨어지는 소리를 듣는 순간, 귀가 번쩍 열렸다. 비로소 마음의 눈, 마음의 귀가 열린 것이다. 다음은 그때의 오도송이다.

계곡의 물소리가 부처님 법문이니　　　溪聲便是廣長說
산색이 어찌 부처님 청정한 법신이 아니랴　山色豈非淸淨身

밤새 온 비로 불은 시냇물 법문을   夜來八萬四千偈
다른 날 어떻게 사람에게 말해줄 수 있을까   他日如何擧似人

— 소동파 「오도송」

소동파가 자신이 선 수행을 통해서 얻은 깨달음의 경계를 여산의 동림사 상총선사에게 내보인 일종의 개오시다. 산하대지의 두두물물頭頭物物이 진리의 세계가 아님이 없고 선의 세계가 아님이 없는 무처불시선無處不是禪의 경계를 읊고 있다. 삼라만상 모든 법계가 진리의 불법을 설하고 있는데 어리석은 중생들은 듣지 못할 뿐이다. 산색山色과 계성溪聲은 바로 자연의 이법理法과 진리의 본질을 드러내 주는 선리이다. 선가에 견색명심見色明心 문성오도聞聲悟道라는 선어가 있다. 사물의 색깔을 보고 거기에 응하여 심성을 밝히고, 자연의 소리를 듣고 본성을 깨친다는 뜻이다. 청정한 자연은 바로 법신 비로자나불의 세계이다. 소동파는 비록 출가수도를 한 수행승은 아니지만 아상과 아만을 버리고 텅 빈 마음으로 돌아가 바로 자연에서 부처님의 모습과 음성을 보고 들은 것이다.

소동파의 시 속에는 유불선 3교의 폭넓은 사상과 선불교의 깊은 선미와 오도의 세계가 나타나 있다. 소동파는 이 시를 통해 인가를 받아 전등 선맥의 족보에 오르게 되었다. 선가에서 자주 회자되는 소동파의 이 시는 부처와 진리의 법 그리고 자연 그대로인 청정한 진리의 법신불이 미묘하게 나타나 있음을 보여준다. 이처럼 깨닫고 보면 세상 어느 곳에나 부처님이 계시므로 부처님의 모습을 뵙고, 부처님의 음성을 듣기가 어려운 일이 아니다. 하지만 그렇지 못한 우리 범부중생들은 산색은 그냥 산이요, 계곡물 소리는 한낮 물소리 이상의 의미를 발견하지 못하는 것이 사실이다. 때문에 부처님의 설법은 때와 장소, 그리고 듣는 사람의 능력에 맞도록 이루어졌다. 그래서 부처님의 설법은 상대방에게 먼저 많은 것을 말하게 하고 자신은 그에 대한 적절한 비유를 들어 대답하는 형식을 취했던 것이다.

● 단하소불: 목불에는 사리가 없다

조주스님(778~897)이 법상에 올라 대중들에게 불법의 대의를 체득하도록 하는 세 가지 획기적인 법문, 즉 삼전어三轉語 법문을 하였다. 전어란 중생의 미혹한 마음을 깨달음으로 전향하도록 하는 말이다.

"쇠 부처金佛는 용광로를 거치면 녹아버릴 것이고, 나무 부처木佛는 불에 타 버릴 것이고, 진흙 부처泥佛는 물에 녹아 풀어진다. 참된 부처眞佛는 마음속에 있다."

— 『벽암록』 제96칙 조주 삼전어

조주스님은 금불金佛과 목불木佛, 니불泥佛에 의미를 둔 것이 아니라 자신의 본래 청정한 법신인 진불을 깨닫고, 한 생각의 망심妄心이 없으면 만법에 허물이 없다는 것을 깨닫게 하는 법문을 하고 있다. 올바른 신앙의 태도가 무엇인가를 극명하게 보여주고 있다. 금불이 용광로를 건너면 녹아버리고, 토불이 물길을 건너면 풀어져 버리며, 목불이 불길을 건너면 타버린다. 따라서 세 가지 모양의 부처가 진짜 부처가 아니라 참 부처眞佛는 마음속에 있다는 것이다.

"벼슬 과거가 어디 부처 과거만 하겠습니까?" 이 한마디에 유생인 단하丹霞(739~824)가 귀가 번쩍 열려 20여 일을 걸어서 강서의 마조도일(709~788)스님을 찾아갔다. 단하가 개원사를 찾아 마조스님을 뵈었더니

"나는 능력이 모자라니 호남의 석두희천(700~791)화상을 스승으로 모시도록 하시오." 하며 돌려보냈다. 그는 즉시 15여 일을 걸어서 석두화상을 찾아갔는데 첫마디가 상상외였다. "방앗간에 가서 일이나 해라."

3년여를 부엌일을 거들던 어느 날 석두화상이 대중들에게 절 마당 풀을 뽑도록 했다. 이때 단하는 대야에 물을 떠놓고 석두스님 앞에 무릎을 꿇었다. 석두가 웃으면서 단하의 머리를 깎아주었다. 그리고 석두스님이 말을 하려 하자 그는 귀를 막고 뛰쳐나가 버렸다. 그 길로 강서의 마조를 찾아간 단하가 문수전으로 들어가더니 법당 마루 중앙에 모셔져 있는 문수보살상의 목을 타고 앉아 고래고래 소리를 질렀다. 대중들이 기겁을 하고 마조스님에게 달려가 알렸다. 마조가 단하의 그런 모습을 보고는 조용히 말했다.

"이런 자식 놈을 보았나, 천연덕스럽기도 하구나!"

단하가 문수보살 목에서 얼른 내려와 마조스님께 큰절을 올렸다. "저에게 법명法名을 주셔서 감사합니다."

"법명이라니! 어허."

"저에게 천연天然이라는 법명을 주시지 않으셨습니까?"

이후 단하는 천연이라는 법명을 쓰기 시작했으며 주유천하 하면서 중생教化의 길을 걸었다. 단하는 교화를 하는 동안 부처를 우상화하고 형식에 매이는 경향을 경계했다. 당시 사회적으로는 당 현종이 35세나 연하인 양귀비에게 정신이 팔려 정치는 부패일로를 치닫고 있는 때였다.

단하선사가 어느 해 겨울 여행을 하던 중 낙양의 혜림사慧林寺에서 하룻밤을 묵게 되었다. 그는 하루 종일 눈을 맞으며 걸었기 때문에 매우 피곤했다. 남루한 옷에 흠뻑 젖은 모습으로 원주院主와 마주했다. 그 절 주지스님이 반찬도 없이 찬밥 한 덩어리를 차려 주고는, 그 추운 겨울인데도 꽁꽁 언 객사로 안내했다. 찬바람이 산사를 휩쓰는데 방바닥은 더욱 싸늘

했다. 단하선사는 코가 얼 정도로 추운 방에 앉아 한참을 생각하다가 '사람 섬길 줄도 모르면서 부처만 섬기면 무슨 소용인가?' 하는 생각이 머리를 스치면서 법당에 안치된 목불이 눈에 들어왔다. 단하는 목불을 끌어안고 부엌으로 나와 도끼로 잘게 쪼개 아궁이에 불을 지폈다. 불길이 활활 타오르자 젖은 옷을 말릴 겸 아궁이에 바짝 다가섰다. 온몸에 따뜻한 온기가 퍼져오면서 움츠렸던 어깨를 펴는데 그때 원주가 나타났다. 아궁이에 타는 목불을 보고 법당에 목불이 없어진 것을 안 원주는 소스라치게 놀랐다. 원주가 단하에게 큰소리로 꾸짖었다.

"이럴 수가 있느냐? 당신도 스님이 아니요. 그런데 어찌하여 모셔야 할 목불을 태운단 말이오." 원주는 눈을 치켜뜨면서 단하에게 수백 생을 씻어도 씻을 수 없는 대죄고 지옥엘 가도 가장 고통스러운 지옥엘 가야 마땅하다고 성토해댔다. 그런데도 단하는 부지깽이로 나무토막을 밀어 넣고는 숯불을 뒤적이면서 태연하게 말했다.

"왜 사리가 안 보이지?" 이 말에 원주가 기가 막힌다는 듯이 말했다.

"아니, 목불에서 어떻게 사리가 나온단 말이오?"

단하가 원주의 말이 떨어지기가 무섭게 되받아 말했다.

"사리가 안 나올 바엔 나무토막이지 무슨 부처란 말이오. 나머지 부처불도 태워버릴까 보다."

원주는 그 말을 듣고도 노기가 가라앉지 않았다. 단하가 이어서 말했다. "만약 사리가 없는 부처라면 불을 땠다고 해서 나를 책할 것이 없지 않느냐! 사람 섬길 줄도 모르는데, 어떻게 부처를 섬긴단 말이오. 사람이 바로 산부처요."

이 말에 원주는 숨이 막힐 듯이 놀라면서 단하를 뚫어지게 바라볼 뿐이었다. 단하는 상징은 어디까지나 상징이지 더 이상 빠져드는 것은 선승의 길이 아니라고 대중에게 깨우치고 있는 것이다. 흔히 교단이 발전하다 보면 의식과 절차가 복잡해지면서 정례화되고 형식이 조금씩 덧씌워지면서 궤도를 벗어나게 된다. 이 일을 두고 어떤 스님이 진각대사에게 물었다.

"단하는 목불을 태웠고 그 절 원주는 펄펄 뛰었는데 누구의 허물입니까?" 진각대사가 말했다. "원주는 부처만을 보았고, 단하는 나무토막만을 태웠느니라."

단하는 깨달음을 구하는 사람들이 그 시대상황과 타협하면서 격식이 굳어져 가는 것을 보고 바른 길正道로 인도하는 행동을 옮긴 것이다. 단하의 이런 행동을 '단하소불丹霞燒佛'이라 하는데, 이는 역사적인 사건으로 우리에게 큰 교훈을 준다. 촉망 받던 유생에 당대 최고의 선지식인 마조와 석두화상에서 참학한 단하가 어찌 예의와 격식을 몰랐겠는가. 그 형상을 통해 부처님에 대한 존경심을 일으키고 그 가르침을 되새기게 된다는 것을 어찌 몰랐겠는가. 그런 단하가 이런 파격을 보인 까닭은 그가 그리도 존경하는 부처님의 가르침인 공空을 깨달았기 때문이고, 절집이 바로 공문空門이기 때문이었다.

나와 너를 가르고, 능력과 솜씨로 우열을 가르고, 명예와 이익으로 성공과 실패를 논하는 것은 세간의 일이다. 절집이란 출세간出世間, 즉 공으로 들어가는 문이다. 나와 너란 구분이 어리석음에 기인한 까닭 없는 분별이고, 능력과 솜씨란 똑같은 수증기가 여름에는 비로 겨울에는 눈으로 내리는 것처럼 인연의 화합일 뿐이며, 성공과 실패란 달이 차고 기우는 것만큼이나 덧없는 것이라고 가르치는 곳이 절집이다. 그 가르침으로 신분과 지위와 성별 등 갖가지 차별로 인해 상처받은 이들을 위로하고, 우열을 겨루며 다투는 이들을 쉬게 하고, 성공과 실패를 논하는 자들의 흥분과 눈물을 씻어주는 곳이 바로 절집이다.

그런데 그런 절집에서 서열을 나누어 누구는 절절 끓는 방바닥에 살을 데이고 누구는 손발이 얼어 터졌으니, 세간의 공명을 버리고 절집으로 들어온 단하는 속이 터졌을 것이다. 커다란 나무토막에 황금을 떡칠하고 온갖 산해진미를 올리며 허리를 굽실거리면서 구멍이 숭숭 뚫린 옷에 식은 밥 한 덩이가 아쉬운 사람은 헛기침에 곁눈질로 깔아보았으니, 공을 깨달은 단하는 기가 막혔을 것이다.

주지랍시고 남들에겐 "나와 나의 것은 본래 없다."고 밤낮없이 떠들면서 '내 절' '내 불상' 운운하며 득실을 셈하였으니, 오직 진실만을 소중히 여기는 단하는 속이 까맣게 탔을 것이다. 차별보다 평등에 주목해 세간의 병통을 치유할 출세간에서 세간보다 더 명예와 이익을 탐하였으니, 공문의 제자 단하는 속이 문드러졌을 것이다. 해서 단하는 목불을 태워버렸을 것이다. 나와 너, 높고 낮음, 이익과 손해를 훨훨 태워버리고 공문의 진면목을 구현하고 싶었을 것이다.

어떤 형상에도 집착해 사로잡히지 말 것을, 인간을 억압하는 모든 것으로부터 자유로워져야 함을 단하스님 일화에서 엿볼 수 있다. 불상에 집착하거나 십자가 형상과 교회 건물에 집착하는 일들이 자주 일어나고 있다. 자비와 사랑의 실천을 중시하는 부처와 예수의 정신은 온데간데없고 사람을 불안하게 하고 억압한다면 종교는 위안과 치유의 미덕을 발현하기 어렵다. 형상에 집착하듯 자기 종교에만 집착할 때 불화와 타락은 극에 달한다. 최근 보수 성향 개신교 단체들이 '봉은사역' 역명 철회를 요구하는 시위를 벌였다는 소식이 우리의 마음을 편치 않게 하는 것은 그 단적인 예이다. 고이면 썩는다. '단하소불'의 정신이 아니라면 어떤 종교도 인간의 나약함에 기댄 감옥이 되고 말 것이다.

그렇다면 단하가 목불을 태워버린 것은 진실한 깨달음을 밖에서 구하지 말고 내부인 마음 가운데서 도적을 화살로 잡듯 공안을 세워 깨달음을 열라는 메시지이다. 보리菩提의 씨앗은 마음 깊은 곳에 내재되어 있어 녹아버리거나 풀어져 버리거나 타버리지 않고 간직되어 있기 때문이다. 따라서 '단하소불'은 자신 속에 있는 보석보다 값진 불성을 찾으라는 경책의 목탁이요 깊은 자기 성찰을 강조한 것이라 할 수 있다.

● 변산 월명암과 부설거사

대둔산 태고사, 백암산 운문암과 함께 호남의 3대 영지로 손꼽는 부안 변산의 월명암은 신라 문무왕 12년(692) 때 인도의 유마거사, 중국의 방거사와 더불어 3대 거사로 일컫는 부설거사가 창건했다고 전한다. 깊은 산중에 자리 잡은 월명암은 가히 산상무쟁처山上無諍處라 부를 만하다. 산상무쟁처란 뛰어난 경치와 땅의 기운으로 말미암아 스스로 번뇌와 분별이 끊어지고 가라앉는 곳을 이르는 말이다. 최남선은 '심춘순례'라는 글 속에서 "월명암이 낙조와 아침 안개의 승지勝地로 이름 있는 까닭을 알겠다." 고 했다. 암자 이름이 월명암이니 달밤이야 더 말할 것이 없을 정도로 아름다운 풍광을 자랑하는 절일 것이다.

한국 불교 1,700년사를 빛낸 인물 가운데는 고승대덕이 아닌 상당한 재가불자들이 있다. 비록 환속한 거사의 신분이지만 승려 시절에 못지않게 더욱 치열하고 뜨거운 신심으로 구법과 구도를 위해 정진하고 대자대비의 보살행으로 일생을 보낸 분들도 있다. 이를테면 거룩한 순교자 이차돈과 불국사 창건주 김대성이 출가 승려가 아니라 재가불자였으며, 원효성사와 설잠雪岑 김시습, 만해 한용운스님 같은 이름난 고승도 잠시 환속하였으나 우리 불교사에 길이 남을 위대한 업적을 남겼다.

부설거사의 일생은 거의 신비로운 전설에 싸여 있고 그의 발자취를 전해주는 기록 역시 작자와 연대 미상의 『부설전』뿐이다. 이 책에 따르면 그는 선덕여왕(재위 632~646) 때에 태어나 어린 나이에 출가하였다가 환속하여 신문왕(재위 681~691) 때에 부안 변산의 월명암을 창건한 것으로 전해진다.

전북 부안군 변산면 중계리의 쌍선봉은 높이가 해발 459m로 변산의 최고봉인 의상봉(509m) 다음으로 높은 봉우리이다. '변산 8경'의 하나로 꼽히는 쌍선봉 정상에 있는 월명암 낙조대에서 바라보는 풍광은 황홀경을 자아낸다. 그 뒤에 1597년(선조 25)에 진묵대사에 의해 재건되었으며, 1848년(헌종 14) 또는 1863년(철종 14)에 성암화상이 삼창했지만 항일의 병전쟁 때인 1908년에 의병의 거점이라고 하여 왜경에 의해 소실되었다. 그리고 1914년에 당시 주지로 있던 백학명선사白鶴鳴禪師가 재건했으나 또다시 6·25전쟁 직전에 이곳으로 숨어든 여순반란군 일부의 방화로 완전히 소실된 것을 1954년부터 월인·원경·소공·도전·종흥스님 등에 의해 복원되어 오늘에 이르고 있다. 근세의 고승인 해안선사海眼禪師도 한때 월명암에서 수행했다. 이처럼 월명암이 1,300년의 오랜 세월을 지나는 동안 숱하게 불타고 부서지고 무너져버렸지만 불사조처럼 재건 중창을 거듭할 수 있었던 것은 오직 부처님의 대자대비한 가호와 월명암을 창건한 부설거사의 비상한 신앙심과 수행 때문이라고 할 수 있다.

부설거사는 신라의 선덕여왕이 즉위할 무렵, 632년께 서라벌에서 태어났다. 본명은 진광세陳光世로 자질이 총명하고 비범했으며 어린 나이에 불국사에서 출가하여 원정圓淨스님의 제자가 되어 부설이란 법명을 받았다(그러나 진광세-부설이 출가했다는 불국사는 그가 태어난 선덕여왕 때보다 120년이나 뒤에 창건되었다.). 어쨌든 어린 나이에 출가한 부설에게는 동년배인 영희와 영조라는 도반이 있었다. 함께 불경을 공부하던 세 젊은이는 좀 더 넓은 세상으로 나가 불법의 오묘한 깨달음을 얻기로 작정하고 함께 길을 떠났다.

서라벌을 떠난 세 사람은 서쪽으로 향해 지리산·천관산·두륜산·무등산을 거쳐 북쪽으로 방향을 돌려 백양산·내장산을 거쳐 능가산, 현재의 변산에 이르렀다. 변산의 절경에 반한 이들은 지금 월명암 자리보다 약간 높은 곳에 묘적암妙寂庵이란 초암을 짓고 한동안 수행하다가 문수도량인 오대산 적멸보궁을 찾아가기로 했다. 세 사람이 길을 떠나 두릉杜陵, 즉 오늘의 김제 만경 땅에 이르렀을 때 해가 저물어 어느 집에서 하룻밤을 묵어가게 되었다.

그런데 그 집의 주인은 신심이 두터운 재가불자 구무원이라는 사람이었다. 그에게는 묘화妙花라는 아리따운 외동딸이 있었다. 18세의 묘화는 나면서부터 벙어리였으나 부설의 법문을 듣고 말문이 열리게 되었다고 한다. 그런데 부설의 준수한 용모와 낭랑한 목소리로 들려주는 법문에 빠진 묘화의 가슴속에서 걷잡을 수 없는 연정의 불길이 맹렬히 타오르기 시작했던 것이다. 묘화는 부모에게 저 스님에게 시집가지 못한다면 죽어버리겠노라고 하소연하며 매달렸다. 끔찍이 사랑하는 외동딸이 목숨을 걸고 사랑을 하소연하는 상대방이 하필이면 출가한 스님이었다.

하지만 구무원은 딸의 간절한 소망을 뿌리칠 수 없어 부설에게 이런 사정을 털어놓고 죽어가는 사람을 살리는 셈 치고 딸의 소원을 들어달라고 간청했다. 부설이 듣기에 이처럼 황당무계한 일이 또 어디에 있을까 싶었다. 출가 삭발하고 부처님께 온몸과 마음을 바친 승려에게 구혼을 하다니. 처음에는 매정하게 뿌리치고 떠나버릴 생각도 들었을 것이다. 하지만 또 한편으로 생각하면 그대로 떠나버리는 일이 못 할 짓 같기도 했다. 나 아니면 죽겠다고 애타게 발버둥 치고 몸부림치는 처녀를 나 몰라라 하고 내팽개쳐버리고 떠난다는 것도 참으로 비정하고 무자비한 짓으로 여겨졌다. 나 하나 때문에 죽겠다는 사람을 못 본 체 내버리고 떠나서 무슨 득도를 하고 성불을 하겠는가 생각했다. 꼭 산중과 절간에서만 불도를 닦고 불법을 구할 수 있는 것은 아니었기 때문이다. 내 한 몸이 파계 환속하여 한 생명을 구할 수 있다면 설령 성불을 못 해도 후회하지 않으리라고 결심했다. 이렇게 하여 부설거사는 모든 보살의 자비는 중생을 인연에 따라 제도하는 것이라 믿고 묘화와 부부 인연을 맺었다. 부설은 두 도반과 작별하고 그 집에 주저앉아 구무원의 사위가 되었다. 부설스님에서 부설거사로 변신했던 것이다.

이러한 변신에는 아마도 인간의 본성인 사단四端의 첫 번째이며 인仁의 시작인 측은지심의 발로가 비구승의 계율을 깨는 도심道心이 발동했으리라 생각된다. 그러나 부설은 묘화와 15년을 살면서 불법 수행을 게을리하지 않았다. 부인 묘화도 불법 수행에 매우 열심이었다. 아들 등운登雲과 딸 월명月明을 낳은 뒤 애들을 부인에게 맡기고 수도에 전념하여 5년 만에 크게 득도했다.

그렇게 많은 세월이 흐른 뒤 어느 날, 그 옛날 부설과 헤어져 오대산으로 떠났던 영희와 영조스님이 찾아왔다. 두 스님은 그동안 오대산 적멸보궁에서 열심히 수행하고 나름대로 깨우침을 얻었다는 자부심을 가지고 서라벌로 돌아가는 길에 부설을 찾아왔던 것이다. 오랜만에 만난 세 사람의 대화는 자연히 그동안의 불법 수행이나 득도에 이르렀을 것이다. 그런 이야기 끝에 서로의 법력을 겨루어보기로 하여 부설거사가 물을 가득 담은 항아리 세 개를 천장에 매달아 놓고 이렇게 말했다.

"두 도반은 오랫동안 문수보살의 진신이 계신 성지에서 수행하셨으니 두 분의 높은 법력으로써 이런 정도는 아무것도 아닐 것이오. 자, 이제 이 방망이로 항아리를 치되 물이 쏟아지지는 않게 해보시오."

영희와 영조는 참으로 난감했다. 아무리 그동안 계율을 지키며 수행했다고는 하지만 그런 정도의 공력을 쌓지는 못했기 때문이었다. 그렇다고 해서 물러설 수도 없는 노릇이었다. 두 사람은 차례로 방망이를 들어 항아리를 쳤는데 아나나 다를까, 항아리가 깨어짐과 동시에 그 속의 물이 모두 쏟아져버리는 것이었다. 그런데 이게 웬 조화인가. 부설이 방망이를 들고 후려치자 항아리는 모두 깨어졌건만 그 안에 들었던 물은 마치 얼음 으로 변한 것처럼 항아리에 담겼던 모양 그대로 대롱대롱 허공에 매달려 있는 것이 아닌가. 속세에 머물러 수도한 부설의 깨달음이 출가 수도한 두 도반을 앞질렀던 것이다. 도를 닦는다고 흔히 심산유곡을 찾고 있지만 도력道力이 어찌 고요한 산중에서만 얻어지는 것이겠는가. 어떠한 환경에 서도 사심과 과욕을 깨끗이 버릴 수 있는 정심定心을 바로 할 때 무서운 도력이 발휘되는 것이다. 두 스님은 "지금까지 이론에만 매달려 행을 못 하고, 큰스님들한테 돌아다니면서 배웠다는 오만과 자만, 아집을 버리지 못했으니 용서하십시오."라고 말하고는 보잘것없는 나무꾼같이 생긴 부설 거사한테 다시 일어나서 몸을 조아리고 절을 했다.

그러자 부설거사는 두 스님에게 "우리의 이 몸뚱이는 저 병 껍데기 와 같고, 참다운 성품은 본래 영명하여 항상 머물러 있는바, 저 물이 대들 보에 매달린 것과 같다."라고 말하였다. 그 성품은 변하지 않고 집착이 없 고 여여하다고 가르치신 것이다. 그리고 부설거사는 "나는 이미 생사를 넘었네. 벌써 열반에 들려 했으나 자네들을 만나려고 여태 미루었네. 이렇 게 만나 봤으니 육신을 벗고 이승을 떠나겠네." 영조와 영희가 몇 번을 조아리고 참회하며 마음 돌릴 것을 간청했으나 부설은 등운과 월명을 부 탁하며 다음과 같은 열반송을 읊조렸다.

눈으로 보는 것이 없으니 분별이 없고　　　目無所見無分別
귀에는 들리는 소리 없어 시비가 끊어졌네.　耳聽無聲絶是非
시비와 분별을 모두 놓아버리고　　　　　　分別是非都放下

다만 내 마음의 부처보고 스스로 귀의하네.   但看心佛自歸依

　　이후 부설은 참된 법신은 생사가 없다는 것을 밝히는 설법을 한 뒤 임종게를 남기고 홀연히 입적에 들었다. 기척이 없어 부설을 건드려 보니 이미 육신의 옷을 벗은 뒤였다. 이후 등운은 영희를 은사로, 월명은 영조를 은사로 득도하여 어머니 묘화와 함께 온 가족이 도통하는 불교사의 이적을 이룩하였다. 결국 그 두 스님들은 부설거사의 제자가 되었다. 두 스님은 묘적암 남쪽 기슭에 부도탑을 세우고 부설거사의 사리를 봉안하였다. 지금도 그의 딸 이름을 딴 월명암은 성지로서 찾는 사람들이 많다. 그곳의 선원은 또한 그의 가족 네 사람이 모두 성인이 되었다 하여 사성선원四聖禪院이라 한다. 부설거사의 이야기 속에서 우린 굳이 승속을 차별하지 않는 중생구제 사상을 읽을 수 있다.

　　이 설화는 아무리 출가를 하여 승려가 되었다고 하여도 진정으로 속세를 여의고 참된 수행을 하지 않는다면 겉모습만 스님일 뿐이요, 비록 파계를 하고 환속을 하여 거사가 되었다고 해도 일심으로 올곧게 수행 정진한다면 고승대덕 못지않은 신앙심과 수행으로 득도, 성불할 수 있다는 메시지를 전하고 있다.

　　부설거사의 존재는 원효성사와 의상조사 이후 신라불교가 왕실과 귀족 중심의 종교에서 서민을 위한 불교로 대중 속으로 보다 깊고 넓게 퍼져 들어갈 때에 재가불자로서 깨우침을 얻은 선구자라는 의미가 크다.

　　부설거사가 입적하기 전 수도 시절에 욕심에 허둥대는 중생들을 깨우치는 명시를 남겼다. 대 죽竹 자를 음역하여 우리말의 "~대로"의 뜻으로 대 죽 자를 넣어 지은 「팔죽시」가 있다.

이런대로 저런대로 되어가는 대로	此竹彼竹化去竹
바람 부는 대로 물결치는 대로	風打之竹浪打竹
죽이면 죽 밥이면 밥 이런대로 살고	粥粥飯飯生此竹
옳으면 옳고 그르면 그르고 저런대로 보고	是是非非看彼竹
손님 접대는 집안 형편대로	賓客接待家勢竹
시정 물건 사고파는 것은 시세대로	市井賣買歲月竹
세상만사 내 맘대로 되지 않아도	萬事不如吾心竹
그렇고 그런 세상 그런대로 보내세	然然然世過然竹

―「팔죽시」

미풍에도 사각거리는 대나무에 인생을 비유한 유명한 시이다. 대나무 소리 음운을 따라 '대로' 읽은 재치와 일상적 삶을 초탈한 깨달음의 경지가 엿보이는 선시다. 비구승의 신분을 무릅쓰고 혼인도 하고 자녀도 생산하며 세속생활에 적응하면서도 탈속과 해탈의 경지에서 초인적인 도력을 발휘한 부설거사의 「팔죽시」야 말로 무주상보시를 교리로 하고 있는 불심의 표현이다. 어쩌면 법정스님의 무소유의 개념과는 차원이 다른 오히려 노자의 무위자연 철학과 맥을 같이 하고 있는 것 같다. 무위는 아무런 일을 하지 않는다는 것이 아니라 인위적인 기교를 부리지 않고 자연의 섭리에 순응한다는 뜻임을 고려하면, 부설거사의 「팔죽시」도 세속인들의 몰염치와 탐욕을 경계하는 의미를 지니고 있다 할 수 있다.

● 번뇌 망상을 쓸어낸 '주리반특'

청소 제일 공덕으로 깨달음을 얻은 부처님 제자는 '주리반특'이다.

주리반특은 16나한 가운데 16번째에 해당하는 분이다. 주리반특은 부처님의 가르침을 바로 잊어버리는 '바보 같은 제자'였다. 이에 부처님은 "너는 먼지를 쓸고, 때를 닦으라."는 불진제구拂塵除垢의 가르침을 내렸다. 마침내 그는 청소를 통해 집착과 번뇌와 속박을 깨끗이 쓸어내고 해탈을 한 것으로 알려졌다.

어느 날의 설법에서 부처님은 "게으르지 말고 정진을 계속하면 누구라도 반드시 부처님이 될 수 있다. 그 증거를 보라!"고 하시면서, 자리 뒤쪽을 가리켰다. 대중이 뭔가 어리둥절하면서 뒤를 돌아보자, 단정하게 앉은 주리반특의 신체를 아름다운 후광이 감싸고 있다. 그곳에 한 사람의 성자가 탄생한 것을 모두 알아보았다.

주리반특은 사위성의 한 바라문 가문에 태어났다. 10번째 자리하신 마하반특 존자와는 형제지간이다. 동생인 주리반특은 품성이 우둔하여 가르쳐 주어도 곧 잊어버렸다. 3년 동안 한 수의 게송조차 외우지 못할 정도였다. 그래서 사람들은 '바보 주리반특'이라 불렀다. 마하반특 형은 "더 이상의 노력은 헛된 것이다. 지금 당장 여기를 떠나 집으로 돌아가라."고 말하기도 했다. 주리반특은 기원정사의 문밖에 서서 흐느껴 울고 있었다. 부처님이 마침 그곳을 지나가셨다.

"그대는, 왜 울고 있는가?" "형에게 수행 보람이 없다고 꾸지람을 받았습니다." 세존은 웃음을 지으시면서 "걱정하지 마라. 내가 얻은 깨달음의 도는 그대도 얻을 수가 있다." 세존은 그의 손을 잡고 정사에 들어가 한 자루의 빗자루를 주셨다. 이 빗자루로 정사를 깨끗이 청소하라. 그때 반드시 이렇게 외우거라. "먼지를 털고 때를 제거하자拂塵除垢."라고. 그리고 명상할 때에도 그렇게 염송하거라."는 간단한 가르침을 주셨다.

주리반특은 빗자루를 잡고는 그 말씀을 외우고 앉아서도 염송했다. 매일매일 오로지 일심으로 실천했다. 주리반특은 비구들의 신발을 털고 닦으며 이 짧은 구절을 반복해 염송했다. 그리고 무엇으로 무엇을 없애야 하는지를 서서히 깨달았다. 그러던 어느 날 홀연히 아라한과를 증득했다.

부처님 당시 비구니의 처소는 비구 처소에서 멀지도 가깝지도 않은 곳에 자리하도록 했다. 비구로부터 보호를 받는 한편 너무 가까이 있음으로써 야기될 수 있는 부작용을 방지하려는 조처였다. 그리고 비구니들은 부처님이나 부처님께서 추천하신 비구를 모시고 법회를 보았다.

어느 날, 법회를 위해 비구니 대표가 부처님께 왕림해 주실 것을 부탁드렸다. 부처님께서는 주리반특을 보내겠다고 하셨다. 비구니는 너무 놀랐다. 그가 아는 주리반특은 천하의 바보였기 때문이었다. 부처님의 말씀인지라 무리로 돌아가 그대로 전했다. 비구니들은 실소를 금치 못했다. 그래서 '주리반특이 오면 거꾸로 우리가 그 게송을 가르쳐주자. 그리하여 부끄러워 입도 떼지 못 하게 하자.'고 결의했다. 여기서 그 게송이란 다름 아닌 부처님께서 일러주셨고 주리반특이 3년 걸려 겨우 암송하게 된 "입을 조심하여 몸의 죄를 막아라. 그리하면 능히 도를 얻으리라守口攝意 身莫犯 如是行者 能得道."라는 것이었다.

드디어 정해진 날 존자가 등장했다. 비구니들은 존자의 법력에 자기들끼리의 약속도 잊은 채 다투어 존자께 경배하고 말씀에 귀를 기울였다. 하지만 어린 비구니들은 전날의 약속대로 존자에게 게송을 일러주며 무안을 주려 하였다. 그런데 입이 떨어지질 않았다. 놀란 나머지 스스로 머리를 땅에 대고 참회하였다.

주리반특이 비구니들에게 설하신 법문은 일찍이 부처님께서 존자를 위해 일러주신 것과 같았다. 즉, 게송과 함께 게송의 내용을 분별하여 신·구·의 삼업을 잘 단속하고, 그 삼업이 일어나고 소멸함을 관하면 자연히 도를 얻을 수 있다는 것이었다. 매우 간단하지만 불교의 진정한 수행강령이 담겨 있다. 그래서 지금까지 장군죽비 위에 써놓고 염송하는 연유이다.

비구들이 생각했다. '주리반특이 갑자기 아라한과를 증득한 것은 부처님의 특별한 배려가 아닐까?' 그래서 그 연유를 부처님께 여쭈었다. 여기에는 두 가지 설이 있다. 하나는, 주리반특이 전생에 과거칠불 가운데 여섯 번째 가섭불 당시 비구의 몸으로 있었다는 것이다. 그때도 아둔한 비구가 있었는데 주리반특이 그를 자주 놀렸고 그 과보로 금생에 바보가 되었다는 것이다.

다른 하나는, 주리반특은 과거 전생에 훌륭한 스승이었다고 했다. 어느 날 설법을 마치고 피곤한 몸을 쉬려는데 제자가 찾아와 질문을 했다. 주리반특은 피곤한 나머지 답을 다음으로 미루었다. 그리고 그만 그 약속을 잊어버리고 대답을 못 해주었으며 그 과보로 금생에 바보가 되었다는 것이다. 하지만 다겁의 선연으로 불회상佛會上을 만나게 되어 깨달음을 얻게 되었다고 한다.

그렇다고 주리반특이 부처님의 위신력만으로 아라한과를 얻은 것은 아니다. 세존께서 일러 주신대로 신·구·의 삼업을 잘 단속했으며, '마음의 티끌을 털고 마음의 때를 없애라.'라는 화두를 잃지 않고 새기며 실천을 했기에 그것을 깨친 것이다.

● 한산과 습득: 소에게 법문을 하다

정확한 연대는 알 수 없으나 당나라 시대에 살았다고 전해지는 전설적인 인물로서 한산寒山과 습득拾得이 있다. 이 두 사람은 풍간豊干선사라고 하는 도인과 함께 국청사國淸寺에 살고 있었는데, 세상에서는 국청사에 숨어 사는 세 사람의 성자라는 뜻으로 이들을 국청삼은國淸三隱이라고 불렀다. 이들 세 분은 불보살의 화현이니 곧 풍간스님은 아미타불, 한산은 문수보살, 습득은 보현보살의 화현이라고 한다. 그런데 그 시대에 살던 사람들은 그것을 모른 채 그들의 기이한 언행을 이해하지 못하여 멸시하고 천대하기 일쑤였다.

한산은 국청사에서 좀 떨어진 곳에 있는 한암寒巖이라는 굴속에 산다 하여 그렇게 불리었다. 그는 항상 다 해어진 옷에 커다란 나막신을 신고 다녔으며, 때가 되면 국청사에 들러 대중들이 먹다 남긴 밥이나 나물 따위를 얻어먹곤 하였다. 그리고 가끔씩은 절에 와서 거닐기도 하고 때로는 소리를 지르거나 하늘을 쳐다보고 욕을 하였다. 절의 스님들은 그런 그를 작대기로 쫓아내곤 하였는데, 그러면 한산은 손뼉을 치고 큰 소리로 웃으며 가버리는 것이었다.

습득은 풍간스님이 길을 가다가 강보에 싸여 울고 있는 아이를 주워다 길렀다고 하여 그런 이름이 붙여졌다. 그는 부엌에서 그릇을 씻거나 불을 때는 일을 하였는데, 설거지를 하고 난 뒤에 남은 밥이나 음식 찌꺼기를 모아 두었다가 한산이 오면 내주곤 하였다.

어느 날 주지스님이 출타했다가 산 아래 목장을 지나오는 길에 보니, 한산과 습득이 소 떼와 더불어 놀고 있었다. 한산이 먼저 소 떼를 향하여 말하였다. "도반들아, 소 노릇 하는 기분이 어떠한가. 시주 밥을 먹고 놀기만 하더니 기어코 이 모양이 되었구나. 오늘은 여러 도반들과 더불어 법문을 나눌까 하여 왔으니, 호명하는 대로 이쪽으로 나오시게. 첫 번째, 동화사 경진율사!"

그 소리에 검은 소 한 마리가 "음메―" 하며 앞으로 나오더니, 앞발을 꿇고 머리를 땅에 대고는 지시한 장소로 가는 것이었다. "다음은 천관사 현진법사!" 이번에는 누런 소가 "음메―" 하고 대답하더니 절을 하고 첫 번째 소를 따라갔다. 이렇게 서른 몇 번을 되풀이하였다. 2백여 마리의 소 떼 가운데 30여 마리는 스님의 후신인 것이었다. 그들은 시주 밥만 축내며 공부를 게을리 한 과보로 소가 된 것이다.

　이 광경을 본 주지스님은 등골이 오싹해짐을 느끼고 마치 쫓기는 사람처럼 절로 올라가며 혼자 중얼거렸다. '한산과 습득이 미치광이인 줄만 알았더니 성인의 화신임이 틀림없구나.' 그런데 일찍이 여구윤이라는 벼슬아치가 그 고을의 자사로 부임해 오더니 병을 얻었는데 백약이 무효였다. 이를 안 풍간스님이 그를 찾아가 깨끗한 물에 주문을 외고 뿌리니 곧 나았다. 자사가 크게 사례하고 법문을 청하니 풍간스님은 굳이 마다하였다.

　"나보다는 문수와 보현께 물어보시오."

　"두 분 보살께서는 어디 계시온지요?"

　"국청사에서 불을 때고 그릇을 씻는 한산과 습득이 바로 그들입니다."

　그리하여 자사는 예물을 갖추고 국청사로 한산과 습득을 찾아가니, 한산과 습득은 화로를 끼고 앉아 웃고 떠들고 있었다. 자사가 그들에게 다가가서 절을 올리자 그 둘은 무턱대고 꾸짖었다. 옆에서 그것을 지켜보던 다른 스님들이 깜짝 놀라며 자사에게 물었다.

　"대관께서는 어찌 미치광이들한테 절을 하십니까?"

　그러나 그 말에 아랑곳하지 않고 한산은 자사의 손을 잡고 웃으며 말했다.

　"풍간이 실없는 소릴 지껄였군. 풍간이 바로 아미타인 줄 모르고 우리를 찾으면 뭘 하나?" 이 말을 남기고 문을 나선 한산은 다시는 절에 드는 일이 없었다. 여구윤이 아쉬워 옷과 약과 등 예물을 갖추어 이번에는 한암 굴로 찾아가 예배를 올리고 말씀을 기다렸다. "도적놈아. 도적놈아!" 한산과 습득이 이 말만 남기고 굴속으로 들어가니 입구의 돌문이 저절로 닫혔다.

이윽고 그 돌 틈으로 이 말이 들려왔다. "너희들에게 이르노니 각자
노력하라." 여구윤은 성인을 친견하고도 법문을 더 이상 듣지 못한 것을
섭섭하게 여겼다. 그리하여 숲속 나뭇잎이나 석벽, 또 마을의 집 담벼락에
써놓은 세 분의 시를 모으니 모두 삼 백 수가 되었다. 그것을 '삼은집'이
라 하여 책으로 엮어내었다. 우리나라에서도 '한산시'라는 제목으로 번역
되어 전해오고 있다.

한산이 습득에게 물었다. "세상 사람들이 나를 비방하고, 기만하고,
욕하고, 비웃고, 깔보고, 천시하고, 싫어하고, 속이니 어떻게 하면 좋을
까?" 그러자 습득은 "그냥 참고, 양보하고, 따르고, 피하고, 견디고, 공경
하며, 괘념치 말라. 이렇게 몇 년이 지나 어떤지 한 번 보아라." 했다. 이
처럼 한산과 습득의 천진난만한 생활을 알 수 있게 하는 다음의 시 역시
웃음이 있는 건강하고 화합하는 삶의 치유 미학을 잘 보여 준다.

> 하하하 허허허 웃으며 살자
> 걱정 않고 웃는 얼굴 번뇌 적도다.
> 이 세상 근심일랑 내 얼굴로 바꾸어라
> 사람들 근심 걱정 밑도 끝도 없으며
> 대도는 도리어 웃음 속에 꽃피네.
> 나라가 잘되려면 군신이 화합하고
> 집안이 좋으려면 부자간에 뜻이 맞고
> 손발이 맞는 곳에 안 되는 일이 하나 없네.
> 부부간에 웃고 사니 금슬이 좋을시고
> 주객이 서러 맞아 살맛이 나는구나
> 상하가 정다우니 기쁨 속에 위엄있네
> 하하하 허허허 웃으며 살자.

● 진정한 도반: 사리불과 목련존자

죽림정사40)가 자리한 라지기르에서 그리 멀지 않은 나란다불교대학 터에는 지금도 사리불의 스투파(탑)가 남아 있다. 지금의 라지기르는 빔비사라왕이 통치하던 마가다국일 때는 라가가하, 즉 왕사성으로 불렸다. 부처님보다 다섯 살 아래인 빔비사라왕은 부처님에게 귀의하여 설법을 듣고자 친히 영취산을 오르내렸다. 아직도 영취산 초입에는 빔비사라왕이 마차에서 내린 뒤 걸어 올라갔던 지점에 스투파 흔적이 있다. 빔비사라왕은 부처님을 존경하여 마차를 타지 않고 맨발로 걸었던 것이다.

부처님이 정각을 이룬 뒤에 제자들을 데리고 왕사성으로 간 이유는 빔비사라왕과의 약속 때문이었다. 사문 시절, 영취산 산자락 동굴에서 빔비사라왕을 만났을 때, 왕이 왕사성에 머물러 주기를 간청했지만 부처님께서는 거절하면서 성도한 뒤 반드시 돌아와 왕을 위해 설법해주기로 약속했던 것이다.

왕사성은 사리불이 태어난 고향이자 부처님을 만난 곳이기도 했다. 사리불의 탑이 왕사성 나란다 마을에 세워진 것은 사리불이 그곳에서 입적했기 때문일 것이다. 반야심경에서 부처님의 설법을 듣는 사리자가 바로 부처님 십대 제자 중에서 지혜 제일 사리불이다.

사리불과 목련존자는 무엇이 진정한 도반인지를 잘 보여준다. 어린 시절 이웃 마을에서 살던 그들은 출가도 함께 하여 부처님의 수승한 제자가 됐고, 입적도 부처님의 허락을 받은 뒤 같이 했다. 생사를 함께 할 정

---

40) 중인도 마가다국의 수도인 라자그리하 북방에 있는 가란타 죽림에 빔비사라왕이 부처님의 설법을 듣고 감격하여 세워 부처님께 기증한 최초의 불교사원이다. 코살라국 사위성의 기원정사와 함께 불교 최초의 2대 가람으로 불린다.

도는 되어야 진정한 도반이라 할 수 있다. 부처님이 현명한 도반이 아니라면 차라리 무소의 뿔처럼 홀로 가라고 했던 이유도 여기에 있다.

사리불은 왕사성에서 멀지 않은 나란다 마을에서 부유한 바라문의 큰아들로 태어났다. 어린 시절의 이름은 우빠띠샤였으나 어머니 이름인 사리를 따서 사리불로 불렸다. 사리불은 여덟 형제 중에서 가장 총명했다. 인도 고대 성전인 네 가지 베다를 모두 익혔고, 예술적 재능도 빼어났다. 그런데 사리불이 살던 이웃 마을인 꼬리까 마을에 꼬리따라는 소년이 있었는데, 그도 역시 여러 학문에 통달하여 사리불 못지않게 어른들의 칭찬을 받았다. 훗날 꼬리따는 부처님의 십대 제자 중에서 신통 제일 목련이라고 불렸다.

어린 사리불과 목련은 친구로 지냈다. 어느 날, 두 사람은 왕사성 근교의 산에서 지내는 바라문교의 산정제山頂祭를 구경했다. 사람들은 밤새 노래하고 광란의 춤을 추었다. 사람들은 악사들이 연주하는 음악에 따라 춤추고 노래를 불렀다. 어떤 사람은 춤과 노래에 취해서 정신을 놓아버리기도 했다. 어린 사리불과 목련도 처음에는 사람들과 함께 어울렸으나 나중에는 시들해져 고개를 저었다. 광란에 가까운 산정제는 밤낮으로 계속되었다. 제사가 절정에 달하자 모든 사람들이 미친 듯 날뛰며 춤을 추었다. 사리불은 혼자 중얼거렸다. '지금 미친 듯 날뛰며 춤추고 있는 저 사람들이 백 년 후에도 과연 살아남아 저럴 수 있을까.'

사람들이 당장 죽을지도 모르고 등불 속으로 날아드는 불나방처럼 보였다. 백 년 후에는 아무도 살아남아 있지 않을 텐데, 사람들은 백 년을 살 것처럼 미친 듯 광란의 춤을 추고 괴성을 지르고 있었다. 어린 목련도 친구인 사리불처럼 같은 생각을 했다. 정신없이 춤추고 노래하는 사람들을 보면서 무상함을 느꼈다. '춤추고 노래하는 것이 아무리 즐겁더라도 지금 이 순간뿐이 아닌가. 저것은 무상할 뿐 영원한 행복이 아니다. 변함

없는 진리를 깨닫기 위해서는 출가하여 수행하는 것밖에는 없지 않을까.' 라고 생각을 했던 것이다.

두 사람은 출가하기로 맹세하고 헤어졌다. 사리불은 집으로 돌아와 부모에게 자신의 결심을 말했다. 그러나 부모는 단번에 거절했다. "너는 우리 바라문 가문을 이어갈 장남이다. 조상에게 제사를 지내야 할 책임도 있다. 그러니 너는 출가해서는 안 된다." 그래도 사리불은 자신의 의지를 굽히지 않았다. 방문을 잠그고 단식을 하면서 호소했다. 일주일 동안 아무 것도 먹지 않고 간청하자 부모는 출가를 허락하고 말았다. 이웃 마을에 살던 목련도 사리불처럼 부모를 설득하여 출가했다.

두 사람은 왕사성에서 가장 유명한 스승인 산자야 문하로 들어가 수 행했다. 그런데 두 사람은 일주일 만에 산자야가 가르치는 경지에 도달했 다. 산자야의 오백 명 제자들 중에서 절반 정도나 두 사람을 흠모하는 무 리가 생길 정도로 산자야에게 더 배울 것이 없었다. 드디어 두 사람은 '완전한 마음의 평안을 얻기 위해 더 뛰어난 스승을 찾아 나섰다.

그러던 중 사리불은 부처님의 첫 제자들인 다섯 비구 가운데 한 사 람인 앗사지를 만났다. 앗사지는 전법 하라는 부처님의 지시를 받고 왕사 성으로 먼저 들어와 있었다. 사리불은 탁발하는 앗사지의 모습이 매우 위 엄이 있어 보였으므로 그에게 말을 걸었다.

"수행자여, 당신의 스승은 어떤 분이십니까?"

"부처님이시지요."

"부처님은 무엇을 가르치십니까?"

"부처님의 많은 가르침 중에서 나의 눈을 뜨게 해주었던 가르침은 '모든 존재는 원인에서 생기며, 모든 존재는 소멸한다는 것'이었소"

사리불은 앗사지에게 부처님의 가르침을 전해 듣고 나서 한순간 연 기의 진리를 볼 수 있는 눈이 열렸다. 사리불은 곧 부처님을 친견하고 싶어서 물었다.

"수행자여, 부처님은 지금 어디에 계십니까?"

"죽림정사에 계신다오."

사리불은 목련을 만나 앗사지에게 들었던 부처님의 가르침을 들려주었다. 그러자 목련도 눈이 열렸다. 진리를 볼 수 있는 법안法眼이 생겼던 것이다. 두 사람은 함께 부처님의 제자가 되기로 했다. 두 사람은 산자야에게 가서 그를 설득했으나 실패했다. 다만 산자야 제자 중에서 그들을 따르던 250명만 데리고 죽림정사로 가 부처님에게 귀의했다. 그때 이미 죽림정사에는 1천 명의 수행자들이 있었는데, 그들은 모두 부처님의 가르침을 듣고 귀의한 가섭 삼 형제의 제자들이었다. 순식간에 부처님의 제자들은 1,250명이 돼버렸고 큰 교단이 형성되었다.

사리불과 목련에 대한 부처님의 신뢰는 절대적이었다. 데바닷다를 따르는 여러 무리들이 박해를 가해왔을 때 잠시 흔들리는 교단을 지켜낸 이도 그들이었다. 그 밖에도 왕사성에는 육사외도가 있었는데, 그들 무리는 부처님의 교단을 음해하고 어떤 경우에는 폭력을 행사하기 일쑤였다. 어느 날 목련도 그들에게 붙잡혀 몽둥이로 맞았다. 뼈가 부러지고 살점이 떨어져 나갔다. 사리불이 죽어가는 목련에게 달려가 말했다.

"벗이여, 그대는 신통을 부릴 줄 알면서도 왜 그 자리를 피하지 않았는가?"

"걱정하지 말게. 나는 전생에 부모를 괴롭힌 적이 있다네. 지금 그 과보를 받고 있을 뿐이라네."

전생의 과보를 받는다는 대답에 사리불은 할 말을 잃었다. 사리불은 목련이 없는 세상은 상상도 할 수 없었다. 목련이 있으므로 자신이 있었고, 목련이 없다면 자신도 없는 것이나 다름없었다. 사리불과 목련은 생사를 함께 하는 특별한 인연이었다. 사리불이 목련을 위로했다.

"우리는 함께 출가하여 세존의 제자가 되었군그래. 모두가 깨달음을 얻었으니 이제 함께 죽어도 좋겠군. 벗이여, 세존께 허락을 받아오겠네."

사리불은 죽림정사로 돌아가 부처님의 허락을 받아냈다. 두 제자를 보낸다는 것이 안타까웠지만 지혜의 눈으로 보니 그들은 이미 세상의 인연이 끝나가고 있었던 것이다. 입적은 사리불이 먼저 맞이했다. 사리불은 고향 나란다 마을로 돌아가 친지들에게 부처님의 가르침을 설하고 조용히 눈을 감았다. 목련 또한 사리불이 입적했다는 소식을 듣고 자신의 고향 꼬리까 마을로 돌아가 고향 사람들에게 부처님의 가르침을 설한 뒤 눈을 감았다. 그들은 출가는 물론 입적까지도 부처님의 허락을 받았던 제자들이었다. 불교 교단이 형성된 이후 최초의 일이었다. 너무도 서로를 사랑하기 때문에 죽음까지도 스승에게 허락을 받고 함께 했던 사리불과 목련의 깊은 우정은 수행자에게 '도반'이 얼마나 중요한가를 일러준다. 세존께서 수많은 제자들 가운데서 사리불에게 반야심경을 설한 이유도 그의 지고지순한 마음을 높이 샀기 때문일 것이다.

● 우바리 존자: 이발사에서 왕자들 사형으로

불법엔 '신분'이 없다. 천민 출신으로 출가하여 인도와 부처님 교단에서 큰 반향을 일으켰던 제자 중의 한 분이 '지계 제일'로 불리는 우바리(우팔리) 존자이다. 부처님이 고향을 다녀가면서 왕자들을 비롯한 석가족의 출가가 이어졌고, 부처님의 가르침은 중인도를 중심으로 빠르게 전파되기 시작했다. 부처님이 고향을 떠나신 직후였다. 부처님의 사촌인 데바닷다 왕자가 중심되어 여러 왕자들이 출가를 결심하고, 왕사성으로 떠난 부처님을 뒤따라 간다. 그 일행 속에 우바리가 동행하게 되고, 우바리의 출가는 왕자들의 출가에서 비롯된다.

부처님은 기원정사로 가는 길에 아누삐야의 망고 숲에 머물고 있었다. 출가를 결심한 데바닷다, 아나율, 밧디야, 아난다, 바구, 낌빌라, 우빠난다 등 일곱 왕자들은 출가를 허락하지 않는 부모들을 속이기 위해 시종들과 함께 소풍을 가장해 궁을 나선다. 왕자들 일행이 국경에 다다랐을 때였다. "우바리야, 너는 이것을 가지고 돌아가거라. 이 정도면 앞으로 살아가는 데 큰 어려움은 없을 것이다."

시종들을 모두 돌려보낸 왕자들은 마지막으로 남은 이발사 우바리를 따로 불러 그들이 몸에 지녔던 보석과 장신구들을 전해주며 궁으로 돌아가라고 한다. 다른 시종들과 달리 평소 왕자들의 신임이 남달랐던 우바리에게 왕자들은 살 길을 열어주고자 했던 것이다. 그것은 왕자들이 처음부터 우바리를 비롯한 시종들의 출가는 생각하지 않았음을 말하는 것이다. 우바리와 시종들을 돌려보낸 왕자들은 서둘러 길을 떠났고, 홀로 남은 우바리는 생각했다. "이 많은 보석을 가지고 돌아간들 나의 신분이 바뀌지는 않을 것이다. 천민인 내가 이 보석들로 삶을 바꿀 수는 없을 것이다." 라고

부처님 당시 인도는 정해진 신분에 따라 살아가는 철저한 계급사회였다. 우바리는 다시 생각했다. "왕자로 태어난 그들이 모든 것을 버리고 출가의 길을 택한 것은 보다 값진 무언가가 있기 때문일 것이다. 그들이 얻는 바가 있다면 나도 얻는 바가 있으리라." 우바리는 왕자들에게서 받은 보화를 숲에 두고 왕자들의 뒤를 쫓는다.

"왜 고향으로 돌아가지 않았느냐?" 왕자들이 막 망고 숲에 도착했을 때였다. 돌아온 우바리를 보고 왕자들이 놀라며 말했다. "저도 출가하여 부처님의 가르침을 받고 싶습니다." 우바리가 돌아온 이유와 출가의 뜻을

말하자 왕자들은 우바리의 뜻을 받아들여 함께 부처님을 뵙기로 한다.

"세존이시여, 저희도 부처님의 가르침 안에서 바른 법과 율을 닦도록 허락해 주십시오." 부처님을 만난 왕자들과 우바리는 부처님께 귀의를 원하고 계를 청했다. 부처님 곁에 자리한 상수 제자 사리불 존자가 "계를 받기 전에 알아두어야 할 것이 있다. 부처님 제자의 서열은 출가 순서에 따라 결정된다. 그리고 그 순서는 부처님께서 이름을 부르는 순서로 정해진다."라고 말한다. 왕자들과 우바리가 부처님께 귀의할 것을 발원하자 부처님께서 계를 내리며 이름을 불렀다.

"우바리!"

부처님이 제일 먼저 부른 이름은 우바리였다. 왕자들은 놀라지 않을 수 없었다. 자신들의 이발사였던 우바리가 그들의 사형이 된 것이다.

부처님 교단에 '신분'은 없었다. 비구의 출가 전 신분은 아무런 의미가 없었던 것이다. 부처님이 우바리의 이름을 제일 먼저 불러 계를 주고 그들의 사형이 되게 한 것은 모든 것이 평등하다는 가르침을 주기 위한 부처님의 의도였다. 부처님이 이어서 왕자들의 이름을 부르며 새롭게 출가한 우바리와 왕자들에게 말씀하셨다.

"나의 법은 바다와 같다. 바다는 수많은 강물을 가리지 않고, 모두 받아들이며, 바다의 물맛은 늘 하나다. 우리 승가도 신분을 가리지 않고 모두 받아들이며, 평등한 그들에게 올바른 법과 율이라는 한 가지 맛이 있을 뿐이다. 명심하라. 계를 받은 순서 역시 예를 갖추기 위한 것일 뿐, 신분과 귀천은 없다. 인연에 따라 지수화풍 사대가 합해져 몸이라 부르지만 이 몸은 무상하고 텅 비어 '나'라고 고집할 만한 것이 없는 것이다. 진실하고 성스러운 법과 율을 따르고 절대 교만하지 말도록 하라."

우바리의 출가는 여러 면에서 의미하는 바가 컸다. 비구들이 부처님께 여쭈었다.

"우바리는 무슨 업으로 궁중의 이발사로 왔다가 부처님의 제자가 될수 있었던 것입니까?" 대중은 우바리의 과거세가 궁금했다. 부처님께서 말씀하셨다.

"우바리는 과거세에 존자 벽지불을 이발해 주고 나서 소원을 세우기를 '원컨대 세세생생에 만약 사람의 몸을 얻으면 항상 이발사의 집에서 태어나겠다.' 하였고, 또 그때 원하기를 '원컨대 악도 가운데 나지 않겠노라.'고 했던 발원의 과보력으로 악도에 나지 않았다. 그때부터 천상과 인간에 유전하면서 또 소원을 세우기를 '원컨대 나는 미래세에 항상 이런 스승이나 혹은 이보다 나은 분을 만나고, 만약 그 스승의 설법을 들으면 빨리 증득하고 알게 하소서.'라고 했던 과보로 인하여 금세에도 이발사집에 태어났고, 나 세존을 만나 스승을 삼고, 법을 어기지 않고 그 계행을 따랐다. 그러니 계행을 갖춘 제자 가운데 으뜸이 될 것을 수기하는 것이다."[41]

궁중의 이발사로 살아온 우바리에게 그동안 배움의 길이란 남의 머리를 잘라주는 것밖엔 없었다. 학문이나 기예를 닦을 기회란 그에게 없었다. '공부'에 대한 발심을 하게 된 우바리가 하루는 부처님께 여쭈었다.

"부처님, 저도 아란야(한가롭고 적정한 처소로, 당시 홀로 수행하기 좋은 숲 등을 말함)에 들어가 수행하고 싶습니다. 허락해 주십시오" 하지만 부처님은 우바리가 아란야에서 수행하는 것을 허락하지 않는다.

"우바리야, 아란야에서 수행한다는 것은 쉽지 않은 일이다. 특히 아직 정심定心을 얻지 못한 비구가 홀로 자신을 점검하고 돌본다는 것은 쉽지 않은 일이다. 우바리 너는 아직 그곳에 머물지 말라."

부처님의 말씀을 듣고 난 우바리는 왜 다른 수행자들에게는 허락된 일이 자신에게는 허락되지 않는지 의아했다. 의아해하고 있는 우바리에게

41) 『불본행집경』「우바리 인연품」

부처님께서 말씀하신다.

"잘 듣거라. 연못에서 코끼리가 즐겁게 목욕을 하고 있었다. 귀를 씻기도 하고, 등에 물을 뿌리기도 하면서 참으로 기분 좋게 놀고 있었다. 그 모습을 지켜보던 토끼도 목욕을 하고 싶어져서 코끼리가 떠난 뒤 연못에 뛰어들었다. 하지만 토끼는 곧 연못에서 뛰쳐나왔다. 그 연못은 토끼에게 너무 깊었기 때문이다. 발이 땅에 닿지 않자 토끼는 겁이 났던 것이다. 우바리야, 너에게 아란야는 너무 깊은 연못이다."

부처님은 각자 근기에 맞는 수행과 수행처를 찾아야 한다고 생각했던 것이다. 부처님이 다시 말씀하셨다.

"우바리야, 너는 대중과 함께하거라. 대중 속에 머물면서 그들과 함께 어울려 사는 것이 먼저인 일이다." 부처님은 우바리가 대중들과 함께 어울려 사는 법을 먼저 배워야 한다고 생각했다. 우바리는 그런 부처님의 뜻을 받들었고, 대중 생활 속에서 자연스럽게 계율의 중요성을 깨닫게 되었다. 우바리는 부처님이 계율을 제정할 때마다 철저하게 받들고 실천하였다. 다음은 「장로게」에서 전하는 우바리의 게송이다.

신앙에 의해 세속으로부터 떠나 새롭게 출가한 신참의 수행승은
게으름 피우지 말고 청정한 생활을 하는 좋은 친구들과 사귀어야 한다네.
신앙에 의해 세속으로부터 떠나 새롭게 출가한 신참의 수행승은
승가 안에 살면서 총명하게 계율을 배워야 한다네.
신앙에 의해 세속으로부터 떠나 새롭게 출가한 신참의 수행승은
해야 할 일과 해서는 안 될 일을 마음에 새겨 마음이 산란해지지 않도록
해야 한다네.

부처님이 우바리에게 대중 속에 머물도록 한 것은 그의 근기를 살핀

것이다. '천민'이라는 무거운 신분의 짐을 부처님과의 만남을 통해 내려놓을 수 있었던 우바리 존자는 부처님의 가르침이 너무나 고마운 가르침이었다. 그리고 그 가르침을 받드는 일을 계율을 철저히 지키는 일에서부터 시작했다. 당시 철저한 계급으로 신분을 규정하던 인도에서 부처님 법을 통해 힘들었던 삶의 인연을 끊고, 수행자의 길을 걷게 된 그는 누구보다 부처님 말씀을 소중히 하고 실천하며 불법 앞에 만인이 평등함을 스스로 증명해 보였다. 아울러 그는 부처님 열반 후 결집에서 율을 송출하고 확정하는 등 큰 역할을 하였다.

우바리 존자야말로 바로 절대 가치 속에서 자신을 발견한 사람이다. 왕궁에서 천민 이발사였던 우바리가 출가를 결심한 부처의 사촌들 머리를 깎아 준 뒤 직접 부처를 찾아가 "저 같은 천민도 출가를 할 수 있느냐"고 물었을 때, 부처님은 '태어날 때 귀천이 있는 게 아니라, 언행에 따라 귀천이 있다.'고 하셨다. 이는 너무 이상적인 말일 수도 있다. 그런데 우리 모두 '금수저'인데 출생으로 귀천이 정해진다고 생각하는 순간 '흙수저'가 되는 것이다. 현실은 내가 삶을 가꾸고 바꾸는 현장인데 기존 현실에만 머물러 불평만 하고 있다면 삶이 도대체 무슨 의미가 있겠는가. 자신의 가치는 스스로 만들기 때문이다. 그런 생각의 차이가 나 자신을 대하는 태도는 물론 다른 사람을 대하는 태도도 변화시킬 수 있을 것이다.

● 유마거사의 불이법문: 침묵 너머의 침묵

『유마경』은 『유마힐소설경』 『유마힐경』 『불가사의해탈경』이라고도 한다. 이 경전은 유마거사가 병이 들어 누워 있을 때 석가모니 부처의 제자들과 보살들이 문병하러 오기 전후의 과정을 대화 형식으로 기록하고 있다. 즉 석가모니의 제자들이 선정, 지계, 걸식, 불신佛身 등에 대한 생각과 실천수행의 잘못을 유마거사가 지적하여 깨우쳐 주는 내용과 문병하러 온 문수보살과 불법에 대해 나누는 대화로 되어 있다. 유마거사는 석가의 재가 제자로서 인도 바이샬리성의 대부호, 즉 장자였다. 『유마경』의 압권은 「입불이법문품」이다.

어느 날 바이샬리성의 장자인 유마거사가 세존이 설법하는 장소에 얼굴이 보이지 않아, 세존이 "어떻게 된 일인가?"라고 걱정하면서 물어보니 제자 한 사람이 유마거사는 병으로 누워있다고 말했다. 그래서 세존은 제자 사리불, 목건련, 가섭, 수보리, 부루나, 가전연, 아나율, 우바리, 라홀라, 아난, 미륵보살, 광엄동자, 지세보살, 선덕보살 등에 이르기까지 여러 제자들에게 유마거사의 병문안을 하고 오라고 지시하였다. 하지만 모두들 유마거사의 문병을 하러 갈 자격이 없다고 말하자 마지막으로 문수보살이 가겠다고 말한다. "세존이시여, 저 유마는 법의 실상에 통달해 있으며, 가르침의 요지를 훌륭하게 설하며, 법을 설할 때 걸림이 없고, 지혜는 막힘이 없습니다. 그러나 세존의 뜻이라면 가겠습니다."

문수보살이 세존을 대신하여 병문안하러 가게 되었는데, 3만 2천의 대중들을 거느리고 유마거사의 병실을 찾아갔다. 유마거사는 그 많은 대중을 자신이 거처하는 방장方丈42)으로 초청하였지만, 장소가 조금도 협소함을 느끼지 않았다고 한다. 문수보살을 맞이하는 유마가 말한다. "잘 오셨습니다, 문수여. 오지 않는 상相으로 오셨고, 보이지 않는 상으로 오셨

---

42) 방장은 원래 사방으로 1장丈, 사방 3.3m가 되는 작은 방이란 뜻이다. 부처님 당시의 유마거사가 병이 들었을 때 그가 거처했던 사방 1장의 방에 문병 온 3만 2천 명을 모두 사자좌獅子座에 앉게 한데서 방장이라는 말이 생겨났다. 그 뒤 그 뜻이 달라져, 강원·선원·율원·염불원 등을 갖춘 종합수도원, 즉 총림의 최고 어른을 말한다.

습니다."

문수보살이 대답한다. "거사여, 그대의 말씀 대로입니다. 만약 와버렸다면 다시 올 수 없었을 것이고, 만약 가버렸다면 다시 갈 수는 없습니다. 왜냐하면 오는 자에게 오는 곳이 없고, 가는 자에게 갈 곳이 없기 때문입니다. … 거사의 병은 어떠한 연유로 일어난 것이며, 언제면 낫겠습니까?"

유마거사가 답한다. "모든 중생이 병들었으므로 나도 병이 생겼습니다. 보살의 병은 대자비에서 일어납니다. 그리고 이 세상에 어리석음이 남아 있는 한, 그리고 존재에 대한 집착이 있는 한, 제 아픔은 앞으로도 계속될 것입니다. 혹여 세상의 모든 사람들이 병고에서 벗어나면 그때 비로소 제 병도 씻은 듯이 낫겠지요."

문수가 말한다. "당신의 병은 마음이 병든 것입니까, 몸이 병든 것입니까?" 이에 유마는 "나는 몸을 떠나 있으므로 몸이 아프지 않으며, 마음은 환상과 같은 것임을 앎으로 마음도 아프지 않습니다. 중생들이 병들기 때문에 나도 병드는 것입니다."라고 했다.

중생의 아픔이 사라지면 비로소 유마의 아픔도 낫게 된다는 것이다. 남의 아픔을 보고 같이 아파하는 마음, 그 마음의 발로가 동체대비同體大悲의 보살행의 첫걸음임을 강조하고 있다. "내가 아픈 것은 중생이 아픈 것이기 때문이다."라고 했는데, 과연 그 중생이란 누구를 말하는 것인가? 곧 탐, 진, 치 삼독에 물들어 사는 중생들이라 할 수 있다. 유마거사가 의도적으로 그러한 '불이법문不二法門'을 한 것은 그 소문이 세존의 귀에까지 들어가게 하기 위함이었다. 세존께서는 유마거사의 그 의도를 아시고 대아라한 경지의 제자들에게 문병을 가라고 하나 아무도 가지 않으려고 한 것이다.

유마가 문수에게 묻는다. "당신은 여러 국토를 돌아서 왔는데 어떤 국토에 가장 묘한 사자좌가 있습니까?" 문수가 "동방으로 한없는 국토를 지나면 수미상須彌相이라고 하는 세계가 있습니다. 그곳에 수미등왕이라고 일컫는 부처가 있는데 높고 널찍한 사자좌 위에 계십니다. 그 자리야말로 비길 데 없이 묘하고 장엄합니다."라고 답한다. 유마는 이 말을 듣자 신통력으로 3만 2천의 사자좌를 그 방에 옮겨 왔는데, 방은 널찍하여 그러한 자리를 수용하기에 아무런 문제가 없었다. 그렇다고 바이샬리의 거리나 이 세계가 좁아진 것도 아니었다.

유마가 문수에게 "보살이 둘이 아닌 불이법문을 깨닫는 것은 어떤 경지인가?"라고 물었다. 문수가 대답했다.

"내 생각으로는 일체의 법에 관하여 말할 수도 없고, 설할 수도 없고, 제시할 수도 없고, 알게 할 수도 없으며, 일체의 질문과 대답을 여읜 그것이 불이법문을 깨닫는 것입니다." 문수는 말이 없는 것無言으로 말을 버려 일시에 털어버려 아무것도 필요치 않은 것으로 불이법문을 깨닫는 것이라고 하였다.

그리고 문수가 다시 유마에게 불이의 법문을 청한다. 유마는 침묵한다. 말과 생각이 끊어진 경지를 표현하려던 유마거사의 침묵! 깨달음의 세계가 언어의 표현 너머에 있음을 암시한 침묵이다. 이는 곧 침묵 너머 침묵이다. 이에 문수는 말한다. "이야말로 불이의 법문에 든 것입니다." 말로서 말을 버린 것이다.

불법의 근본 진실은 언어 문자로 설명할 수도 없고, 마음으로 분별해서 알 수도 없는 언어도단言語道斷이고 심행처멸心行處滅인 불립문자의 경지임을 침묵으로 표현한 것이다. 그래서 침묵에는 상대적인 언어문자로 설명하는 이원적이고 분별적인 차별심을 텅 비운 본래심이 내재되어 있고, 진실과 하나 된 불이법문을 체득한 경지가 그대로 담겨 있다.

침묵으로 불이법문을 설한 유마의 지혜는 차별경계에 떨어지지 않았다. 차별경계에 떨어지지 않는 지혜는 하나와 여럿, 유와 무, 너와 나, 선과 악, 생과 사, 진과 속, 이와 사, 체와 용, 마음과 몸 등의 온갖 대립을 넘어 조화와 원융의 세계로 나아갈 수 있게 해 준다. 이는 화엄적 사유와 다르지 않다.

　　이 세상 모든 것의 관계는 이것이 있으므로 저것이 있고, 저것이 있으므로 이것이 있는 상호의존적 관계라고 할 수 있다. 그 때문에 불교에서는 이 세계를 연기의 세계라고 부른다. 이처럼 불이관계에 있는 세상 만물은 그 각각이 다른 무엇으로도 대체할 수 없는 독특한 존재天上天下 唯我獨尊이면서도 서로 영향을 주고 서로서로 포섭하고 포섭되며, 서로를 반영하는同時互入, 同時互攝, 同時頓起 총체성의 세계, 중중무진의 장엄한 화엄세계를 이룬다.

● 산은 산이요, 물은 물이다

　　대부분 사람들은 '산은 산이요 물은 물이다山是山 水是水.'라는 말을 들으면 성철스님을 떠올릴 것이다. 이 말은 1981년 성철스님이 70세에 7대 종정을 수락할 때 내린 법어의 한 부분으로 한때 많은 사람들의 입에 오르내린 적이 있다.

　　원각이 보조하니 적寂과 멸滅이 둘이 아니다.
　　보이는 만물은 관음觀音이요
　　들리는 소리는 묘음妙音이라
　　보고 듣는 이 밖에 진리가 따로 없으니
　　아아, 여기 모인 대중은 알겠는가

산은 산이요 물은 물이로다山是山 水是水.

―「종정 취임 법어」 중

사실, '산은 산이요 물은 물이다.'라는 말은 성철스님이 처음으로 한 것이 아니라, 오래전부터 내려오는 선불교의 유명한 화두이다. 역대 조사들의 어록을 기록한 『속전등록』 22권에 의하면, 청원유신青原惟信 선사가 다음과 같이 말했다고 한다.

① 노승이 30년 전에 참선 공부를 하지 않았을 때 산을 보면 그 '산은 산이고 물은 물인 것山是山 水是水'으로 보였다.
② 그 뒤 여러 선지식을 친견해 깨침의 문턱에 들어서서 산을 보니 '산은 산이 아니고 물은 물이 아니더라山不是山 水不是水.'
③ 그러나 드디어 진실로 깨닫고 예전의 산을 보니 '산은 역시 산이고, 물은 역시 물이더라山祗是山 水祗是水.'

①에 있어서의 산과 물이 상식적으로 본 산과 물인데 반하여, ③에 있어서의 산과 물은 깨달음의 차원에서 본 산과 물이다. 말을 마친 후 청원유신 선사는 이렇게 물었다고 한다. "그대들이여, 이 세 가지 견해가 같은 것이냐, 다른 것이냐? 만일 이것을 가려내는 사람이 있으면 이 노승과 같은 경지에 있음을 허락하겠노라"라고.

이 설법에서는 완벽한 깨달음에 이르는 단계를 세 가지로 나누고 있는데, 이것들을 간단하게 표현하면 '산은 산이다.' '산은 산이 아니다.' '산은 역시 산이다.'의 세 가지가 된다. 첫 번째 단계는 일상생활 속에서 우리가 모든 것을 소박하게 긍정하는 태도를 말하며, 두 번째 단계는 그런 긍정적 방식을 전면적으로 부정하는 태도를 말한다. 이에 비해 세 번째 단계는 그러한 부정을 통해 일체의 것이 있는 그대로 다시 긍정되는 대조화의 태도를 뜻한다.

'산은 산이다.'라는 것은, 우리의 눈 앞에 펼쳐진 저것이 산이고 그것은 물이나 강이 아닌 바로 그 산이라는 뜻이다. 일상생활에서 우리들 대부분은 이러한 태도를 당연하게 여기며 살아가고 있다. 그런데 우리의 이런 일상적 태도 속에는 다음과 같은 두 가지가 전제되어 있다. 첫째, 우리가 무엇을 안다는 것은 그것을 인식하는 주관과 그런 인식 앞에 마주 서 있는 대상 사이의 관계이고 둘째, 그 대상에는 그것을 바로 그런 것으로 있게끔 하는 어떤 것이 포함되어 있다는 것이다.

그런데 훗날 선지식을 만나 참선을 하면서 어느 정도 경지에 들게 되자 물은 물이 아니고 산은 산이 아니었다. 산은 분별과 집착과 소유의 대상, 지배와 장악의 대상이 아닌 것이다. 즉 산과 물은 서로 따로 떨어져 존재하는 것이 아니라 어울려 있기에 산이 물이 되고 물이 산이 되는 연기적 관계로 바라보게 된 것이다. 산이 산으로 고정되어 있지 않기에 산의 실체를 찾을 수 없다는 것이다. 그런 의미에서 산은 산이 아니다. 이는 사실 연기적 자기 비움으로 보인다. 그렇게 산과 물은 자기 비움으로 부정되고 마는 것이다. 그런데 이것은 궁극의 경지가 아니다. 거기에도 일종의 망상과 생각의 단견이 작용한 것이다.

마지막으로 '산은 역시 산이다.'의 뜻은 이제 쉴 곳休歇處을 찾았을 때, 모든 분별 망상을 거두어내고 머무르는 마음을 내려놓은 채放下着 있는 그대로 바라보니 산은 그대로 산이요, 물은 그대로 물이다.

● 칠불통게七佛通偈: '지금 여기'의 실천

　　당나라 시대의 백낙천은 유명한 문장가요 뛰어난 경륜을 지닌 정치가였다. 어려서부터 총명과 학식이 뛰어난 데다 벼슬까지 한 그는 엘리트코스를 밟다 보니 중년까지는 우월감에 충만해 있었다. 그가 항주태수杭州太守로 부임하였을 때 일이다. 그리 멀지 않은 과원사에 도림선사(741～824)라고 하는 덕망 높은 이름난 고승이 살고 있었다. 도림선사는 맑은 날이면 경내의 소나무 가지에 앉아서 좌선을 하고 있어서 마치 새의 둥지처럼 보였다. 그래서 사람들은 그를 가리켜 조과鳥窠선사 또는 작소鵲巢선사라고들 하였다. 조과선사의 경우처럼 선사들의 수행처는 더러는 집이아닌 짐승의 굴이나 나뭇가지 위가 되기도 했다. 사실 그 같은 공간은 인간이 영역이 아니라 까치들과 새들의 공간이다. 조과화상은 까치들을 해치거나 그들의 공간을 빼앗아 인간만의 인위적 영역으로 만들어서 그들을배제할 생각이 없었다. 오히려 생명을 가진 모든 존재가 함께 살 수 있는공간을 추구하며, 인위성을 최소한으로 줄이고 있었다. 바로 여기에 선사들의 삶이 지극히 자연과 동화된 삶을 지향하고 있다는 점이 나타나 있다.

　　그런데 어느 날 백낙천은 도림선사의 고명과 덕망을 듣고 '내가 한번 직접 시험해 보리라.'고 마음을 먹고는 수행원을 거느리고 선사가 머물고 있는 과원사를 찾아갔다. 이처럼 그가 도림선사를 찾아간 것은 순수한 구도심에서라기보다는 선지식의 무게를 달아보겠다는 불순한 동기도있었다. 마침 백낙천이 도림선사를 찾아간 날도 선사는 나무 위에서 좌선을 하고 있는 중이었다. 스님의 좌선하는 모습을 본 백낙천은 너무나도위험하고 아슬아슬한 생각이 들었다.

"선사의 거처가 너무 위험한 것 아닙니까?" 이 말을 들은 선사가 아래를 내려다보고 말하였다. "내가 볼 때에는 자네가 더 위험하네." "나는 벼슬이 이미 자사에 올라 강산을 진압하고, 또 이렇게 안전한 땅을 밟고 있거늘 도대체 무엇이 위험하다는 말이오?" 백낙천이 어이가 없다는 듯이 대꾸하자, 선사는 그가 학문과 벼슬에 대한 자만심이 대단한 것을 알고, 이 기회에 그의 교만함을 깨우쳐 주려고 생각하여 말하였다.

"티끌 같은 세상의 지식으로 교만한 마음만 늘어, 번뇌가 끝이 없고 탐욕의 불길이 쉬지 않으니, 어찌 위험하지 않겠는가!" 명리와 이해가 엇갈리는 속세가 더 위험한 곳이라는 것을 은연중에 알려 준 것이었다. 다시 말해, 진실로 위태로운 것은 때와 장소라는 환경이 문제가 아니라 늘 치성하는 분별 · 식심識心에 있다는 것이다. 도림선사는 높은 나무 위에 앉아서 졸고 있지만 무사태평한 반면, 백낙천은 선사의 법 무게를 달아보려는 시비와 분별심으로 세상을 살아가니 늘 헐떡이며 괴로울 수밖에 없다. 게다가 세간의 삶은 언제나 권력과 돈, 쾌락을 쫓는 이해타산이 바탕이 된 생존 경쟁의 장이기에 자칫 방심하다가는 나락으로 떨어지는 위험천만한 곳이 아닌가. 도림선사는 이 점을 일깨워주면서 분별심이 아닌 무심無心으로 살아갈 때 세간 속에서도 청정한 깨달음의 삶을 구현할 수 있음을 넌지시 내비치고 있다. 백낙천은 자신의 마음을 환히 꿰뚫어 보는 듯한 눈매와 자기가 자사라는 벼슬에 있음을 알면서도 당당하게 할 말을 다하는 도림선사의 기개에 그만 눌렸다. 백낙천이 가르침을 받으러 왔다고 하니, 선사는 찾아온 손님이 다름 아닌 상공인지라 마지못해 나무에서 내려가 방장실로 안내하며 "그래, 어찌 이 어려운 걸음을 하셨는고?" 하였다.

그러자 백낙천은 "제가 평소에 좌우명으로 삼을 만한 법문 한 구절을 듣고자 찾아 왔습니다."라고 했다. 그가 다시 물었다. "무엇이 불법의 대의입니까?" 애초에 선사를 시험하고자 했던 오만방자한 태도를 바꾸어,

공손하고 겸손한 자세로 가르침을 청하였다. 백낙천은 학식이 뛰어난 분이라 동서고금의 서적을 많이 보았을 터인데 좌우명으로 삼을 만한 법문을 요청하다니, 선사는 섣불리 아무 말이나 일러줄 수 없는 어려운 상대를 만났으나 서슴지 않고 다음과 같이 설하였다.

모든 악을 짓지 말고,   諸惡莫作
착한 일을 받들어 행하고,   衆善奉行
스스로 마음을 깨끗이 하면   自淨其意
이것이 곧 부처님의 가르침이다   是諸佛敎

―「칠불통게」

대단한 가르침을 기대했던 백낙천은 이 같은 대답에 실망하여 말했다. "그거야 삼척동자라도 다 아는 사실 아닙니까?" 백낙천이 신통치 않다는 듯이 말하자, 선사는 침착한 어조로 다시 말하였다. "알기야 삼척동자도 다 아는 사실이지만 팔십 노인도 행하기는 어려운 일이지요." 이 말을 들은 백낙천은 비로소 깨달은 바가 있었다. 알고 있는 것만으로는 아무런 쓸모가 없으며 그 가르침을 실천하여 인격화하지 않으면 교만과 번뇌만이 더할 뿐, 진리의 길에는 아무런 도움도 되지 못함을 깨달은 것이다. 즉 '평상심이 바로 도'란 걸 백낙천은 크게 깨닫게 되어, 공손히 절을 하고 과원사를 물러갔다.

이상에서 보듯 백낙천은 불법의 요체가 단순한 지식이나 앎이 아닌, 수행과 실천이 일치하는 지행합일知行合一에 있다는 것을 깨닫고, 도림선사에게 귀의하여 불법 수행정진에 힘썼다. 즉, 보다 진실하게 중생에 대한 연민과 자비심을 내게 하는 명문장의 시문학을 남기고, 말년에 관직을 내놓고 18년 동안 향산사에 머물며 자신 스스로 향산거사라 칭하며 마음을 비우는 참선과 염불수행에 매진하였다. 아울러 그는 자신의 사재를 털어 향산사를 중수한 뒤, 여만선사가 향산사 주지가 되는 데 일조한다. 이곳에서 여만선사 등과 함께 9명이 '구노사九老社'를 결사하고 자연을 노래하면서 친교를 다지기도 했다. 몇 년 후 여만선사가 먼저 열반에 들자, '구노사' 도반들은 향산사에 그의 묘탑을 세웠다. 몇 년 뒤 백낙천 역시 '여만선사 묘탑 옆에 자신을 묻어 달라.'는 그의 유언에 따라 여만선사 옆에 묻혔다. 현재 여만선사의 묘탑은 없어지고 백낙천의 묘만 존재하는데 그 묘를 '백원白園'이라고 한다. 도림선사로부터 하심과 지행합일의 깨달음을 얻은 그의 법향은 1,200여 년이라는 시공을 초월하여 오늘날에도 많은 불자들의 공감을 불러일으키고 있다.

부처는 멀리 있는 것이 아니라 늘 가까이 있다고 한다. 지금 내 옆에 있는 사람이 부처일 것이고, 그 사람이 중생심으로 방황할 때 내가 부처 되어 중생제도 하라는 것이 부처님의 한결같은 가르침이다. '악을 버리고 모든 선업을 쌓고, 마음을 맑고 깨끗이 하는 것'이 여러 부처님의 거룩한 가르침인 것이다. 내일이 있다 생각하지 말고 '지금 여기'의 수행과 선행 속에 업을 뛰어넘을 수 있는 가르침을 강조한 말이다. 유자효의 다음 시는 짧은 인생에서 어떻게 사유해야 하고 실천해야 하는가를 깨닫게 하는 백미의 시편이다.

늦가을 청량리
할머니 둘
버스를 기다리다 속삭인다.

"꼭 신설동에서 청량리 온 것만 하지?"

― 유자효 「인생」 전문

인생의 모든 순간이 다 소중하고 아름답다는 것을 뒤늦게 깨달은 것에 대한 아쉬움이 버스를 기다리다 속삭이는 두 할머니의 모습을 통해 표현되고 있다. 두 할머니가 "꼭 신설동에서 청량리 온 것만 햐"고 속삭인다. 무엇이 신설동에서 청량리 온 것만 하다는 것일까? 바로 인생이다. 그럼에도 다들 그것을 모르고 있다. 어쩌면 신설동에서 청량리 온 것만 한 인생을 살고 가는 게 우리의 인생일지도 모른다. 앞서간 우리의 부모들도 그렇게 살다 가셨을 것이다. 비록 수십 년의 삶의 기간이지만 그 거리는 아마도 신설동에서 청량리만큼 밖에 되지 않는다는 시인의 폐부를 찌르는 상상력이 놀랍다. 하지만 시인은 삶의 길이가 이토록 짧지만 어떻게 보내느냐에 따라 저마다 생의 길이가 달라질 수도 있음을 넌지시 내비치고 있다. 그것은 선업을 지음으로써 '자비실천'을 하는 일과 수행을 쌓음으로써 '지혜'를 증진시키는 일이다. 이 모두는 오직 'now and here'이라는 시공간 속에 이루어져야 한다는 의미를 내재하고 있다.

지은이 백원기

동국대학교 및 동 대학원 영문과 졸업(문학박사)
동국대학교 문화예술대학원 졸업(문화재전공)
前 동방대학원대학교 학사지원처장 및 전략기획처장
前 한국동서비교문학학회 부회장 및 조계종 국제포교사회장
現 동방대학원대학교 불교문예학과 교수 겸 중앙도서관장

- 저 서: 『선시의 이해와 마음치유』, 『명상은 언어를 내려놓는 일이다』, 『하디 시의 이해』, 『하디의 삶과 문학』

- 번역서: 『아시아의 등불』, 『라이오니스로 떠나는 날에』, 『시골집에 새가 있는 풍경』, 『직관』, *Endless Vows & Endless Practice*(前 조계종 총무원장 법장스님. 고통을 모으러 다니는 나그네 영역)

- 논 문: 「신미의 '훈민정음' 창제 관련 설화와 문화융합의 콘텐츠 방안」, 「원감국사 충지의 구도와 깨달음의 시적 미학」, 「백운경한의 선사상과 '무심진종'의 시학」, 「하디 시에 나타난 불교적 상상력」, 「화엄적 생명사랑의 실천: 하디와 만해의 시학」, 「하디와 정현종의 불교생태시학」, 「'영산재'의 미학적 세계와 계송의 의미」, 「근대아시아 불교 중흥의 기수: 다르마 팔라와 만해」, 「하디와 오세영의 불교적 상상력과 생태시학」, 「진각국사 혜심의 선시: "색심불이"의 시적 미학」, 「심우장의 정체성 확립과 보존관리 방안에 대한 연구」, 「문화재활용을 통한 국제포교 방안」 외 다수

불교설화와 마음치유

초판1쇄 발행일 • 2017년 4월 20일
지은이 • 백원기 / 발행인 • 이성모 / 발행처 • 도서출판 동인
주소 • 서울시 종로구 혜화로3길 5 118호 / 등록 • 제1-1599호
Tel • (02) 765-7145~55 / Fax • (02) 765-7165
E-mail • dongin60@chol.com

ISBN 978-89-5506-758-3   정가 23,000원